Rebecca Greenwood es una ⬚⬚⬚⬚⬚ mucha experiencia. En este ⬚⬚⬚⬚⬚ tración a niños atrapados en ataduras porque Satanás ha ⬚⬚⬚⬚⬚ arruinar sus vidas desde muy temprana edad. Se puede confiar a fondo en sus enseñanzas y metodologías, y anhelo ver que se levante un ejército de ministros para trabajar en esta área tan necesitada.

—Doris Wagner
Cofundadora, International Society of Deliverance Ministers

Con el bombardeo diario de oscuridad por parte del mundo del entretenimiento por medio de películas, juegos de video, libros, etc., y las maldiciones generacionales de las que la mayoría de la gente no es consciente, *Suelta a nuestros hijos* es lectura obligada para los padres y para cualquiera que tenga un corazón para los niños. Dios le ha dado a Rebecca Greenwood perspicacia, conocimiento y las llaves para liberar a sus hijos de las garras del enemigo. Adopte estos poderosos principios espirituales, aplíquelos y vea a sus hijos remontarse a su destino.

—Ché Ahn
Pastor Principal, Hrock Church, Pasadena, CA
Presidente, Harvest International Ministry International
Rector Internacional, Wagner Leadership Institute

Rebecca Greenwood es una practicante de principios de la guerra espiritual. Ella no solamente escribe sobre esas cosas; ¡las vive! Nuestros niños en esta nación están sujetos a niveles de oscuridad que generaciones previas nunca han conocido. La Internet, envío de mensajes de texto, las redes sociales como Facebook, YouTube, MySpace, la cultura de la droga, las películas y la música influyen en nuestros niños a menudo más de lo que puede observar el padre promedio. Este libro es lectura obligada para entender cómo proteger a sus hijos de los antiguos poderes demoniacos de esta era. Usted no se decepcionará.

—Alice Smith
US Prayer Center, Houston, TX
www.eddieandalice.com

Becca Greenwood no es solamente una magnífica escritora y comunicadora, sino también una mujer con gran perspicacia y discernimiento en el ámbito de lo demoniaco. Ella es inquebrantable en cuanto a ceñirse al contenido bíblico. Y es una persona que sabe relacionarse con la gente. Becca tiene un entendimiento agudo de lo que la gente necesita y de cómo descubrir una solución dirigida por el Espíritu Santo. Tiene pasión por ver a las personas caminar en la libertad que Dios les ha dado. *Suelta a nuestros hijos* tiene un enfoque útil, práctico y bíblico para ayudar a los padres a llevar a sus hijos a la libertad que Cristo quiso. Todos los padres deben leer este libro.

—Pastor Chris Hayward
Presidente, Cleansing Stream Ministries

SUELTA A NUESTROS HIJOS

REBECCA GREENWOOD

CASA
CREACIÓN

La mayoría de los productos de Casa Creación están disponibles a un precio con descuento en cantidades de mayoreo para promociones de ventas, ofertas especiales, levantar fondos y atender necesidades educativas. Para más información, escriba a Casa Creación, 600 Rinehart Road, Lake Mary, Florida, 32746; o llame al teléfono (407) 333-7117 en Estados Unidos.

Suelta a nuestros hijos por Rebecca Greenwood
Publicado por Casa Creación
Una compañía de Charisma Media
600 Rinehart Road
Lake Mary, Florida 32746
www.casacreacion.com

A menos que se indique lo contrario, todos los textos bíblicos han sido tomados de la Santa Biblia, Nueva Versión Internacional ©1999 por la Sociedad Bíblica Internacional (marcada NVI). Usada con permiso.

Traducido por: Living Miracles
Editado por: Belmonte Traductores
Director de diseño: Bill Johnson

Originally published in the U.S.A. under the title: *Let Our Children Go*
Published by Charisma House, A Charisma Media company, Lake Mary, FL 32746 USA

Visite la página web del autor: www.christianharvestintl.org

Library of Congress Control Number: 2011937195
ISBN: 978-1-61638-544-6
E-book: 978-1-61638-554-5

Nota de la editorial: Aunque la autora hizo todo lo posible por proveer teléfonos y páginas de Internet correctas al momento de la publicación de este libro, ni la editorial ni la autora se responsabilizan por errores o cambios que puedan surgir luego de haberse publicado.

12 13 14 15 16 * 7 6 5 4 3 2

Impreso en los Estados Unidos de América

Dedico este libro a Peter y Doris Wagner. Es un honor relacionarme con ustedes. Soy bendecida por servir y caminar en línea con ustedes. Estoy agradecida para siempre por esos increíbles años de conferencias sobre oraciones de guerra espiritual y liberación, y todo el entrenamiento que han aportado y continúan aportando al Cuerpo de Cristo. He aprendido a tener una gran fe, a creer en Dios para lo imposible, a ver ciudades y naciones cambiadas por medio de la oración, a ver cautivos liberados y a hablar la profética palabra del Señor con audacia. He aprendido, a través del ejemplo de ustedes, a no retroceder nunca, sino avanzar en pasión, humildad y amor. Ustedes son pioneros y precursores que impactaron al mundo y a la Iglesia. Gracias por amarme, creer en mí, alentarme e impartir en mí. Los amo.

Reconocimientos

PUEDO DECIR HONESTAMENTE que un libro es un proceso de nacimiento. Aunque no hay incomodidades físicas (¡gracias, Jesús!), hay definitivamente una presión creativa, la tensión de tener que escribir las palabras en papel, y las interminables horas y largas noches en la computadora. Hay mucha anticipación acerca del proyecto, pero el proceso requiere una gran cantidad de tiempo. Cuando se escribe, hay muchos que acompañan en el camino. Quiero tomar el tiempo para reconocer a aquellos que han recorrido el camino de ayudarme a unir todas las piezas de este libro.

En primer lugar, quiero decir: "Gracias, Jesús", por guiarme y darme la fuerza y la gracia para completar este libro en medio de un intenso itinerario de viaje. Sigo estando asombrada por la participación sobrenatural para completar este manuscrito.

En segundo lugar, tengo que reconocer a mi esposo, Greg, por las incansables noches de leer lo que yo había escrito y por compartir conmigo una pantalla de computadora y este manuscrito...por las veces que tuviste que llevar a las niñas a la escuela y recogerlas...por todas las comidas que cocinaste, la ropa que lavaste, y los quehaceres del hogar que hiciste mientras yo escribía (¡eres un gran papá!)...por encargarte de la oficina y asegurarte de que todo se atendiera...por todos los sacrificios que has hecho durante nuestros veintitrés años de matrimonio, y por creer en el ministerio internacional al que el Señor me llamó. Verdaderamente aprecio todo lo que has hecho. Te amo y creo que este es tu momento para remontar.

A mis tres preciosas hijas: Kendall, Rebecca y Katie. Ustedes son jóvenes mujeres de honestidad e integridad. Me asombran. Gracias por compartir a su madre con las naciones y por tener comprensión y paciencia cuando escribo. Su aportación a este proyecto es inestimable. Gracias por permitirme compartir nuestro viaje espiritual con esta transparencia. Ustedes son la niña de mis ojos. Creo en ustedes y las amo entrañablemente. Dios tiene grandes días y aventuras por delante. Y yo las exhorto a que vayan más allá, más lejos y más alto de lo que su papá y yo jamás hemos llegado. Son bendecidas con todas las bendiciones espirituales, con amor y con el favor de nuestro incomparable Padre celestial. Y como nota de humor, digo que como familia ¡nos debemos unas imponentes vacaciones durante las festividades este año!

A Sharon Tindell quiero decir un cálido e inmenso "gracias". Las palabras no bastan para expresar cuán genuinamente agradecida estoy por tu ayuda. Quiero dar total crédito a quien merece crédito. Esta querida amiga es una intercesora poderosa y lo que yo llamo una reina de la investigación. Para aquellos que lean el libro, Sharon fue quien hizo toda la extensa investigación de las estadísticas y citas vertidas en mi manuscrito. Lo digo en serio cuando digo que fue por ella que este libro se completó. Personalmente, ella está involucrada en abogar, hablar, educar y hacer campaña para ver el fin de la industria del tráfico sexual de seres humanos. Es una guerrera que lucha por la justicia, una esposa maravillosa, una madre dedicada y una amiga para siempre. ¡Te amo!

A Maureen Eha, gracias por creer en este libro y en el mensaje que aporta a la Iglesia y a esta próxima generación. Este es un recurso muy necesario, ¡y tú fuiste capaz de verlo y decir que sí! Estoy agradecida a Casa Creación y a ti, y oro porque continuemos escribiendo en sociedad. Eres una amiga y una fiel mujer de Dios. Bendiciones abundantes para ti, tu familia y la familia de Casa Creación.

A mi amiga fiel, Kate Larson: gracias por leer cada capítulo, compartir lo que se me escapó y alentarme sobre qué incluir. Aprecio para siempre tu apoyo incansable, tu aliento, tus oraciones y tu honestidad. Brandon, Kaira y tú son parte de nosotros. Me honra que seamos amigas de toda la vida. Estoy a la expectativa de todo lo que el Señor ha ordenado, y estoy segura de que lo mejor está por llegar. Va a ser una maravillosa aventura del Reino.

Brad y Kris Herman, ¡les amamos! Gracias por su asesoramiento inestimable y su consejo. Brad, gracias por ayudarme a caminar en medio de todos mis proyectos de libros, por tu sabiduría al momento y la guía que siempre me das. Y Kris, gracias por solo estar siempre a mi lado. Es un privilegio maravilloso tener una amiga tan querida que está disponible no solo para mí, sino también para mis tres hijas. ¡Cuánto atesoramos nuestra relación contigo!

A todos los que intercedieron por nosotros y me llevaron en sus oraciones mientras yo escribía: estoy en deuda con ustedes. No hubiera podido escribir, enseñar, orar e impartir en las naciones sin su fiel apoyo de oración. De una intercesora a otros intercesores, hablo bendiciones, amor, multiplicación y un toque fresco del corazón del Padre. Son todos amados, sinceramente apreciados y oro por ustedes.

Contenido

Prólogo

C UANDO VEMOS LOS medios de comunicación de hoy, no hay duda de que la gente tiene hambre de realidad. Sin embargo, una de las realidades más ignoradas es la del reino invisible. El Espíritu Santo está llevando de nuevo a un primer plano la verdad que hay más allá de la realidad espiritual.

Aunque la Palabra de Dios es clara en que nuestra batalla no es contra carne ni sangre, sino contra los poderes de la oscuridad (Efesios 6:12), parece que incluso aquellos que dan algún tipo de consentimiento teológico han dejado a un lado esta realidad bíblica. Mientras tanto, estamos probando métodos naturales para liberar de ataduras oscuras a la gente, sin siquiera mirar una vez lo que ocurre en el mundo espiritual.

Cuando observamos el creciente número de víctimas de suicidio adolescente y la violencia explosiva entre los niños, necesitamos despertar y estar dispuestos a mirar más allá del reino de lo visible, a las verdades que la Biblia ha puesto ante nosotros concernientes a la necesidad de echar fuera demonios.

Hay una razón por la que Jesús enseñó a sus discípulos a orar: "*Líbranos del mal*", en vez de: "Sálvame de mis erróneas impresiones mentales". La Escritura nos dice que los poderes demoniacos son un enemigo tan real para nuestro bienestar como cualquier problema que pudiéramos tener en la vida.

Aunque yo creo que necesitamos consejeros cristianos, también creo que tengo un caso con base bíblica para decir que mucha gente no será sanada sin romper ataduras demoniacas.

A lo largo de los años ha habido excesos en ministerios de guerra espiritual. Muchos han ido al extremo de simplemente excluir de la Iglesia esta clase de ministerio. Me parece raro que este sea el caso cuando hay tantos que también usan mal el púlpito, pero nosotros todavía los necesitamos y la gente los apoya.

Una buena amiga me dijo una vez: "¡Cindy, pescamos almas y no lavamos los peces; apestan!". Probablemente, más de unos pocos pastores dirían: "Bueno, yo sé que eso es verdad. ¡Yo tengo unos cuantos que apestan en mi iglesia!".

Por eso leí con interés este libro de Rebecca Greenwood. Al haber escrito yo misma un libro sobre el ocultismo, titulado adecuadamente *Libéranos del mal*, aprendí un poco sobre el tema. No solo eso; también practico la liberación y he visto resultados notables al orar por la liberación de la gente de la manera en que Rebecca lo enseña.

Todo esto para decir que, desde mi punto de vista, Rebecca ha escrito uno de los libros más prácticos y fáciles de entender que jamás he visto sobre ministrar a niños y adolescentes. Es balanceado en su enfoque y nos da una guía paso a paso sobre la ministración a niños, de una manera no amenazante ni espiritualmente abusiva.

Fui página por página maravillándome ante la relevancia de los temas que Rebecca escogió. Incluyó asuntos fuertes como la cultura emo y los cortes. (Si usted no sabe lo que es eso y es padre o madre, necesita conocerlo). Una y otra vez mientras enseñaba en una conferencia para jóvenes a una audiencia en su mayoría cristiana, el Espíritu Santo me empujaba a hacer un llamado a jóvenes que se habían estado cortando. Me he llevado a casa "trofeos" de su libertad en forma de cuchillos. Después de ministrar liberación a una joven adolescente, ella puso en mi mano una navaja de bolsillo que había estado usando para hacerse cortes, ¡desde que tenía ocho años de edad! Esa es una de las muchas razones por las que necesitamos este libro.

Otra razón por la que me gusta este libro es porque está bien investigado. Rebecca trae los consejos de otros en su campo. Hay sustancia en lo que escribe, tanto de su propia experiencia como de la de otros líderes.

Algunos de ustedes que lean este libro pueden no tener el placer de conocer a Rebecca Greenwood como yo la conozco personalmente. Ella vive este mensaje, y la dulzura y el amor que irradia, una página tras la otra, son reales en su vida diaria. Como amiga, puedo decir que ella se preocupa genuinamente por la gente, con el amor de Cristo.

Suelta a nuestros hijos está destinado a ser un clásico que usted querrá conservar en su biblioteca para el resto de su vida. También será un libro que querrá enviar a cada madre que esté llorando por sus hijos debido a grandes problemas que no desaparecen con simple consejería; ¡necesitan echarse fuera!

—Cindy Jacobs
Generals International; Dallas, Texas

Introducción

S
E ME PARTIÓ el corazón cuando John, de catorce años de edad, cayó de rodillas, bajando su cabeza y suplicando: "¡Por favor, ore por mí, pastora. Por favor, ore otra vez!". La noche anterior yo había orado por él. Era obvio que este joven estaba atormentado por los demonios. Lloró y desesperadamente clamó a Dios para que lo liberara. Por revelación profética yo sentí que la causa de su atadura se debía al abuso de parte de su padre. John y su pastor confirmaron eso como cierto. Él estaba tan traumatizado por ese abuso que no podía dormir sin medicarse. Según le ministré el amor del Padre, el poder del Señor lo liberó. Esa noche John pudo dormir toda la noche en paz y sin medicarse.

La noche siguiente cuando pidió más oración, le ministramos de nuevo. John estaba emocionado, recibiendo más liberación. Sin embargo, me apenó dejarlo. Yo sabía que él necesitaba todavía más oración para recibir liberación total de sus fortalezas. Mi vuelo salía a la mañana siguiente, y no podría volver a orar por él. Para asegurarme de que todo estaba en orden para que John recibiera la liberación que el Señor tenía para él, instruí a los líderes sobre cómo continuar ministrándole. Cuando me fui, le dije al Señor: "Necesitamos líderes que sepan cómo ministrar a la próxima generación liberación, sanidad interior y el corazón del Padre. La Iglesia tiene que saber cómo proteger y liberar a la próxima generación de las trampas que el enemigo ha tendido, y cómo cumplir nuestro propósito de liberarlos hacia su destino". El Señor respondió: "Sí, Becca. Esto se necesita. ¿Por qué no empiezas a equipar a los líderes?".

Nuestro ministerio recibe muchas llamadas para ministrar a niños. La petición usual es: "Entendemos que usted sabe cómo orar por los niños y los adolescentes. No hemos podido encontrar otro ministerio que tenga el entendimiento y la habilidad para hacer eso". Yo sé que hay otros que tienen el conocimiento y la experiencia para ministrar liberación a niños, adolescentes y adultos jóvenes, pero son pocos.

Las estadísticas muestran que solamente el 4 por ciento de esta próxima generación estará involucrada en el cristianismo evangélico.[1] La Iglesia tiene que hacer muchos cambios para alcanzar efectivamente a esta generación. Cuando Juan el Bautista nació, su padre profetizó que él estaba destinado a *reconciliar a los padres con los hijos* (Lucas 1:17). Vivimos en una época y un momento en que es crucial el amor de las madres y los padres hacia sus hijos, y el de los padres y las madres espirituales hacia sus hijos espirituales. Creo que una gran parte de la lucha con esta próxima generación es una batalla espiritual. La oscuridad va en aumento, y es el papel de los padres, los pastores de jóvenes, pastores y creyentes hacer todo lo que podamos para asegurar la bendición, protección y libertad de esta generación más joven, capacitándolos para alcanzar la plenitud de su destino en el Reino. Es mi deseo y creencia que este libro será una herramienta que la Iglesia, los líderes y los creyentes pueden utilizar para alcanzar esta meta.

Capítulo 1

¿Realmente quieren los demonios hacer daño a nuestros hijos?

L a respuesta es sí. Los demonios realmente quieren hacer daño a nuestros hijos. El peligro más grande para niños y adultos proviene de una fuerza invisible: Satanás y su ejército de oscuridad. Este malévolo ejército espiritual está obsesionado y completamente enfocado en mantener a los hombres, las mujeres y los niños eternamente separados del amor de Dios y de la gracia salvadora de Jesús. No debemos suponer que nuestros niños no son una amenaza para la oscuridad. El propósito del enemigo es atenazar y cegar a cada generación, estableciendo fortalezas en las vidas de nuestros hijos desde muy temprana edad.

Dios creó a la humanidad porque tiene un corazón de Padre y Él quería hijos para amar. De la misma manera que los padres y madres terrenales anhelan tener hijos como fruto de su relación de amor, nuestro Padre celestial anhela relacionarse con nosotros, sus hijos. Por lo tanto, desde que somos concebidos, al momento de nacer y durante toda nuestra vida, el enemigo pone trampas, anzuelos y maquinaciones para mantenernos atados a mentiras de oscuridad y paralizarnos para que no alcancemos nuestro máximo potencial en el Reino. Es un depredador buscando matar, robar y destruir todo lo que Dios quiere liberar en nuestras vidas.

Una historia moderna de romper el poder de un espíritu sordo y mudo

La madre afligida se acercó al altar llevando en brazos el cuerpo inerte de Henry, de dos años de edad. Un tubo para alimentarlo salía de su pequeña nariz. Su cara estaba drásticamente hinchada por todos los medicamentos. El que debió haber sido un niño feliz y lleno de vida era un niño enfermo, convulso y escasamente vivo. Cathy, su madre

1

de origen chino, en su desesperación por salvar a su hijo enfermo, nos rogó que oráramos por él.

Hablando por medio de su intérprete, le pregunté a Cathy qué pasaba con Henry. Ella explicó que él padecía convulsiones desde su nacimiento. Los médicos eran incapaces de diagnosticar su enfermedad. Pregunté: "¿No hay diagnóstico médico para las convulsiones y la enfermedad?". "No". Sintiendo un impulso del Espíritu Santo, le pregunté a Cathy si ellos eran cristianos. "No, somos hindúes. También adoramos a Buda y estamos involucrados en el taoísmo".

"Cathy, ¿por qué vino al servicio hoy?".

"Porque los sacerdotes hindúes, los monjes budistas y todos los rituales taoístas no han tenido poder para sanar a mi hijo". Ella compartió cómo lo había llevado para que lo sanaran a cada templo en la isla donde vivía. Eso, en vez de ayudar a Henry le había empeorado. Los doctores no habían dado esperanzas. El pronóstico era una muerte que se acercaba rápidamente.

Le dije a Cathy que oraríamos por Henry, pero ella necesitaba nuestra atención primero. Le compartí el mensaje de salvación, y poco tiempo después de recibir el don de la vida eterna, su semblante cambió drásticamente. Le preguntamos si sentía el amor de Jesús. Con lágrimas de gozo contestó: "Sí, lo siento".

"Cathy, antes de que ore por Henry, necesita asegurarnos a mi amiga Pam y a mí que su esposo y usted no llevarán más a Henry a esos templos. Solo los cristianos pueden imponerle manos. Le ha estado pidiendo a los dioses demoniacos que le den sanidad a su hijo. El resultado ha sido que más demonios han invadido su cuerpo, causando su crítica enfermedad". Le pregunté si ella y su esposo cuando Henry nació, lo habían dedicado a antepasados muertos y dioses hindúes. Ella orgullosamente respondió: "¡Sí!".

Le explicamos que íbamos a ministrar oraciones de liberación. Cathy rápidamente estuvo de acuerdo. Rompimos el poder de todas las dedicaciones de bebés hechas a los dioses hindúes y antepasados muertos. Le ordenamos a toda brujería, espíritus del anticristo, espíritus de enfermedad y muerte, que se fueran en el nombre de Jesús. Ordené: "Espíritu mudo y sordo, yo ato tu poder sobre Henry y su cuerpo ahora mismo, en el nombre de Jesús. Rompo tu poder y te ordeno que salgas". Pam estaba orando en acuerdo.

De repente, el cuerpo de Henry se puso rígido mientras entró en una intensa convulsión. Su cara se tornó azul por la falta de oxígeno. Recuerdo estar muy agradecida de que Pam no solo fuera una guerrera poderosa, sino también una enfermera excelente. En acuerdo, le ordenamos al espíritu que saliera y soltara a Henry. Este niño de dos años abrió sus ojos, respiró, y sus mejillas se pusieron rosadas. Algo había cambiado. Declaramos sanidad, liberación y la unción del Espíritu Santo en el pequeño Henry. La paz vino sobre él y salió del sueño en que estaba.

La noche siguiente, Henry, Cathy y su esposo hindú llegaron a un servicio cristiano por primera vez como familia. Ella corrió al altar con Henry en sus brazos. Estaba cambiada tan radicalmente que yo casi no la reconocí. Cathy estaba eufórica. "¡Mi esposo, que no es salvo y no quería tener nada que ver con el Jesús cristiano, vino conmigo esta noche! Estoy llena de gozo. Henry solo tuvo una convulsión leve hoy. ¡Solo una!". Oré por ellos de nuevo. Nos gozamos juntos en el Señor.

Esa noche, el padre se fue a casa y echó a la basura cada talismán de buena suerte y dios demoniaco relacionado con el hinduismo, el taoísmo y el budismo. Llevaron a Henry al hospital dos días más tarde para más exámenes. Todo salió normal. Henry no había tenido convulsiones durante varios días. Estaba abriendo sus ojos y se mostraba más alerta. El padre le dijo al personal del hospital que solo pastores cristianos podían orar por su hijo y tocarlo. En los hospitales de su nación, los sacerdotes hindúes hacen rondas diarias para dedicar los niños a sus dioses. Estaba prohibido que cualquiera de ellos entrara al cuarto de Henry.

Como no podían encontrar nada mal en Henry, los doctores lo dieron de alta del hospital. Cathy, Henry y su padre empezaron a asistir regularmente a la iglesia. El padre renunció a sus prácticas ocultistas y recibió la salvación. Henry está totalmente sanado.

¡Nuestro Dios es un Dios milagroso, liberador y sanador! La intensa batalla de un pequeño niño contra la fortaleza de un espíritu sordo y mudo llevó a una familia a buscar al único Dios verdadero. Como resultado, la salvación, la sanidad y la libertad lo inundaron todo. Dios puede convertir en bueno lo que el enemigo usa para causar daño. Un avivamiento y un mover de Dios puede arrasar con todo lo negativo y causar que una familia se convierta en radicales seguidores de Él.

Historia de ataques demoniacos contra la próxima generación

Hemos visto repetidamente en las historias bíblicas los ataques que Satanás ha desatado contra los niños. Las mujeres embarazadas eran desgarradas y sus bebés asesinados. Herodes ordenó la muerte de todos los infantes varones menores de dos años. A lo largo de la historia ha habido aniquilación y genocidio de niños: la Inquisición española, el Holocausto y, la en la historia reciente, el genocidio de niños en Ruanda, Iraq y muchas otras naciones. Esto sin mencionar el horror de que los niños varones musulmanes sean entrenados para dar sus vidas en la yihad desde los seis años de edad, y el asesinato de más de cuarenta millones de niños no nacidos ocurrido en nuestra nación solo desde 1973. Los intentos de Satanás para destruir empiezan en la concepción y continúan durante toda nuestra vida.

Nada me duele más que ver a un niñito o adolescente atenazado por la oscuridad e incapaz de funcionar. La niñez debiera ser un tiempo de gozo, risa, juegos, bajo la dirección de padres amorosos y una iglesia llena de la vida de Jesús, y recuerdos de tiempos especiales en familia y reuniones en las festividades. Durante estos años, el diseño de Dios para los niños es crecer y prosperar en una atmósfera amorosa en el hogar, escuchar el mensaje de salvación y crecer en una relación espiritual con Él.

Un día estábamos en el auto con nuestras tres hijas. Rebecca, de cuatro años de edad, estaba tranquilamente sentada en el asiento posterior. Era obvio que procesaba algo en su pequeña mente. Ella preguntó con curiosidad: "Papá, existe Dios y Jesús…¿y quién es el otro hermano?". Nos reímos de cómo ella expresó su pregunta, pero le dimos gracias a Dios de escuchar a una niña de esa edad reflexionar sobre nuestro Padre, Jesús y el Espíritu Santo y cómo se relacionan entre sí. Por desgracia, hay muchos niños a quienes nunca se les dio esa oportunidad.

Mandato del faraón para el asesinato de niños

Hay muchos casos en la Biblia donde somos testigos de que el enemigo desata sus planes contra la generación más joven. Lo vimos en Egipto cuando el faraón ordenó a las parteras hebreas Sifra y Púa asesinar a todos los varones recién nacidos. Alabado sea Dios porque ellas no fueron obedientes. Como estas mujeres temían al Señor, clamaron a Él y le pidieron que las mujeres parieran antes de que ellas llegaran. Al faraón no le impresionó esa explicación. Estoy segura de que ellas no le dijeron que habían orado y que Dios respondió con fidelidad. Sin embargo, luego él comenzó la segunda fase de su plan.

Todos los egipcios recibieron la orden de echar al río Nilo a todos los bebés varones de Israel (ver Éxodo 1:22). Por lo tanto, el asesinato infantil se convirtió en un mandato y una práctica justificable en Egipto. Las creencias y prácticas del antiguo Egipto están llenas de idolatría, brujería y adivinación. Los principales asesores del faraón eran expertos en aprovechar los poderes demoniacos para alcanzar una fuerza sobrenatural. Satanás estaba usando al faraón y a sus asesores para poner en práctica su plan de acabar con la nación hebrea, y evitar que surgiera el niño favorecido. Como sabemos, el plan del faraón no tuvo éxito y, finalmente se produjo el resultado esperado cuando Dios dijo: "Ya te he dicho que dejes ir a mi hijo para que me rinda culto, pero tú no has querido dejarlo ir. Por lo tanto, voy a quitarle la vida a tu primogénito" (Éxodo 4:23).

El sacrificio de niños

Mientras en el Antiguo Testamento Dios requería el sacrificio de animales para la expiación de los pecados, Satanás requería sacrificios humanos, siendo los niños su opción preferida. Las ceremonias religiosas paganas de las antiguas civilizaciones eran momentos de culto demoniaco. La adoración a las deidades masculinas y femeninas se practicaba con perversión sexual. Ritos de fertilidad, prostitución masculina y femenina en los templos y pecado sexual se convirtieron en parte de la expresión ritual. El punto culminante de este culto era la ofrenda de niños como sacrificios a las deidades demoniacas. Leemos en 1 Reyes 11:7–13 que el rey Salomón construía altares para los dioses de sus esposas, y específicamente para Quemos, el detestable dios de Moab, y Moloc, el detestable dios de los amonitas.

Moloc, cuyo nombre significa "rey", era el dios del fuego de los amonitas y era esencialmente idéntico al dios moabita Quemos. Conforme a la tradición, la imagen de Moloc era de bronce, hueco en su interior. Su cara era la de un becerro, y sus manos estaban extendidas como un hombre a la espera de recibir algo. Los sacerdotes encendían los brazos del ídolo con fuego, tomaban un bebé y lo ponían en las manos de Moloc, para sacrificar al niño al dios demoniaco. Aunque consideramos esto terrible e inhumano, la verdad es que el aborto en la actualidad es sacrificio de niños. Es la manera en que el enemigo intenta detener a la próxima generación.

Furioso complot de asesinato de Herodes

Herodes era infame por los asesinatos que cometió. Cuando los sabios de Oriente no volvieron a él con las instrucciones sobre cómo encontrar al bebé Jesús, se puso furioso. El enemigo trató de matar a Jesús a través de un furioso Herodes, que emitió una sentencia de muerte para todos los niños de dos años y menores (ver Mateo 2:16–18).

El enemigo, históricamente, ha tratado de dar rienda suelta a sus planes de muerte y destrucción de la generación más joven. Si es capaz de detener los planes y propósitos de Dios al atacar, acosar, causar miedo paralizante y asesinar, lo hará.

Mi historia de liberación del miedo

Me apasiona ver a esta nueva generación ser liberada. A mí también el enemigo trató de detenerme a través del miedo y otras trampas. El miedo fue algo con lo que luché durante toda mi niñez hasta entrar en la edad adulta. Cuando mi hermana y yo éramos niñas, nos quedamos en una guardería mientras nuestros padres asistían a un partido de fútbol de los Dallas Cowboys. Ella tenía seis años; yo tenía tres. Mientras escalaba unas barras, me caí y me rompí el codo. Los teléfonos celulares no existían, así que quien nos cuidaba no pudo comunicarse con mis padres. Yo lloraba sin control.

Frustrada, la cuidadora me puso en una cuna en un cuarto oscuro y se negó a permitir que mi afligida hermana me consolara. Recuerdo vívidamente a mi hermana en el umbral de la puerta queriendo acercarse a mí sin que se lo permitieran. Yo estaba adolorida y asustada. Innecesario decir que cuando mis padres regresaron, no estaban nada contentos.

Debido a ese incidente, me aterraban las alturas y la oscuridad. Desde ese momento hasta que fui liberada del miedo cuando ya era adulta, tenía muchas pesadillas. Aun después que Greg y yo nos casáramos y tuviéramos nuestro primer hijo, el miedo me controlaba. Si él viajaba por negocios, yo no podía dormir a menos que estuvieran encendidos el televisor, la radio y todas las luces de la casa. Cuando yo viajaba en avión, tenía que tomar pastillas para dormir. No soportaba las escaleras ni los balcones.

Cuando el Señor empezó a enseñarme sobre intercesión, liberación y guerra espiritual, me di cuenta de que tenía que tratar esos miedos. ¿Cómo podía yo echar fuera un espíritu de miedo en otra persona si yo caminaba en miedo? ¿Cómo podía ir a los lugares y naciones que el Señor me estaba revelando si tenía miedo a volar? Empecé a clamar a Él por liberación. Una vez en un retiro de mujeres, el orador pidió que se pusieran de pie todas las mujeres que tuvieran miedo. Oró por nosotras colectivamente y rompió el espíritu de temor. Sentí como si se fuera algo que cargaba sobre mis hombros. ¡Estaba eufórica!

Cuando volví a casa, sabía que había sido liberada. Aun así, aprendí rápido que iba a tener que plantarme en mi liberación para mantener la victoria.

Cada noche, durante dos meses, me enfrenté a un espíritu de temor. Podía sentir cuando el espíritu entraba en nuestra casa mientras dormíamos. En vez de esconder mi cabeza debajo de las mantas o acercarme a mi esposo, salía de la cama, caminaba a la sala y le hablaba al espíritu de temor. Aunque no podía verlo, caminaba hacia donde sentía su presencia y le hablaba como si lo estuviera mirando a los ojos. Le dije que se fuera y jamás regresara, en el nombre de Jesús. Ya no era bienvenido en mi vida ni en mi hogar. Le dije al miedo que no tocaría a mis hijas ni a mi esposo.

Durante aquella época pasé muchas horas orando hasta bien avanzada la noche. Incluso cuando adoraba al Señor e intercedía, el espíritu de temor intentaba regresar. Me levantaba del suelo y caminaba hasta el lugar donde podía sentir al espíritu y hablarle cara a cara.

Greg se fue en viaje de negocios. ¡Esa era una verdadera prueba! Al llegar la noche, después de acostar a mi hija, apagué todas las luces. La televisión y la radio estaban apagadas y proclamé: "¡No me voy a someter más a este temor! ¡No te voy a aceptar! Terminó tu tarea, y yo digo que no volverás a mí otra vez, ni a mis hijas, ¡ni a sus hijos ni a las generaciones venideras!". ¿Adivina? Ya no tenía miedo. Desde entonces, la oscuridad y los sitios oscuros no me molestan y he podido volar en avión sin vacilación.

No hay necesidad de que nuestros niños se desarrollen en miedo, depresión, acoso o tormento. La libertad no tiene que esperar hasta la edad adulta. Este es el propósito de este libro: equipar a la Iglesia sobre cómo ministrar a nuestros hijos para que caminen en victoria desde temprana edad.

Nuestros niños y adolescentes todavía están en riesgo hoy

Estaríamos de acuerdo en que en nuestros momento de la historia la oscuridad prolifera por todas partes. No digo esto para generar miedo. Ni creo que Satanás sea tan poderoso como nuestro Señor; absolutamente no. Pero vivimos en un tiempo oscuro en la historia, y las siguientes estadísticas de la página web de Teen Mania prueban que ese es el caso. Esta generación tiene gran necesidad de la verdad.

+ Un 91% dice que no hay verdad absoluta

+ Un 75% de los adolescentes en E.U. cree que el mensaje central de la Biblia es: "Dios ayuda a quienes se ayudan a sí mismos".

+ Un 53% cree que Jesús cometió pecado (el 40% de los adolescentes nacidos de nuevo creen que Jesús cometió pecado).[1]

Esta generación joven está buscando. Ellos van a ver, a experimentar y a ser parte de los tiempos más estratégicos e intensos en la historia de la Iglesia cristiana. Van a ser testigos de primera mano de eventos asombrosos en nuestro mundo, y de señales milagrosas y prodigios sobre los que escribieron incluso los profetas de la Biblia. Pero hay una batalla que la oscuridad libra para mantenerlos engañados y fuera de la luz.

Me gusta lo que Pablo escribió a su hijo espiritual Timoteo en 1 Timoteo 6: 11–14, 20, ya que obviamente él conocía los peligros que afrontaría su hijo espiritual, y lo instruyó sobre cómo sobreponerse a las trampas del mundo y del enemigo.

Pablo exhortó a Timoteo a huir del mal, incluyendo todas las tentaciones del dinero y todos los males asociados con él, para seguir la justicia y pelear la buena batalla de la fe. Leer estos versículos me hace reflexionar. A nuestros niños, o a aquellos que crecen en la Iglesia, normalmente se les enseña a huir del mal y seguir la rectitud. Pero yo me pregunto: ¿cuán bien hemos luchado por nuestra juventud y le hemos enseñado a pelear la buena batalla de la fe?

La palabra griega para *pelea* en esta escritura es *agonizimai*. Significa "entrar a una competencia, contender con adversarios, luchas y peligros". *Contender* significa "luchar en oposición", "forcejear, luchar, batallar, pelear, competir, argumentar, disputar, asir y reclamar". ¿No es eso lo que hacemos en batallas contra nuestro adversario? Nosotros forcejeamos en batallas contra la competencia y contra todos los argumentos de la oscuridad, disputando su control y reclamando nuestra libertad y herencia en el Reino de Dios.

Pablo entendió esto. Le dijo a Timoteo que confiara en lo que se había depositado en él. Amigos, es nuestra responsabilidad guardar y conservar lo que Dios nos ha confiado. Tenemos que poseer el conocimiento de cómo guardar y conservar no solo nuestras vidas personales, sino también las vidas de nuestros hijos.

Instruya al niño

Una de mis verdades favoritas, la cual enseño, es que el conocimiento edifica poder para actuar. Parte de nuestro rol para levantar a la próxima generación es descubrir quién es el niño y alentarlo a ir en esa dirección; como dice Proverbios 22:6: "Instruye al niño en el camino correcto, y aun en su vejez no lo abandonará".

Ahora más que nunca debemos asegurarnos de que esta

generación más joven sea instruida en el camino que Dios desea que siga. Tenemos que descubrir a qué está llamado cada uno de ellos, no encasillarlos en un molde, sino encontrar su unción individual y su llamado, y capacitándolos para ejercer aquello para lo que fueron creados.

Hemos de tener ojos espirituales, sabiduría y discernimiento para detener los planes de oscuridad en sus vidas desde una edad temprana, capacitándolos así para que sean todo lo que han de ser. Según avanzamos, es mi oración que la instrucción necesaria para liberar a nuestros hijos sea impartida y ellos sean liberados hacia una libertad victoriosa como hijos del Rey, dando entrada a esta próxima generación a su destino en el Reino.

Oración por discernimiento

Señor, gracias porque estás abriendo mis ojos espirituales para ver, entender y discernir la atmósfera espiritual en mi vida, mi hogar y las vidas de mis hijos. Dame tu perspicacia sobre las trampas que el enemigo quiere desatar en las vidas de mis hijos. Yo te doy la bienvenida, Espíritu Santo, para que ilumines las palabras en este libro. Ayúdame a ver y conocer los planes del enemigo, no solo en mi vida sino también en las vidas de la próxima generación. Conviérteme en una herramienta afilada y un arma en tus manos para ver liberarse esos jóvenes que están atrapados en la oscuridad. Te doy gracias porque según leo estas páginas, tendré entendimiento sobre las puertas abiertas en mi vida. Permite que este sea un tiempo de alcanzar liberación y de situarnos sobre un fundamento seguro en un nuevo camino de entender las cosas del Espíritu. Señor, dame tu corazón y tu visión de libertad para mis hijos y esta próxima generación. Te invito a que causes que yo me vea y esté firme sobre mi autoridad del Reino para ver libertad manifestada. En el nombre de Jesús, amén.

Capítulo 2

¿Qué ha invadido nuestro hogar?

NUESTRA HIJA MAYOR, Kendall, siempre ha estado contenta y ha dormido toda la noche desde que tenía cinco semanas de nacida. Pero un día, cuando tenía dos años, cerca de las tres de la mañana, mi esposo y yo despertamos de un sueño profundo oyendo gritos que venían de su cuarto. Corrimos al cuarto de Kendall para consolarla y no podíamos calmarla a menos que la acostáramos en nuestra cama. Esto pasó otra vez la noche siguiente, exactamente a la misma hora.

A la mañana siguiente llamamos a nuestro pastor. Le expliqué que necesitábamos que un grupo de oración viniera a nuestro hogar. Algo en nuestra casa asustaba a Kendall. El pastor explicó: "Ustedes no necesitan un grupo de oración. Su hija está viendo cosas en el reino espiritual". Siendo nueva en esto, pregunté: "¿Viendo en el reino espiritual?". Él explicó que muchas veces los niños ven cosas en el reino espiritual y se les enseña que lo que ven no es real, que es solo un mal sueño o su imaginación. Nos dijo que cuando Kendall se despertara asustada esa noche, fuéramos a su cuarto y preguntáramos: "Querida, ¿ves algo?". Si dice que sí, le preguntan si lo que está viendo es bueno o malo. Si ella contesta 'bueno', podía estar viendo un ángel, aun eso puede asustar a un niño si es la primera vez que lo experimenta. Si contesta 'malo', entonces necesitan orar y ordenar, en el nombre de Jesús, que lo que sea salga de su cuarto. Entonces oran y le piden a Dios que envíe sus ángeles de protección".

No es necesario decir que esa noche Greg y yo intentamos dormir, pero fue difícil. Estábamos en la tensa espera de que Kendall despertara. Recuerdo haberme acostado pensando: "¿Qué es lo que está pasando en mi hogar?". Mientras más pensaba en eso, mayor era la ira santa dentro de mí. ¡No me gustaba el pensamiento de que un demonio intentara hacerle daño a mi bebé! Cerca de las tres de la mañana, ella se despertó gritando. Saltamos de la cama y nerviosamente caminamos a su cuarto. Sí, estábamos un poco nerviosos; ¡eso era definitivamente algo nuevo para los dos también!

Tan pronto como entramos a su cuarto, ella corrió hacia nosotros. Encendimos la luz y le preguntamos como nos dijo el pastor. "Querida, ¿estás viendo algo?". Ella nerviosamente respondió: "Sí". Continuamos: "¿Es bueno o malo?". Ella, llena de miedo, contestó: "Es malo, Mami y Papi, ¡malo! ¡Es un gorila grande y malo!". Entonces oramos y le ordenamos al espíritu malévolo que se fuera. Le preguntamos a ella: "¿Se fue?". "Sí", contestó enseguida. Le pedimos al Señor que enviara sus ángeles a guardarla y protegerla. Tan pronto como terminamos de orar, nuestra hija sonrió y exclamó: "Un ángel, Mami y Papi. ¡Es muy bonito!". La acostamos de nuevo en su cama y se volvió a dormir plácidamente. Greg y yo salimos del cuarto sobrecogidos por lo que acababa de ocurrir.

La próxima noche se despertó gritando otra vez. Nosotros caminamos rápidamente hacia su cuarto, pero esta vez no estábamos tan nerviosos. Le hicimos las mismas preguntas de la noche anterior y recibimos las mismas respuestas. Pero cuando oramos esta vez, pusimos a Kendall entre nosotros dos tomando sus manitas. Le instruimos que ordenara a ese espíritu que se fuera en el nombre de Jesús, y entonces ella le pidió a Dios que enviara sus ángeles de protección. Nuestra hija, a la edad de dos años, hizo estas dos oraciones, ese demonio obedeció su orden y Dios envió sus ángeles de protección en respuesta a su petición.

Desde entonces, Kendall ha sido muy sensible a cosas en el espíritu y ha entendido su autoridad en Jesús. Ella comprende la verdad escritural de resistir al enemigo. Podemos instruir a nuestros hijos para que se defiendan contra el mal.

Las cosas invisibles son reales

Al pasar por este proceso con Kendall, rápidamente nos dimos cuenta de que el reino spiritual es más real que el físico. Lo que vemos en lo natural es temporal y desaparecerá, pero el reino de lo invisible es eterno y muy activo. Pablo escribió en 2 Corintios 4:18:

"Así que no nos fijamos en lo visible sino en lo invisible, ya que lo que se ve es pasajero, mientras que lo que no se ve es eterno".

Muchas veces oímos que a nuestros hijos les asusta la oscuridad y tienen miedo a lo que ven de noche. Se refieren al monstruo o a la mala persona que visita durante las horas de la noche. Esos niños están viendo en el reino espiritual, y saben que lo que ven es real. Una de las cosas más importantes que podemos hacer es decirles a nuestros hijos que les creemos cuando dicen que ven algo que les asusta, aunque nuestros ojos adultos no lo vean. El reino espiritual, que está vivo, bien y activo, es real para nuestros niños. Cuando desalentamos a nuestros hijos diciéndoles que ven algo que no es real, les instruimos para no activar su unción como videntes.

La historia de 2 de Reyes es un ejemplo poderoso de aprender a ver la realidad del reino espiritual. El sirviente de Eliseo, con sus ojos físicos, solo vio la ciudad rodeada de caballos y carros del ejército enemigo, para arrestar al profeta. El hombre de Dios oró: "Señor, ábrele a Guiezi los ojos para que vea" (2 Reyes 6:17). Cuando el sirviente vio el reino invisible, descubrió que el Señor había puesto caballos y carros de fuego alrededor del profeta para protegerlo. La realidad del mundo invisible mostraba un ejército más grande a favor de Eliseo que el mundo visible que había contra él.

Pablo habla en 1 Corintios 12: 16–27 sobre cómo somos parte del Cuerpo de Cristo, pero funcionamos en diferentes roles. Algunos operan como pies. Otros son llamados a ser manos. Algunos son los ojos y algunos somos los oídos. Pablo claramente explica que todos nos necesitamos unos a otros para formar el Cuerpo. Dios nos diseñó de esa manera. En mi experiencia, los niños que empiezan a ver o escuchar en la esfera espiritual y a tener sueños a temprana edad son aquellos a los que el Señor ha dado dones de profecía, intercesión y discernimiento.

La verdad es que el enemigo nunca ha jugado limpio ni lo va a hacer. Él quiere atacarnos para detener nuestra identidad, nuestros dones y nuestro llamado en el Reino de Dios. Aquellos que son llamados a ver y escuchar serán atacados en esas áreas a temprana edad, en un intento para traer miedo y desaliento, y paralizar el don exacto que el Señor tiene intención de liberar.

Sus hijos e hijas profetizarán

Una verdad que he aprendido a través de mis hijas y al ministrar a la nueva generación es que no hay un Espíritu Santo pequeño. Yo he sido testigo de primera mano de niños respondiendo al Espíritu Santo y a su revelación más libremente que los adultos. Los niños son sensibles a la esfera espiritual, y Dios los ha usado numerosas veces en mi vida y en sesiones ministeriales para decir lo que está pasando espiritualmente.

Muchos estamos familiarizados con Hechos 2:17:

> "Sucederá que en los últimos días "dice Dios", derramaré
> mi Espíritu sobre todo el género humano. Los hijos y las
> hijas de ustedes profetizarán, tendrán visiones los jóvenes
> y sueños los ancianos".

¡Amén! Esta escritura revela que el gran don que Dios ha reservado hasta los últimos tiempos está siendo derramado libremente. Todos conocerán el toque del Espíritu de Dios; tanto hijas como hijos serán capacitados por Él. Está ocurriendo ahora y continuará en aumento. Leyendo este libro, usted probablemente piense en momentos en que su niño o adolescente ha sido los ojos para ver, los oídos para oír, el soñador para soñar o el profeta para hablar. Moviéndonos hacia adelante, aprendamos cómo detener las tareas de la oscuridad desatadas para impedir la liberación plena de estos dones.

Entonces ¿qué hacemos?

Quizás usted tiene un niño o conoce a un niño que ha tenido la misma experiencia de visitas nocturnas que Kendall. O conoce niños que tienen miedo de noche por lo que ven, oyen o experimentan. Veamos cómo manejar estas situaciones.

~ ¿Qué hay en el hogar?

En primer lugar, usted querrá asegurarse de que no está glorificando al enemigo en su hogar. Examinaremos esto más, pero por el bien de nuestra discusión ahora, mencionaré brevemente algunos puntos. Si hay objetos de naturaleza demoniaca, esa es una invitación de alfombra roja para el acoso que el niño está experimentando. ¿Qué tipo de juegos tiene el niño? ¿Son violentos? ¿Lee libros y tiene juegos sobre brujería o vampiros? ¿Qué tipo de música, libros, películas y entretenimiento hay en su hogar? ¿Hay revistas de tono sexual? ¿Tiene material pornográfico? ¿Contienen símbolos demoniacos la ropa o la joyería del niño? ¿Hay películas de terror? ¿Hay objetos de idolatría en su hogar? Podrían ser objetos comprados durante vacaciones, que representan ídolos o alguna clase de dios falso. El reino demoniaco puede apegarse a objetos inanimados para ganar entrada a los hogares, y lo hará. Si la respuesta es sí a cualquiera de estas preguntas, la reacción correcta es destruirlos, arrepentirse de permitir esos objetos en su hogar y orar, echando fuera toda oscuridad en el nombre de Jesús. La siguiente historia ilustra claramente por qué esto es crucial.

Greg y yo ministramos a Lisa, de nueve años. Ella tenía sueños malos y visitaciones demoniacas repetidas. En esos encuentros, ella veía una serpiente. Cuando aparecía, mordía a Lisa en el estómago. Desde la primera noche que tuvo ese sueño, Lisa sufría dolor crónico de estómago. Buscando ayuda para su hija, la mamá la había llevado al médico, donde todos los exámenes indicaban que estaba sana. No había explicación médica para el dolor.

Según oramos, sentí al Señor dirigiéndome a preguntarle si ella había recibido la salvación alguna vez. Aunque ella asistía a la iglesia regularmente, parecía no haber tomado esa decisión ni haber hecho la confesión. Compartimos el mensaje del evangelio y Lisa fue salva. Una fuerte paz vino sobre ella. Pero ella pronto dijo: "Señora Becca, mi estómago todavía me duele mucho". Supimos entonces que había una liberación que necesitaba atenderse.

Entonces empezamos la fase de investigación de esta sesión. Le preguntamos a la mamá si Lisa había visto películas de terror. La mamá explicó que no se le permitía. Pregunté si había películas de terror en el hogar. La mamá contestó: "Sí, mi esposo tiene un librero lleno de ellas. Él las ve todo el tiempo, pero a Lisa no se le permite verlas".

Le explicamos que no importa si a ella no se le permite verlas, tener las películas en la casa era una puerta abierta para el acoso demoniaco.

15

Después de saber los títulos de las películas, oramos y rompimos la tarea demoniaca de muerte y brujería sobre Lisa. Aliviada, ella exclamó: "El dolor se acaba de ir. ¡Mi estómago ya no me duele!". Nos gozamos en su nueva libertad y terminamos la sesión con instrucciones para la mamá, de arrepentirse de permitir esas películas en la casa, destruirlas, ordenar a toda oscuridad en la casa que se fuera, y dedicar su hogar a Dios y su justicia. Hasta el esposo estuvo dispuesto a desechar las películas de terror cuando oyó la noticia sobre la libertad de Lisa. No quería tener nada más que ver con ellas.

~ Emprender la acción

Si un niño tiene visitaciones nocturnas repetidas que resultan en miedo, es momento de hacer algo al respecto. Cuando esas visitaciones ocurran, no tome al niño asustado y lo meta en su cama con usted. Eso enseña al niño a huir de la oscuridad y del miedo, en vez de creer que Dios le va a liberar en su momento de angustia. Es necesario emprender la acción y ordenar al espíritu que se vaya, para restaurar la paz en su hijo y en su hogar.

Cuando llegue el miedo, pregunte a su hijo si está viendo algo. Si la respuesta es sí, entonces usted querrá saber si es un visitante bueno o malo. Si es malo, es hora de que el espíritu malévolo se vaya. Cuando ore, hágalo de una manera que no asuste a su hijo. Con voz calmada (no tiene que gritar; los demonios no son sordos), necesita ordenar al espíritu salir del cuarto de su hijo. Pregunte a su hijo si el espíritu malo se fue. Entonces pida a Dios que envíe sus ángeles. Una vez que el niño haya sido testigo de esto, usted querrá acostarlo en su cama otra vez y recibir la paz del Señor. Usualmente, el niño es muy consciente de esa paz y se vuelve a dormir fácilmente.

Si el niño comparte que lo que ve es bueno, utilice eso como una oportunidad de enseñarle acerca de los ángeles. Explíquele que están ahí para proteger, ministrar o posiblemente dar un mensaje. Ahora sería una buena ocasión para compartir que la Biblia revela momentos en que hombres adultos se caían en la presencia de los ángeles. Hasta las cosas buenas pueden ser intimidantes cuando se ven por primera vez. Repito: ore y pida al Señor que libere paz.

~ Enseñar autoridad de una manera saludable

Después de tener aquel segundo encuentro con la actividad demoniaca que trataba de atormentar a nuestra hija, el espíritu intentó regresar a la noche siguiente. Según nos asesoró el pastor, estábamos preparados para eso. Pero recuerde: durante el segundo encuentro habíamos alentado a Kendall a que orara con nosotros, liberando su pequeña voz y autoridad. No le dijimos que gritara, sino que orara en alta voz con una expectativa de fe de que la orden sería obedecida. Cuando modelamos oración en esta manera, se empieza a instruir al niño para entender la autoridad en que camina y la fidelidad de Dios para escuchar y responder. Esto pone el fundamento para el modo en que ese joven seguirá respondiendo a las situaciones, especialmente espirituales, a través de sus años de crecimiento y en la edad adulta.

Deseo ser clara. No teníamos a nuestra hija dando órdenes a los demonios regularmente. La apoyamos cuando el miedo estaba tomando ventaja sobre ella, y juntos tomamos autoridad. Hablaremos más de ello, pero si nos enfocamos mucho en la oscuridad con nuestros hijos, entonces se convierte en una puerta abierta para el tormento en la vida del niño.

~ Oraciones de protección

Después de que Kendall superase sus visitaciones nocturnas, yo añadí unas pocas peticiones a sus oraciones antes de dormir, para evitar que el espíritu demoniaco la asustara otra vez. Oré: "Señor, te doy gracias por una pared de protección de fuego consumidor alrededor de Kendall. Te pido que envíes tus ángeles a protegerla". Una noche le pregunté si el ángel estaba allí. Sonriendo, ella respondió: "¡Sí!". Pero esa noche, Kendall, de dos años, empezó a enseñarme. "Mami, el ángel siempre está aquí ahora. No me deja. Tú también tienes un ángel y papá también". Recuerdo que salí del cuarto sabiendo que esta niña definitivamente tiene un don de vidente.

~ Orar durante las horas nocturnas

Una práctica que beneficiará mucho a los niños que son atormentados de noche es orar por ellos mientras duermen. Le aconsejo que haga esto mientras el niño aún necesite libertad. Una vez que llega la libertad, ya no es necesario. Cuando ore, es importante que lo haga en un susurro, pues no querrá despertar al niño. Es clave saber que cuando nos dirigimos a la oscuridad, debe hacerse con voz audible y con los ojos abiertos. Nunca cerramos nuestros ojos ante la oscuridad porque esto demuestra respeto a quien no merece respeto. Los demonios no tienen el poder sobrenatural omnisciente para saber lo que estamos orando en nuestra mente y espíritu, así que ore en voz audible. A continuación hay una muestra de oración. Usaremos el nombre "Ben" para fines del ejemplo.

Padre, gracias por el pequeño Ben y tu amor por él. Gracias por el precioso regalo y la alegría que él es. Espíritu Santo, te pido que tu presencia llene este cuarto. Deja que tu paz lo envuelva mientras duerme. Clamamos por que esté presente una unción de liberación y que esta noche Ben sea liberado de las tareas acosadoras de la oscuridad. En el nombre de Jesús, ordeno a todos los espíritus de oscuridad, a todos los espíritus de miedo, muerte, perversión y rechazo (usted querrá orar como lo dirija el Señor o como usted discierna concerniente a la identidad de los espíritus), salir fuera de la vida de Ben ahora. Suelta sus sueños. Sal fuera de sus pensamientos y de sus emociones. Cancelo todas las tareas en las horas nocturnas para establecer una fortaleza en la vida de Ben. Tú no eres bienvenido aquí, y yo rompo tu poder y todos los complots malévolos contra Ben. Sal de nuestro hogar. ¡Sal ahora!

Entonces libere lo que el Padre celestial ha diseñado para Ben.

Padre, gracias porque la casa espiritual interior de Ben ha sido recogida y limpiada totalmente. Ven y llénala hasta desbordar con tu Espíritu y tu amor. Donde ha habido miedo, hablamos audacia, valentía y una mente sana. Donde ha habido sueños de muerte, hablamos vida y sueños buenos de Jesús, sus ángeles y su amor. Donde ha habido sueños y pensamientos perversos, hablamos pureza. Donde el rechazo ha intentado robar la identidad de Ben, hablamos la seguridad y el amor de Jesús en sus pensamientos y emociones. Ben, tú eres un joven poderoso de Dios y precioso ante los ojos del Señor. Eres un hijo del Rey de reyes y Señor de señores. Señor, que tu corazón de Padre, de amor y aceptación llene a Ben ahora. Señor, envía tus ángeles. Oro para que una pared de fuego consumidor de protección rodee a Ben y que tú selles el trabajo que se ha hecho aquí por la sangre del Cordero. Gracias, Señor. ¡Amén!

Pronto comenzará a ver cambios en su hijo. Algunos pueden ser instantáneos y otros los notará en un período de tiempo.

¿Qué pasó con los dueños anteriores?

Julie y Ron estaban llenos de gozo ante el nacimiento de su preciosa hija Sarah. Como todos los nuevos padres, estaban ansiosos de llevarla a casa para comenzar su vida juntos. Julie notó que Sarah nunca dormía más tarde de las cinco de la mañana. Como Sarah era recién nacida, Julie no sintió que hubiera algo por lo cual preocuparse. Sin embargo, la pequeña Sarah no dormía más de treinta minutos en ningún momento, ni siquiera durante el día. Era extenuante. A los seis meses, después de sus alimentaciones nocturnas, Sarah empezó a tener episodios de gritos. Julie aún pensó que se debía a la edad de Sarah. Según se intensificaron los episodios, Julie sabía que algo andaba mal. Le dijeron que Sarah estaba teniendo terrores nocturnos. Julie y Ron oraron y los ataques de gritos continuaron. Para cuando Sarah tenía dos años, era obvio que sentía un miedo atroz.

Una noche, los gritos de miedo escalaron hasta tal punto que Ron sacó a Sarah de la cuna y la acostó en la cama entre él y Julie. Sarah pareció descansar mejor. Al estar apretados en la cama, Julie no podía dormir y decidió dormir en otro cuarto. Ella no había dormido en ese cuarto desde que vivían en la casa. Cuando se durmió, tuvo un sueño muy perturbador. En el sueño ella entraba a un cuarto donde había un círculo de mujeres. La líder del grupo se le acercó y le dijo: "Hemos estado orando contra ti". Entonces intentó ahogar a Julie. Ella despertó rápidamente cuando empezaba a ahogarse en el sueño. Perturbada, salió del cuarto y bajó a la sala.

Mientras se preparaban para ir a la iglesia a la mañana siguiente, Julie salió al pasillo. Vio a Sarah esperándola en la parte de arriba de las escaleras. Antes de que Julie pudiera llegar a ella, pasó de estar perfectamente parada a rodar por las escaleras. Fue como si algo hubiera empujado a Sarah. Gracias a Dios, no se hizo daño.

Julie decidió que era momento de hablar con el líder de oración de la iglesia. Le explicó todo. Enseguida decidieron que un equipo de intercesores necesitaba orar en su hogar. Cuando se reunieron, sintieron que tenían que orar en el cuarto de Sarah y en el otro cuarto. Recibiendo revelación del Señor, percibieron que los dueños anteriores habían cometido cierta forma de abuso en uno de esos cuartos. Oraron y ordenaron salir a todo abuso, perversión, violencia y trauma. Anunciaron que todas las tareas de oscuridad estaban rotas e invitaron a la presencia y la paz del Señor a llenar estos cuartos. Poco después, supieron que mientras los dueños anteriores vivían en esa casa, los abuelos habían abusado sexualmente de sus nietos en esos dos cuartos. Desde que el equipo oró, Sarah empezó a dormir toda la noche hasta las nueve de la mañana o incluso más tarde. Todos los episodios de gritos se detuvieron totalmente, y dormía sus siestas plácidamente. Julie dijo que se dio cuenta de que tenía una hija a quien le encantaba dormir, ¡pero le tomó dos años descubrirlo!

Discernir dentro de su hogar

Este es un tema del que todos los creyentes debieran ser conscientes y llevarlo a la práctica. Cuando compramos casas, necesitamos dedicar a Dios la tierra y la propiedad. Como aprendimos en la historia anterior, Sarah tuvo miedo desde que nació hasta los dos años de edad debido a la actividad demoniaca de los dueños anteriores. Si hubo pecado en la tierra o en la casa, especialmente pecado repetido, las puertas demoniacas se quedarán abiertas hasta que sean cerradas. Aún cuando ahora sea propiedad nuestra, el reino oscuro va a aprovecharse de esa oportunidad para aterrorizar a los niños.

La historia que compartí sobre nuestra hija mayor, Kendall, es un ejemplo de una visitación demoniaca para causar miedo en una persona. Las historias sobre Lisa y Sarah son ejemplos donde lo demoniaco ha establecido habitación en la casa. Eliminar de la casa esa presencia oscura requiere liberación. ¿Cuáles son los síntomas de una tierra o casa profanada?

+ Enfermedad crónica repentina

+ Pesadillas y sueños malos recurrentes

+ Insomnio o interrupción del sueño

+ Problemas de conducta

+ Problemas relacionales: peleas, altercados, mala comunicación

+ Falta de paz

+ Niños perturbados

+ Atadura o enfermedad sin explicación

+ Fantasmas o visitaciones demoniacas (especialmente cuando los niños son visitados con frecuencia)

+ El movimiento de objetos físicos por influencia demoniaca

+ Olores malos o inexplicables

+ Dificultades respiratorias

+ Náuseas y dolores de cabeza continuos

+ Dificultades financieras

Orar en su hogar

Para aquellos que dicen: "Mi hogar es una morada", es tiempo de orar. Estos son los pasos a seguir:

1. Arrepiéntase ante el Señor por toda la profanación que ocurrió en la tierra y en la casa causada por los dueños anteriores. El arrepentimiento rompe el lomo del enemigo, ya que se ponen todos los pecados bajo la sangre de Jesús.

2. Ore en voz alta, ordenando a todos los espíritus de oscuridad que se vayan. Cuando lo haga, recuerde orar con los ojos abiertos. ¡No queremos mostrar

respeto donde no se debe respeto! He aquí una muestra de oración que puede tomar como ejemplo:

Señor, como dueños de esta casa queremos agradecerte el regalo que tú nos has dado. Estamos entusiasmados con todo lo que estamos aprendiendo sobre cómo proteger nuestro hogar y a nuestros hijos. Tu Palabra establece en 1 Juan 4:4: "Ustedes, queridos hijos, son de Dios y han vencido a esos falsos profetas, porque el que está en ustedes es más poderoso que el que está en el mundo". Oramos desde esta autoridad en ti que vive en nosotros. Decimos en acuerdo que todos los espíritus demoniacos que habitan esta casa se tienen que ir ahora en el nombre de Jesús. Todos los espíritus de muerte, salgan ahora. Toda perversión y todas las actividades de abuso sexual, les ordenamos que salgan de esta propiedad (usted querrá incluir aquí los espíritus que están operando en su hogar). Ustedes no acosarán más a esta familia. Se les ha dado su orden de desalojo. Su tarea aquí está cancelada. Declaramos que no regresarán a esta casa ni a esta tierra.

3. Dedique su hogar al Señor.

Señor, deseamos santidad como tú eres santo. Traemos nuestro hogar delante de ti, dedicándolo a ti y a tus propósitos. Que tu paz, amor y gozo llenen nuestra vivienda. Donde ha habido actividad demoniaca, damos la bienvenida a la actividad de tus ángeles en las paredes de esta casa y en los límites de esta propiedad. Y decimos: "Por mi parte, mi familia y yo serviremos al Señor" (Josué 24:15).

Capítulo 3

¿De quién es este demonio?

BILLY ES UN lindo chico con una personalidad ingeniosa. Cuando entra a una habitación, llama la atención. A menudo causa risas donde esté por sus francas opiniones para ser un niño de tres años de edad. Tristemente, Billy vino de un trasfondo difícil: abuso sexual infantil, adicciones a drogas y alcohol y abandono. Los padres adoptivos a quienes asignaron su cuidado supieron, por las historias de Billy, que su cuna era como una jaula para sus padres naturales. Por tanto, a la edad de tres años, los problemas generacionales de rechazo, ira, perversión, rebelión y abandono por parte de sus padres y familia biológica establecieron un control fuerte. Del trauma de ser "enjaulado", estos problemas generacionales crearon fortalezas en Billy, haciéndole sentir que eran sus amigos.

Afortunadamente, los padres adoptivos de Billy conocen la importancia del ministerio de liberación. Viendo su intensa lucha contra la rebelión y la ira, empezaron a orar para verlo ser libre. Una noche, las cosas se intensificaron en una sesión de liberación. A medida que oraron, rompiendo lazos del alma impíos con un espíritu de rebelión y maldiciones generacionales entre Billy y sus padres, Billy dijo algo interesante: "Él (refiriéndose al espíritu de rebelión) es mi amigo. Ha estado conmigo largo tiempo". La realidad es que él no decía eso porque quisiera que el espíritu de rebelión se quedara, pero estaba explicando que conocía bien al espíritu y que había estado con él los tres años de su vida. Sus padres adoptivos inmediatamente rompieron el poder de esa mentira y le ordenaron al espíritu de rebelión que se fuera. Billy respondió: "¡Mi amigo se fue; se fue!". Desde esa vez, si le preguntan a Billy por su amigo, su respuesta es: "Mi amigo se fue, y me alegro que se fuera".

Influencias generacionales

La verdad es que los padres verán la necesidad de que sus hijos reciban oración. A menudo, la mayoría de los niños, debido a su falta de experiencias, tienen puertas abiertas a la oscuridad debido a las influencias generacionales que han pasado a través de la línea familiar. Esto se conoce normalmente como maldición o iniquidad generacional.

Decisiones tomadas a lo largo de nuestra vida juegan un papel importante en la determinación de nuestra condición espiritual. Decisiones que tomamos en nuestro pasado pueden tener relación con el presente. Pero podemos mirar más allá. Acciones pecaminosas de nuestros antepasados en generaciones anteriores en realidad pueden abrir puertas a influencias demoniacas en nuestras vidas. Normalmente se hace referencia al resultado como maldición generacional o espíritu familiar (ancestral). Mientras no haya arrepentimiento de las decisiones pecaminosas de los antepasados y se rompan en la línea de la familia, las generaciones futuras seguirán luchando con los mismos demonios. La idea de transmitir los efectos del pecado se encuentra en el segundo mandamiento:

"No te hagas ningún ídolo, ni nada que guarde semejanza con lo que hay arriba en el cielo, ni con lo que hay abajo en la tierra, ni con lo que hay en las aguas debajo de la tierra. No te inclines delante de ellos ni los adores. Yo, el Señor tu Dios, soy un Dios celoso. Cuando los padres son malvados y me odian, yo castigo a sus hijos hasta la tercera y cuarta generación. Por el contrario, cuando me aman y cumplen mis mandamientos, les muestro mi amor por mil generaciones" (Éxodo 20: 4–6).

Maldiciones generacionales comunes

Una vez que me involucré en el ministerio de liberación, descubrí que las maldiciones generacionales se han hecho muy comunes. Prácticamente cualquier forma de opresión demoniaca puede ser transmitida de una generación a la próxima. Estos son algunos de los tipos más comunes de influencias generacionales. Las sociedades secretas, otras religiones del mundo y las prácticas paganas están incluidas. Nuestro mundo sigue siendo cada vez más pequeño.

Cuando trabajamos en la liberación de esta joven generación, nos enfrentamos a todos estos problemas.

~ El miedo y el rechazo

El rechazo y el miedo son maldiciones generacionales frecuentes y extendidas en la generación más joven. Si el padre o la madre luchan con estos problemas, muchas veces uno o más de sus hijos también lucharán con ellos.

~ Las adicciones y la esclavitud

Cuando alguien lucha con la adicción a una sustancia, con frecuencia los miembros anteriores de la familia han sufrido la misma esclavitud. No es extraño escuchar frases como esta: "Yo sufro una adicción al alcohol. Mi madre era alcohólica y mi padre también fue alcohólico". El enemigo mantendrá un control firme en la línea familiar hasta que se arrepientan del problema, se rompan todas las ataduras, y se corte la influencia demoniaca.

~ Abuso y pecado sexual

Otra maldición generacional recurrente, pero muy triste, que se presenta regularmente en esta generación más joven es el abuso sexual. A menudo oímos historias de que uno de los padres sufrió abuso cuando era niño y, por tanto, alrededor de la misma edad o más joven, su hijo habrá sido violado sexualmente. Si no lo hacen los padres, lo hace otro individuo cercano al niño. El enemigo nunca juega limpio. Estos espíritus de oscuridad reiniciarán la maldición generacional hasta que sea rota en la línea familiar. En estas situaciones, no solo el niño necesita liberación de la maldición generacional, sino también el padre o la madre.

~ La masonería

Yo trato la masonería con regularidad. Un gran número de hombres, mujeres y niños han sido miembros o tienen antecedentes familiares de participación en esta sociedad secreta. La masonería parece una organización de reputación. Ser miembro implica, por ejemplo, generosas contribuciones a organizaciones de caridad, y muchas figuras importantes han sido miembros. Pero la masonería también tiene raíces paganas y demoniacas.

La masonería tiene su origen en el culto a Isis, Osiris y Horus, los dioses paganos del antiguo Egipto. Todos los principios de esta sociedad secreta provienen de la adoración a esos demonios. La siguiente es una cita de *Morals and Dogmas* [Moral y dogmas], un libro escrito para los masones, que contiene conferencias del rito escocés antiguo y aceptado, que explican en profundidad los orígenes espirituales y creencias detrás de los rituales de los Grados. El autor es Albert Pike, el Gran Comandante del Rito Escocés de la Jurisdicción del Sur de los Estados Unidos, de 1858 a 1891. Habla del grado vigésimo quinto: Caballero de la Serpiente de Bronce.

> Este grado es filosófico y moral. A pesar de que enseña la necesidad de la reforma, así como el arrepentimiento como medio de obtener misericordia y perdón, también está dedicado a la explicación de los símbolos de la masonería, especialmente aquellos que están relacionados con la leyenda antigua universal de la que Khir-Om Abi es solo una variación. Es la leyenda que, en representación de un asesinato o una muerte y una restauración a la vida, por un drama en el que la figura de Osiris, Isis y Horus, Atis y Cibeles, Adonis y Venus, la Cabiri, Dioniso, y otros muchos representantes de las potencias activas y pasivas de la naturaleza, enseñaba a los iniciados en los misterios de que la regla del Mal y la Oscuridad es temporal y que la de la Luz y el Bien serán eternos.[1]

La masonería endosa la doctrina luciferiana, que declara que Satanás es tan malo como Dios es bueno, queriendo decir que el enemigo es tan poderoso como nuestro Padre celestial. Todos los miembros son libres de adorar a la deidad de su selección y se les dice que el dios que adoren es el verdadero camino a la vida eterna. Se enseña y se cree que todos los masones tienen un dios universal sobre todos los otros dioses, incluyendo al Padre, al Hijo y al Espíritu Santo.

Desafortunadamente, muchas de estas creencias no son reveladas hasta que un miembro ha alcanzado altos niveles de liderazgo.

La lista puede seguir y seguir con respecto a la base anticristiana de la masonería. Después de leer este poco de información, podemos ver cuán fácil es para los miembros de la logia lanzar una maldición sobre el miembro y su familia. Los niños pequeños que participan en DeMolay y las Hijas de Job están abiertos al mundo de los demonios. Un espíritu de muerte y enfermedad son condiciones espirituales comunes de los miembros. No es raro que ocurran muertes repentinas o prematuras de los miembros activos. Un espíritu de brujería, un espíritu de anticristo, un espíritu de mentira y un espíritu de Mamón son muy prevalecientes en aquellos que han participado activamente o tienen una conexión familiar con la masonería. Si su familia tiene conexiones con esta organización, una gran oración que puede hacer es la "oración de liberación para masones y sus descendientes", escrita por mi amigo Selwyn Stevens. Puede ir a www.jubilee.org.nz/prayers/freemasonry e imprimir la oración.

Los padres pueden orar en acuerdo que las maldiciones generacionales están rotas, toda participación en esta sociedad secreta se detiene, y se deben destruir todos los objetos de esta organización que estén en la casa.

Hinduismo

Los hindúes practican ritos de pasaje denominado un *samskara*. Son ceremonias que marcan acontecimientos importantes en la vida de un individuo. Por lo general, incluyen ceremonias para prenacimiento, vida, muerte y el más allá. En sánscrito, la palabra *samskara* significa literalmente "hacer perfecto" o "refinar", por lo que un *samskara* es una ceremonia que refina o levanta a un individuo más allá de su mera existencia física, marcando una existencia espiritual más elevada. Los *samskaras* atan a un individuo dentro de su grupo social.

Las ceremonias se llevan a cabo con la ayuda de un sacerdote y en la presencia de familiares y amigos. Las ceremonias más comunes para los jóvenes son una ceremonia de prenacimiento (*Simantonnayana*), la ceremonia de otorgamiento del nombre (*Na-makarana*), la ceremonia de los primeros granos (*Annaprashanna*), el primer corte de pelo (*Mundan*), inicio de la escuela (*Vidyarambham*), y la ceremonia de entrega del hilo (*Upanayana*).

Estos rituales prueban ser una gran puerta abierta a los dioses y diosas demoniacos hindúes y todos los espíritus de la oscuridad que ellos representan. Esta religión está ahora extendida en nuestra nación. Tenemos que estar equipados para orar con eficacia.

Budismo

En las dedicaciones budistas de bebés, los recién nacidos son entregaos a Buda. Los padres pronuncian un voto como el siguiente:

> *Tú no nos perteneces. Tú perteneces a todos los Budas y bodhisattvas. Tú perteneces a todos los seres conscientes en este universo. Vamos a hacer lo mejor para criarte, para que seas consciente de tu propia naturaleza Buda: la pureza básica de tu mente que es tu potencial para convertirte en un ser plenamente iluminado. Te ayudaremos a cultivar este aspecto de tu naturaleza Buda. Queremos que tengas una confianza en ti mismo que no esté basada en factores transitorios y superficiales, sino en una profunda conciencia de tu propia bondad interior.*

Todos cantan entonces el mantra de Chenrezig (el Buda de la compasión), visualizando a Chenrezig sobre la cabeza de cada bebé. Luz sale desde el Buda de la compasión hacia los bebés, purificando, protegiendo y trayendo todas las comprensiones del camino hacia la iluminación.

Dedicatorias paganas de bebés

En el paganismo, los niños reciben una bendición pagana al nacer. Para presentar el nuevo bebé a la red extendida de amigos y familiares, se lleva a cabo una ceremonia de poner el nombre. En algunas tradiciones, a esto se llama un "saining" y en otras un "Wiccaning." El propósito es la oportunidad de presentar al bebé a la comunidad a la que pertenece, y dedicar al niño a los dioses y diosas demoniacos asociados con el paganismo. Eso asegura que el bebé sea una parte de algo mayor, colocando al bebé bajo la protección de los presentes.

Se escoge un nombre antes de la ceremonia. Muchos escogen nombres paganos demoniacos que representan oscuridad y magia. Los padres pueden nombrar tutores para sus hijos, una posición similar al concepto cristiano de los padrinos. En esta ceremonia, los padres asumen el papel de alto sacerdote y sacerdotisa.

El ritual se lleva a cabo al aire libre o en una sala que es consagrada para prácticas paganas. Se coloca una mesa en el centro y se utiliza como un altar. Se invita a los asistentes a formar un círculo alrededor del altar. Los padres normalmente invitan a asistir a las energías simbólicas del este, oeste, norte y sur, para asistir, observar la obra y formar parte de la magia de la ceremonia. Los dioses de la tradición de los padres son llamados y se les pide unirse al nombramiento del bebé.

1. El bebé se coloca en el altar. El padre utiliza el aceite de bendecir para trazar un pentagrama (u otro símbolo tradicional) en la frente del bebé, diciendo: "Que los dioses mantengan a este niño puro y perfecto, y que cualquier cosa negativa quede fuera de su mundo".

2. Una gota de leche toca los labios del bebé como bendición de buena fortuna de los dioses que se invocan.

3. Entonces, el líder utiliza el aceite de la bendición para dibujar el pentagrama (u otro símbolo) sobre el pecho del bebé, diciendo: "Eres conocido para los dioses y para nosotros como [el nombre del bebé]. Este es tu nombre y es poderoso. Lleva tu nombre con honor, y que los dioses te bendigan en este y todos los días".

4. La copa de agua o vino se pasa alrededor del círculo. Cada invitado toma un sorbo.

5. Cuando la copa llega a los guardianes, se invoca otra bendición a los dioses.

6. Finalmente, los padres elevan al bebé hacia el cielo para que los dioses puedan mirar bien al nuevo niño. Se le pide al grupo que se enfoque en una bendición para el niño.

Otras influencias generacionales más comunes

El orgullo, la obstinación, la brujería, las enfermedades, la perversión, el miedo a la muerte, el espíritu sordo y mudo, la depresión: son todos problemas espirituales que se tratan comúnmente en los niños pequeños como influencias generacionales. La lista de fortalezas demoniacas en el apéndice le guiará a descubrir a los espíritus que estén operando. El factor más importante es descubrirlos y romper su dominio sobre el niño, asegurando su libertad.

Lazos del alma

En la historia de Billy me referí al término *lazos del alma*. Los lazos del alma son conexiones emocionales y espirituales entre aquellos que participan juntos en prácticas pecaminosas. Uno de los lazos del alma más prevalecientes es el que se establece mediante todas las formas de pecado sexual. También se establecen en los actos de violación y trauma y en relaciones basadas en el control impío y el apego emocional no saludable.

Una manera común en que se establecen lazos del alma entre niños es mediante promesas entre mejores amigos. Esos pequeños rituales normalmente se sellan por el pinchazo de los dedos y la mezcla de sangre, significando la importancia de este vínculo. A veces se intercambian collares, donde un niño usa la palabra *mejor* y el otro niño usa la palabra *amigo*. Aunque esto parece inocente, si se hacen estos tipos de promesas y pactos, entonces los lazos del alma se han formado.

Los lazos del alma se forman fácilmente entre las generaciones en una línea familiar, si las maldiciones generacionales no se rompen y se cortan. Una vez que el lazo del alma se establece entre dos individuos, lo demoniaco puede transferirse de una persona a otra. En otras palabras, si un participante lucha con un espíritu rebelde, este demonio tiene ahora acceso a la otra persona. El resultado es doble problema.

Romper la fortaleza de las adicciones y la ausencia del padre

El padre de Cindy era un hombre muy controlador atado por las adicciones y la violencia. Aunque servía en la ciudad protegiendo al público, él mismo no practicaba eso en su hogar. Finalmente, lo vencieron sus malos comportamientos y adicciones. Quebrantó la ley, perdió su trabajo y pagó por sus delitos.

Se fue de la casa cuando Cindy era muy pequeña. Ella se crió sin su influencia negativa. Pero cuando hay un fuerte patrón generacional repetido que el enemigo establece, incluso los niños que no están en la presencia de un padre atrapado por la oscuridad pueden experimentar la misma esclavitud. Satanás y su ejército son legalistas y, en su intento de mantener una atadura demoniaca, continuarán apegándose con sus agendas malévolas hasta que se rompan las maldiciones generacionales y los lazos del almas bajo la sangre de Jesús.

En sus años de juventud, Cindy fue atraída como un imán a la bebida y las drogas. Era como si una compulsión profunda dentro de ella la llevara a ese estilo de vida. Fue atraída a todas las trampas que el enemigo podía poner para asegurar su abuso de drogas y su adicción. Tenemos que entender que el enemigo y su ejército de oscuridad no quieren que los niños conozcan o entiendan el amor de nuestro Padre celestial. Nuestro enemigo va a perpetuar mentiras y a causar situaciones de dolor para establecer su trampa de mentiras.

Después de un servicio nocturno, Cindy llegó hasta el altar. Se podía ver el tormento en la vida de esta joven. Yo enseguida fui hasta ella y comencé a ministrar libertad desde la tangible presencia del amor de Dios. Recibí revelación profética concerniente a su padre ausente y abusivo, y el grave daño que había desatado esa maldición generacional. Yo sabía que teníamos que romper la maldición generacional de la esclavitud a las adicciones entre ella y su padre. También sabía que el Señor quería bendecirla con su corazón de Padre para preparar el camino para su libertad. Le pedí a un hombre en la iglesia que se relacionó con ella como padre espiritual que hiciera un acto de sanación. Él se puso en pie como figura masculina en su vida y se arrepintió ante ella en representación de los hombres, de su padre y de la ausencia paterna que la había seguido toda su vida. Él se arrepintió por la violencia, el abandono y las adicciones a las drogas que un hombre, su padre, había permitido. Cindy empezó a llorar según el amor genuino de su Padre espiritual y celestial tocó su corazón.

Él lloró cuando empezó a decirle cuán bella era ella y lo orgulloso que estaba de ella. "Cindy, eres bella. Dios tiene cosas asombrosas guardadas para ti. Yo creo en ti. Estos problemas con tu papá no tienen que retenerte más. Esta noche es la noche para soltar y recibir tu libertad".

Cindy en verdad había deseado liberación de las adicciones. Ella podía mantenerse libre por un período de tiempo, pero pronto volvía a la atadura de esa esclavitud. Cindy había perdonado de verdad perdonado, pero esta maldición generacional y el lazo del alma impío entre ella y su padre continuaba arrastrándola dentro del ciclo demoniaco de la adicción.

Después de que su padre espiritual orase, yo comencé a romper la maldición generacional de esclavitud, adicción, violencia, abandono y falta de padre. Destruí los lazos del alma impíos entre ella y su padre y todas sus generaciones, hasta Adán y Eva. Ella recibió una libertad asombrosa y se transformó ante nuestros ojos. El color de sus mejillas cambió de blanco pálido a rosado. Su tristeza se tornó en risa y gozo. Cindy tenía otros problemas que necesitaban ministración en el futuro cercano para completar su transformación, pero esa noche la conducta adictiva la dejó por completo, y ella no ha vuelto a recaer.

De la abundancia del corazón habla la boca

¿No es maravilloso el poder liberador de nuestro Dios? Como mencioné en el capítulo 2, por desgracia he visto repetidamente, a lo largo de los años, a padres que tienen preocupación y miedo con respecto a la oscuridad. Los he visto impulsados por un temor supersticioso de que el enemigo vaya a hacer daño a sus hijos. Como resultado, se centran en el enemigo y sus mentiras, son excesivamente protectores y hasta dicen comentarios como: "Si haces eso, te abrirás al ataque del enemigo. Es mejor que te cuides o el enemigo se aprovechará de ti". Yo he oído comentarios como los siguientes: "Eres tanta amenaza para la oscuridad que las brujas te están maldiciendo". O: "¡Oh Dios mío, olvidé orar hoy por protección sobre ti; debemos detener todo y hacerlo ahora". Estos son comentarios y conductas guiados por el miedo. Este tipo de reacciones producen miedo en el niño y por lo general causan resentimiento hacia el padre, cuya atención constante está enfocada en la dirección equivocada. También pueden causar que el niño llegue a estar totalmente preocupado y obsesionado con lo oscuro. Cuando los padres operan de esta manera, el enemigo tiene espacio para ganar la batalla por completo sobre sus hijos. Les estamos enseñando que Satanás y sus secuaces son más poderosos que nuestro Dios.

Creo absolutamente que tenemos que proteger a nuestros hijos de todo daño y de las cosas que podrían ser una puerta abierta a lo demoniaco. Esta es toda la razón de este libro. Pero este tipo de comportamiento totalmente centrado en el mal y consistentemente glorificando el poder del enemigo puede ser la causa exacta y una puerta abierta a la influencia demoniaca en la vida de un niño.

¿Qué de la disciplina?

A veces, cuando discutimos cómo guardar, cuidar y proteger a nuestros hijos, pasamos por alto la verdad sobre la disciplina recta. He visto de primera mano a padres que no están dispuestos a disciplinar a sus hijos. En un intento de ser "el mejor amigo" y "un padre genial", no establecen límites claros ni guías. No les infunden límites apropiados para cuando están alrededor de otros individuos, en la casa de otra persona o en público. En vez de mostrar amor y protección mediante la coherencia, a menudo se alienta la conducta inapropiada con la risa de los padres, lo cual le enseña al niño que la actitud incorrecta está bien y puede obtener atención. Establecer guías y reglas saludables para los niños desde pequeños hasta la adolescencia proporciona una cobertura de protección a medida que el niño se mueve en la vida. Cuando se hace lo incorrecto, tiene que haber consecuencias seguras como resultado. Es importante saber la forma de disciplina más apropiada y efectiva para cada niño. No tenga miedo ni se sienta tímido a la hora de establecer este ambiente recto y saludable dentro del hogar.

Dios nos da perímetros en los cuales debemos operar. Él es nuestro Padre y quiere guiarnos y protegernos. Por tanto, al igual que Dios establece guías, nosotros también debemos establecer límites saludables para nuestros hijos y ser firmes en mantenerlos.

Ahora bien, no hay duda de que necesitamos disciplinar, pero si la disciplina es dura, menospreciativa, realizada bajo la ira o en un intento de intimidar o humillar al niño, puede ser una puerta abierta para una baja autoestima, rechazo, un espíritu de víctima y un espíritu de orfandad. Dios es el Padre más amoroso y bondadoso que conozco. Él no es mezquino ni condena. Aún en tiempos de corrección o creciendo en madurez, yo nunca me siento condenada. Siempre me siento amada, abrazada y aceptada por Él.

Verdaderamente, la mayoría de los jóvenes determinan su visión de Dios basada en las experiencias con su padre y su madre. Si un padre y una madre son indiferentes, distantes o no se toman tiempo para ocuparse, para ellos esto significa que Dios es de la misma manera. Si el padre o la madre tiene ira y gritan, amenazan con abuso físico o van muy lejos en la disciplina, entonces la víctima de este trato se convierte en eso: una víctima el resto de su vida. El pensamiento es: "Papá es siempre muy duro y mezquino, así que así debe de ser Dios". "Mamá está deprimida todo el tiempo o demasiado ocupada para molestarse conmigo. A ella no le importa". Quizás las palabras y demostraciones de afecto no son parte normal de las relaciones en el hogar. El resultado es un individuo herido que se siente huérfano de sus padres terrenales y también de Dios.

Se vuelve muy difícil comprender la verdadera imagen de nuestro Padre celestial a través de la neblina experimentada con los padres terrenales. La realidad de los atributos de Dios, que es un Padre de un amor incondicional interminable, perdonador, aceptador; de fidelidad inquebrantable, gracia, misericordia, esperanza; de todo el poder para proteger, de grandeza insuperable, y mucho más, no es una verdad evidente o la imagen de este niño. El resultado es: espíritus de rechazo y abandono, un espíritu de víctima y un espíritu de orfandad.

El perfeccionismo y las expectativas injustas

Sally estaba lista para un relajante fin de semana. Ella había pasado una larga semana en la escuela con sus cursos, al ser una estudiante de honor, y por las actividades extracurriculares. Pero este fin de semana iba a ser divertido. Todos sus abuelos llegaban de visita. Eso significaba sentarse a la mesa para disfrutar de suculentas comidas, divertidas conversaciones entre familia, jugar y ver películas. Junto con su entusiasmo también sentía temor. Sally se preguntaba si su madre sería capaz de relajarse en esa ocasión. "Tal vez mamá se relaje y se divierta. Realmente espero que no crea que Jen y yo seremos como perfectas niñas en exhibición este fin de semana".

Sally y Jen tienen una gran casa llena de amor y de ánimo, pero su madre, Martha, es perfeccionista. Todo tiene que ser una imagen perfecta todo el tiempo, especialmente cuando los miembros de la familia llegan para visitar. A Martha también se le hace difícil cuando hay luchas emocionales en la vida de sus hijas adolescentes. Ella parece no haber desarrollado la capacidad de maniobrar a través de estas épocas. Por desgracia, este fin de semana especial con la familia demostró no ser diferente.

Sally y Jen fueron vestidas con sus trajes perfectos y se esperaba que se sentaran todo el día en la sala, con el fin de estar a la vista para cuando sus abuelos decidieran despertar de la siesta. Incluso si Sally y Jen cerraban los ojos para descansar, Martha se sentaba al otro lado de la habitación, dispuesta a enviar a las chicas una mirada severa y correctiva. La expectativa que comunicaba Martha a las chicas era: "Ustedes están en la mirilla. No tienen el privilegio de relajarse como el resto de la familia. Se sentarán y estarán alertas para cuando los abuelos decidan despertar y quieran decirles algo".

Sally explicó que ella siempre sintió un peso de ser perfecta y no se permitió jamás estar equivocada. Ella ama a su madre y la había perdonado, pero también tenía esos sentimientos persistentes de que no estaba lo suficientemente bonita, era inferior a sus compañeros y no estaba a su altura. En consecuencia, se convirtió en impulsiva y orientada hacia el desempeño, a fin de obtener la aprobación de los demás. Incluso en sus primeros años de universidad, se especializó en lo que ella sintió que sus padres querían para ella, no en aquello para lo que realmente se sentía llamada. Nosotros rompimos el poder del control y toda la sumisión injusta que pesaba sobre Sally. Rompimos el poder de la mentira del enemigo, que le decía a ella que no era lo suficientemente buena y que nunca podría alcanzar sus metas. Rompimos su intensa necesidad de recibir la aprobación de los demás, sobre todo de las figuras de autoridad en su vida. Luego le pedimos a Sally que escribiera las verdades piadosas sobre su identidad y le dimos instrucciones para que las dijera en voz alta sobre sí misma todos los días.

A medida que lo hizo, la verdad de estas promesas se convirtió en una parte de su identidad, y ahora Sally es una mujer segura de sí misma, conoce el éxito de vivir una vida con propósito, sin la sensación de que ella tiene que ser perfecta o complacer a los demás. Ha dejado de entretener el temor al hombre.

Modelar el amor del Padre

Algunos consejos que escuché hace varios años me han inspirado constantemente para dar lo mejor para mis hijos. El consejo, sorprendentemente, vino de alguien que no era madre en absoluto, sino más bien una monja: la madre Teresa... Después de un discurso, un miembro de la audiencia se puso de pie y le preguntó: "Usted ha hecho mucho para que el mundo sea un mejor lugar. ¿Qué podemos hacer nosotros?". Claramente quería ayudar en su trabajo.

La madre Teresa sonrió y dijo simplemente: "Ame a sus hijos".

El interrogador parecía perplejo y parecía a punto de hablar de nuevo cuando la madre Teresa levantó la mano. "Hay otras cosas que usted puede hacer", dijo, "pero eso es lo mejor. Ame a sus hijos. Ame a sus hijos tanto como pueda. Es lo mejor".

No puedo evitar creer que su consejo, si lo siguen todos los padres y todos los adultos en todos los lugares en todo momento, transformará nuestro mundo en una generación. Tan solo amen a sus hijos; a todos los niños. Expresen todo el amor que puedan. Eso es lo mejor.[2]

¡Qué verdad tan poderosa! Si amamos a los niños tanto como podamos y lo mejor que podamos, podemos transformar nuestro mundo en una generación. Este capítulo no está escrito para colocar en los padres cargas de miedo o poco realistas para que sean perfectos. Todos vamos a cometer errores en la crianza de nuestros hijos. Pero vamos a enfocarnos en las cosas que podemos hacer para proteger y nutrir a nuestros jóvenes de una manera positiva.

+ Pasar tiempo de calidad

+ Demostrar afecto.

+ Decir: "Te amo".

+ Hablar palabras positivas de afirmación.

+ Tomarse el tiempo para escucharlos realmente.

+ Conocer las cosas que suceden en sus vidas.

+ Ser coherente con las reglas y la disciplina divina.

+ Orar con sus hijos.

+ Enseñarles a orar.

+ Leer la Palabra de Dios juntos.

+ Ser humilde, admitir sus errores y pedir disculpas.

+ Jugar, reír y divertirse juntos.

+ Mantener su palabra y seguir adelante con compromiso.

+ Asistir con regularidad a la iglesia.

Maldiciones generacionales/lazos del alma

La siguiente es una oración que le guiará para romper el poder de las maldiciones generacionales. Por el bien del ejemplo, he incluido la esclavitud y las prácticas ocultistas. Pero lo que el Señor esté revelando como el problema generacional que tenga las puertas abiertas se convertirá en el centro de esta oración.

> *Señor, hemos venido ante ti como una familia. Donde haya maldiciones generacionales de esclavitud, nos arrepentimos en nombre de nosotros mismos y nuestros antepasados por*

permitir que esos patrones se establezcan. Donde haya habido participación de la familia en el ocultismo, incluyendo la masonería, el hinduismo, el budismo, chamanismo o la brujería, confesamos esto como pecado y nos arrepentimos. Rompemos el poder de toda brujería, espíritus de anticristo, espíritus de mentira y espíritus de Mamón. Renunciamos a todas las maldiciones generacionales adjuntas a estas prácticas ocultistas y pedimos que todos esos asuntos sean limpiados por tu sangre. Nosotros rompemos todas las maldiciones generacionales y los lazos del alma impíos que hayan estado operando entre nuestra familia y todos los miembros de la familia del pasado, en el nombre de Jesús.

Señor, tu Palabra dice: "Escúchenme bien, y comerán lo que es bueno, y se deleitarán con manjares deliciosos" (Isaías 55:2). Hoy elegimos llenar nuestras almas con tu bondad y no con las cosas de este mundo. Nosotros, como familia, elegimos andar en tus caminos, por lo que hallaremos descanso para nuestras almas. Donde haya habido esclavitud, hablamos libertad. Nosotros no somos víctimas sino vencedores en Cristo. Donde se haya producido brujería, adivinación, y espíritus de anticristo, proclamamos verdad, y la libertad del Espíritu Santo se mueve en nuestras vidas y nos llena hasta rebosar.

Oración de preparación para un nuevo camino y un nuevo día

Como hemos hablado de la disciplina y de centrarse demasiado en la oscuridad, el perfeccionismo y expectativas injustas, tal vez el Señor haya revelado las áreas que necesitan ser trabajadas y mejoradas. Tómese un tiempo para orar por esto y hacer de este el día para empezar de nuevo. Probablemente, usted como padre se dé cuenta de que necesita libertad de las experiencias pasadas en su infancia. Asegúrese de ponerse en contacto con un ministerio de liberación para ayudarle a caminar en la libertad completa que el Señor ha diseñado para usted.

Capítulo 4

Lo atractivo de las influencias mundanas

MICHAEL SIEMPRE HABÍA sido un niño obediente y nunca fue un problema para sus padres, Mark y Lynn. Le encantaba ir a la iglesia y estar involucrado en los programas de jóvenes. Sin embargo, Mark y Lynn empezaron a notar cambios en su personalidad. Ese gozo desaparecía lentamente. En su actitud no había esa alegría usual llena de paz. A pesar de lo que sus padres dijeran, irritaban a Michael. Hasta empezó a responderles de manera irrespetuosa. Ellos podían sentir que la tranquila atmósfera espiritual de su hogar cambiaba lentamente. La paz de todos estaba perturbada. Mark y Lynn empezaron a orar e investigar cuál sería la posible causa de ese súbito cambio.

Una tarde, Michael invitó a la casa a su nuevo amigo Jason. Cuando entró, Lynn empezó a sentirse incómoda. Ella oró, pidiendo al Señor que le mostrara la causa. Michael le preguntó si Jason podía ir con él a la iglesia esa noche. Sabiendo que eso podía ser bueno para Jason, Lynn asintió, y Jason comenzó a asistir regularmente a los eventos de jóvenes. Michael continuó teniendo cambios negativos, y nada parecía estar cambiando en Jason aunque estaba asistiendo a la iglesia.

Un día, Michael puso un juego de video sobre la mesa de la entrada. Lynn se acercó a investigar. Para su consternación, era un juego totalmente lleno de brujería. Podía sentir que de él emanaba oscuridad. Enseguida le preguntó a Michael: "¿Dónde conseguiste esto? Los juegos que tengan brujería, muerte y violencia no están permitidos en nuestra casa. Querido, estoy preocupada. Tú conoces las reglas".

Michael le dijo que era de Jason y que se lo había dejado en la casa unos días antes. Lynn le preguntó a Michael por qué no le dijo a Jason que esos juegos no estaban permitidos en la casa. Michael respondió: "Mamá, Jason tiene razón sobre papá y tú. Son demasiado estrictos y demasiado cristianos. Él dice que no necesito escucharlos a papá y a ti y que hay cosas más divertidas que hacer que seguir a Dios. Mamá, necesitas ser más flexible. No es la gran cosa. Estos juegos no me van a hacer daño. He estado jugándolos todo el tiempo en casa de Jason".

A Lynn se le hizo difícil creer lo que su hijo le decía. Estaba totalmente fuera de su carácter. Era obvio que esa amistad con Jason no era saludable para Michael. Lynn inmediatamente sacó el juego de su casa. Oró y rompió toda brujería y rebelión que habían entrado a través de ese juego y las palabras de rebelión que Jason había hablado a Michael. Esa noche, Mark y ella oraron, buscando sabiduría divina para manejar esa situación.

Al día siguiente, Lynn invitó a Michael a una clase de conducir. Después de pocos minutos, le dijo a Michael que estacionara el auto a un lado de la carretera. Le explicó cuánto le amaba. Compartió cuán orgullosos estaban de él y que él era verdaderamente una bendición. Entonces le explicó los efectos que su amistad con Jason y los videos demoniacos estaban teniendo sobre él. "Michael, has pasado de pacífico a irritable, de gozoso a malhumorado, de obediente a burlón. Hijo, ¿de verdad disfrutas esto? ¿Sientes que esos videos y esta amistad son saludables para ti? Nos importa Jason y vamos a seguir orando por él para que reciba salvación. Pero en la amistad, tú debes establecer la norma de gozo, amor, paz y obediencia. Eso no está ocurriendo. Estás permitiendo que Jason determine e influya en tu camino. Estás abrazando la rebelión." Michael empezó a responder con lágrimas. "Yo sé, mamá, yo siento. Es una batalla. Necesito tu ayuda. Por favor, dime qué hacer".

Aliviada por la respuesta, Lynn oró por su hijo. Lo llevó al arrepentimiento por haber acogido actitudes rebeldes hacia sus padres y hacia Dios. La presencia tangible del Señor llenó el vehículo. Michael continuó ablandándose según el Señor tocaba su corazón. Guiando a Michael en una oración de arrepentimiento, Lynn rompió todos los lazos del alma impíos de rebelión entre Michael y Jason y los efectos de la brujería y la violencia liberados por esos juegos de video. Terminó pidiendo al Espíritu Santo que llenara a Michael hasta desbordar de amor y un espíritu sumiso y tierno hacia el Señor.

El cambio en su hijo fue evidente. Michael respondió: "Mamá, esta amistad y estos juegos no son saludables para mí. No los manejo bien". Lynn dijo que Jason todavía podía asistir al grupo de jóvenes, pero hasta que hubiera un cambio en su comportamiento, ese era el único tiempo que podían pasar juntos. Michael salió liberado de ese momento de oración y volvió a ser un joven feliz y obediente.

Estén en este mundo, pero no sean de él

> "No se amolden al mundo actual, sino sean transformados mediante la renovación de su mente. Así podrán comprobar cuál es la voluntad de Dios, buena, agradable y perfecta" (Romanos 12:2).

Nuestro mundo está lleno de malas influencias. El mundo del entretenimiento está saturado de alusiones sexuales, violentas y oscuras. Según Teen Mania, cuando el niño promedio se gradúa de la escuela secundaria, ha visto 19 000 horas de televisión, incluyendo unos 200 000 actos sexuales y un millón de actos de violencia.[1] La Internet puede ser, y muchas veces es, una puerta abierta a la pornografía y a los grupos ocultistas. De nuestros jóvenes, el 58 por ciento han estado involucrados en contenido cuestionable en la red cibernética.[2] Tenemos que vigilar lo que nuestros hijos adoptan como sus formas de entretenimiento. Si permitimos el entretenimiento impío, hemos enviado al reino demoniaco una invitación de alfombra roja a nuestra vida y las de nuestros hijos. La siguiente es una sorprendente declaración de la Academia Americana de Pediatría.

> La exposición a la violencia en los medios a través de televisión, películas, música y juegos de video, puede contribuir a una variedad de problemas físicos y mentales en niños y adolescentes, incluyendo comportamiento agresivo, pesadillas, insensibilización a la violencia, miedo y depresión. Escuchar letras explícitas de música puede afectar el trabajo escolar y las relaciones sociales, y producir cambios significativos en el ánimo y comportamiento".[3]

Reconozco que esas declaraciones suenan fuertes, y algunos de ustedes no estarán de acuerdo, pero frecuentemente veo jóvenes cuyas vidas son negativamente afectadas por el mundo del entretenimiento. Para explicar lo que he descubierto, miremos la realidad detrás de las formas más populares de entretenimiento y las influencias mundanas que atrapan a nuestros hijos. No hago esto para provocar debate controversial, sino para que todos entendamos la importancia de saber de dónde salen estas cosas. ¿Cuál es la raíz o las creencias fundamentales detrás de lo que se pone frente a nosotros en forma de entretenimiento? El enemigo es un maestro saboteando y haciendo parecer algo malo como bueno y relacionado a la cultura. Debemos ser conscientes del inicio fundamental de todas las formas de entretenimiento en las que nos involucramos nuestros hijos y nosotros.

Programas sobrenaturales de televisión

> El ojo es la lámpara del cuerpo. Por tanto, si tu visión es clara, todo tu ser disfrutará de la luz. Pero si tu visión está nublada, todo tu ser estará en oscuridad. Si la luz que hay en ti es oscuridad, ¡qué densa será esa oscuridad! (Mateo 6: 22–23).

¿Qué están viendo sus hijos que puede apagar la luz de la verdad y despertar un curioso deseo de dar la bienvenida a la oscuridad, la brujería y lo sobrenatural? Hay programas presentando magia, poderes síquicos y vampiros como una parte normal de la vida. Algunos de los programas más populares para nuestros niños pequeños están saturados de religión oriental y misticismo. *Pokémon*, que significa "monstruos de bolsillo", es uno de esos programas. Hay unas 150 criaturas, cada una con su poder mágico. Fue creado originalmente como juguete electrónico para el Game Boy de Nintendo, pero ha evolucionado desde entonces hasta una popular caricatura animada, películas y juegos de video; también ha creado un gran frenesí en el intercambio de cartas de Pokémon. Se alienta a los niños a cargar con las tarjetas todo el tiempo porque les dan poder Pokémon que supuestamente los prepara para cualquier cosa. Hemos ministrado a niños que ven este programa, y sus luchas han incluido violencia, ira, pesadillas, alergias, asma y otras enfermedades crónicas.

Bakugan es otra serie animada de moda que está saturada de religión oriental y misticismo. *Bakugan* significa "esfera en explosión" y enseña el poder de seis mundos, donde cada cual tiene la habilidad de extraer poder del universo, traer iluminación, acceder fuentes de poder místico, manipular luz y energía, y más aún. Enseña el poder interior y también la importancia de las barajas mágicas. Eso también ha evolucionado hasta convertirse en juegos y juegos de video.

Wizards of Waverly Place es una serie de televisión del canal Disney que empezó el 12 de octubre de 2007. Ganó el premio al Programa de Niños Sobresaliente en los 61 Premios Emmy de Audiencia en 2009. Una adaptación en película ganó el premio al Programa de Niños Sobresaliente en la 62 Premios Emmy de Audiencia. El tema central de la serie se centra en tres hermanos magos con habilidades mágicas compitiendo para ganar exclusivamente y para siempre los poderes familiares. Algunas tiendas de juguetes tienen una sección dedicadas a este programa. Usted puede comprar un muñeco Wizards of Waverly Place junto con un libro sobre cómo hacer hechizos. Los niños pueden entrar al sitio web de Disney y jugar los juegos en línea "Magic Curse Reverse" y "Box of Spells".

Hay muchos otros programas que los niños ven que implican lo oculto, hablar con los muertos y brujería: *That's So Raven, The Ghost Whisperer, Supernatural, 13: Fear Is Real, Vampire Diaries, y Medium.* La lista incluye repeticiones de programas más antiguos como *Charmed, Sabrina the Teenage Witch, and Buffy the Vampire Slayer.* ¿Ven sus hijos estos programas? Si los ven, es tiempo de reagrupar, volver a pensar y detenerlo.

Contenido sexual en los medios

Cuando miramos anuncios comerciales, vemos que el contenido sexual está invadiendo los medios. Según los informes, muchos adolescentes ven televisión como una importante fuente de información acerca del control de la natalidad, anticoncepción y prevención de embarazo. Sienten que los programas de televisión dan ideas sobre cómo hablar con el novio o la novia sobre temas sexuales y normas de comportamiento sexual.

> El tratamiento del contenido sexual en televisión en años recientes ha aumentado en frecuencia y prominencia, planteando importantes preocupaciones sociales en un área en la cual las decisiones sobre conducta sexual inevitablemente conllevan problemas de salud pública. Cada año en los Estados Unidos, a uno de cada cuatro adolescentes sexualmente activos se le diagnostica una enfermedad de transmisión sexual (Institute of Medicine, 1997). Aproximadamente 19 millones de infecciones por ETS son diagnosticadas anualmente, con cerca de la mitad afectando a adolescentes y jóvenes adultos entre 15 a 24 años de edad (Weinstock, Berman, & Cates, 2004).[4]

Además, el índice de embarazos no planificados en los Estados Unidos, aunque levemente más baja que a principios de 1990, todavía está entre los más altos de los países industrializados.[5] Esto se debe al hecho de que una tercera parte (31%) de las mujeres jóvenes se quedan embarazadas al menos una vez antes de cumplir sus veinte años de edad.[6]

Uno de los programas más populares de televisión que las adolescentes ven actualmente es *The Secret Life of the American Teenager*. Este programa trata sobre una adolescente embarazada, un niño que es adicto al sexo, y muchos otros asuntos relacionados con la actividad sexual. Otro programa es *Degrassi*. Los fans saben que nunca ha habido un tema tan mundano o controvertido. Ya sea amistades y citas amorosas, asuntos de familia, salud física y mental, discapacidades, orientación sexual o prejuicio sexual en los deportes, el programa lo ha cubierto todo. Pero ahora *Degrassi* ha introducido un estudiante transexual entre sus personajes. Gracie es una muchacha que dice que es un muchacho atrapado en un cuerpo de mujer. A Gracie se le conoce como Adam Torres.

El programa muestra la lucha con sus padres y cómo la expulsan de los deportes escolares y se burlan de ella por creer que es un varón.

La triste realidad es que nuestra juventud ve ese programa como guía. A nuestros niños no se les debiera permitir ver estos programas, pues formará sus perspectivas sobre el sexo y sus relaciones personales, y les situará en contra de la pureza y de lo que es correcto según la Palabra de Dios.

Películas populares

No solamente el sexo ha invadido los medios, sino que también es alarmante cómo la brujería y la violencia han hecho lo mismo agresivamente. Están en aumento las películas y los programas de televisión que contienen relaciones homosexuales, contenido sexual explícito y aborto. Muchos programas de televisión están saturados de brujería, poderes síquicos y vampirismo. Enumerarlos todos tomaría demasiado espacio. Pero lo que logra esta forma de entretenimiento es adormecer a nuestros jóvenes hacia estilos de vida demoniacos y enseñarles a permitir estos engaños en su vida diaria. Esto produce que los chicos estén ansiosos por probar la brujería y el ocultismo, dando la bienvenida a más oscuridad en sus vidas cada vez que se lanza una película más violenta o más oscura. Las mentiras que se creen suenan como esto: "Eso es solo fingimiento. No es cierto. No puede hacerme daño". Quiero enfocarme en dos de las series de libros y películas que han logrado el cometido de adormecer a una generación hacia las mentiras de la oscuridad: *Harry Potter* y *Crepúsculo*.

~ Harry Potter

Empecemos leyendo dos citas dichas directamente por J.K. Rowling, autora de *Harry Potter*:

> Pero yo nunca, en ningún punto de escribir alguno de estos libros, me preocupé de si los niños entenderían, o si les resultaría gracioso, o si se asustarían demasiado; nunca, porque los escribí enteramente para mí. Yo solamente fui donde quería ir, y acepto las consecuencias, en realidad.[7]

Mayormente yo invento los hechizos, pero algunos tienen significados particulares, como 'Abra Cadabra'. Apuesto a que alguien sabe lo que significa.[8]

Algunos podríamos pensar que estas afirmaciones no son demasiado dañinas en sí mismas. Y no estoy debatiendo si J.K. Rowlings está involucrada en la brujería. El punto a enfocarse es la mentoría espiritual global que esos libros y películas brindan a nuestros jóvenes.

Por ejemplo, investiguemos el significado de *Abra Cadabra*, que es una de las muchas maldiciones que invocan los personajes. Emitiendo un rayo de luz verde (azul en la sexta película) y un fuerte ruido, la maldición causa la muerte instantánea a la víctima.

Durante una entrevista en el festival de libros de Edinburgo, Rowling dijo:

> ¿Sabe alguien de dónde vino *Abra Cadabra*? Es una antigua maldición en arameo y es el original de *abracadabra*, que significa "que la cosa sea destruida". Originalmente, se usaba para curar enfermedades y la "cosa" era la enfermedad, pero yo decidí convertir de "la cosa" en la persona que esté frente a mí. Yo me tomo muchas libertades con cosas como esta. Las viro al revés y las hago mías".[9]

Otra fuente dice:

> La Federación Pagana en Gran Bretaña designa a un joven oficial especial para manejar la inundación de solicitudes de niños a quienes les encantan los libros de Harry Potter. Los niños tienen más problemas que los adultos para distinguir la realidad de la fantasía. Como los libros de Harry Potter parecen tan enraizados en la vida real, muchos pueden creer que la magia en los libros es real y, por consiguiente, explorarán la brujería, la Wicca y el paganismo.[10]

La Palabra de Dios dice que tenemos el poder de bendecir o maldecir con las palabras que hablamos. Básicamente, el entretenimiento que está saturado de brujería o aún de su ideología, enseña este mismo principio. Sin embargo, el énfasis situado en la maldición es desde el punto de vista de la brujería, el control humano y la manipulación; enseña a los jóvenes que es aceptable y les ayuda a ganar un estatus mayor entre sus iguales. Claramente expresa la creencia de que el poder personal, la brujería, volar en escoba, hechizar, la autotransformación y los cambios de forma son todos algo a desear y obtener. En esta serie, lo mágico aparece como algo normal y corriente.

Harry Potter y el misterio del príncipe vendió nueve millones de ejemplares en las primeras 24 horas de su lanzamiento.[11] *Harry Potter y las reliquias de la muerte* vendió once millones de ejemplares en las primeras 24 horas.[12] Los libros se convirtieron en películas de éxito, y todas han sido altamente exitosas, con la primera, *Harry Potter y la piedra filosofal*, siendo número ocho en la lista de las películas de mayor recaudación de todos los tiempos, y las otras tres estuvieron entre las quince primeras. Las seis películas lanzadas estuvieron entre las treinta primeras.[13] Las películas han originado ocho juegos de video y han llevado a licenciar más de 400 productos Harry Potter adicionales (incluyendo un iPod) que, para 2005, hicieron la marca Harry Potter valer cuatro mil millones de dólares, y a J.K. Rowlings valer mil millones de dólares, haciéndola, según algunos informes, más rica que la reina Isabel II.[14]

Hubo un tiempo en que quienes jugaban juegos ocultistas y adoptaban esa clase de entretenimiento se consideraban pervertidos. Pero estos libros y películas se han vuelto herramientas de lo oculto para principiantes, introduciendo a su audiencia a un poder espiritual apartado de Dios.

~ Crepúsculo

Investigando sobre esta serie de libros y las películas, me he aturdido hasta el punto de quedarme absolutamente muda ante lo que he aprendido. ¿Me sorprende que alguien esté escribiendo este tipo de material? Desgraciadamente, en nuestro mundo caído, la respuesta es no. Pero estoy muy perpleja ante el número de cristianos que acogen esta serie e intentan compararla con la cristiandad y nuestro Señor resucitado, Jesús. Personalmente, eso me resulta exagerado y ofensivo.

Pero, tristemente he hablado con muchos creyentes que se sienten de esa manera. ¿Cómo puede Jesús, el Señor del universo, el Cordero sin mancha, el Santo sin pecado, perfecto en amor, ser comparado con un vampiro? Una fuerza demoniaca malévola que bebe sangre (y no importa que no sea sangre humana), un alma condenada al infierno que vive en las profundidades de la oscuridad ni siquiera se acerca a ningún tipo de semejanza con la belleza de Jesús. Él derramó su propia sangre para que todos los hombres tuvieran disponible la salvación eterna. Él no tomó ni bebió sangre de nadie para obtener su vida y su poder. Dio su vida para darnos vida a todos.

Solo para dar una breve sinopsis. Edward y su "aquelarre" de familia de vampiros se consideran buenos y básicamente vampiros "vegetarianos". Solo se alimentan de sangre animal. El problema es que Edward se quiere comer a Bella, su amada novia, cada vez que escala la tensión sexual. Él evita practicar sexo con ella no por ningún problema moral, sino por temor a comérsela y causarle que se convierta en "inmortal"; Bella lo ama y está dispuesta a entrar en su oscura "eternidad", sin importar el precio. Finalmente se casan, y en la cuarta película ella casi muere, pariendo a su hijo mitad vampiro y mitad humano. Para salvarla, Edward hace una cesárea de emergencia con sus propios dientes y entonces inyecta su veneno en el corazón de ella para convertirla en vampiro antes de que se muera.

Stephenie Meyer tuvo un sueño el 2 de junio de 2003. Las visiones que tuvo de un vampiro y un mortal como amantes la impulsaron a empezar a escribir una historia de inmediato. En resumen, Meyer dice:

> Me desperté (ese 2 de junio) de un sueño muy vívido. En mi sueño, dos personas sostenían una intensa conversación en el claro de un bosque. Una de las personas era solo una chica promedio. La otra persona era fantásticamente hermosa y resplandeciente, y un vampiro. Discutían las dificultades inherentes en los hechos de que: (a) estaban enamorándose uno del otro mientras, (b) el vampiro estaba particularmente atraído por el aroma de la sangre de ella y se le estaba haciendo difícil refrenarse de matarla inmediatamente.[15]

Meyer dice lo siguiente sobre la manzana en la cubierta del libro *Crepúsculo*:

> La manzana en la cubierta de *Crepúsculo* representa "el fruto prohibido". Yo utilicé la escritura de Génesis (localizada en la tabla de contenido) porque me encanta la frase "el fruto del conocimiento del bien y del mal". ¿No es esto exactamente con lo que Bella acaba, un conocimiento práctico de lo que es bueno y lo que es malo? Lo bueno acerca de la manzana es que tiene muchas implicaciones simbólicas. Está la manzana en Blancanieves, un mordisco y queda congelada para siempre en un estado de no precisamente muerte…Entonces tiene a París y la manzana dorada en la mitología griega, mire cuántos problemas *esa* causó. Las manzanas son la fruta versátil. Al final, me encanta la bella simplicidad del cuadro. Para mí significa: escoge.[16]

Meyer también dice que algo de la inspiración de la historia vino del grupo musical Marjorie Fair. "Para Luna Nueva, fueron absolutamente esenciales. Pueden llevarle a uno en un estado suicida más rápido que nada que conozco…Sus canciones lo hicieron precioso para mí".[17] También como inspiración para uno de los personajes fue una banda llamada My Chemical Romance. Ella dice: "Es alguien…que tan solo quiere salir y hacer estallas las cosas".[18]

Su engaño está causando bastante impacto. El libro se convirtió en un éxito en ventas instantáneo cuando se publicó en cubierta dura en 2005, debutando como número cinco en la lista de éxitos de ventas del *New York Times* a un mes de su lanzamiento, subiendo después al número uno. Ese mismo año *Publishers Weekly* lo designó como uno de los mejores libros para niños de 2005. La novela fue también el libro de mayor venta en 2008 y, hasta la fecha, ha vendido diecisiete millones de ejemplares mundialmente, permaneciendo en la lista de éxitos de ventas del *New York Times* durante noventa y una semanas. Se ha traducido a treinta y siete idiomas.[19]

El 20 de noviembre de 2008 los fans esperaron en largas filas para asistir al lanzamiento a medianoche de la película más reciente. Este es el informe de Fandango: "La nueva película alcanza las películas de Harry Potter como la tercera mayor en venta de entradas por adelantado en la historia de la compañía".[20]

La película tiene un espíritu de seducción que atrae a la gente a su incitante oscuridad. En una entrevista de la revista *Rolling Stone*, le preguntaron a Robert Pattison, el actor que interpreta a Edward: "¿Es extraño que niñas tan jóvenes tengan esta cosa tan increíblemente sexualizada por ti?". Él contestó: "Es extraño que vengan a ti niñas de ocho años diciendo '¿Me puedes morder? Quiero que me muerdas'. Es realmente extraño cuán jóvenes son las niñas, considerando que el libro se basa en las virtudes de la castidad, pero creo que tiene el efecto opuesto en sus lectores".[21]

Meyer dice que después de haber completado *Crepúsculo* tuvo un encuentro con Edward en un sueño. Él le dijo que ella lo había entendido todo mal, porque él sí bebía sangre humana y no podía vivir solamente de sangre animal como ella escribió en la historia. Ella dice: "Tuvimos esta conversación y él era aterrador".[22]

La realidad es que cuando permitimos que estas historias oscuras entren en nuestras vidas, pueden establecer fortalezas demoniacas. La muerte, el miedo, la seducción, la brujería y los espíritus de anticristo son las influencias que mueven estas historias. No podemos ser crédulos porque una madre mormona haya escrito una fascinante historia. Esta película no es solo una inocente fantasía. Hay un movimiento de vampiros que ha ganado empuje desde 1977, y hay sectas reales de vampiros donde los miembros se afilan los dientes y se muerden unos a otros hasta que se sacan sangre, para beberla después. No disfruto escribir sobre este material. Es desagradable. La verdad es que muchos en la Iglesia no son conscientes del peligro que afronta esta generación más joven. No lea estos libros ni vea estas películas. Esto es lo que la Palabra de Dios indica en Levítico 7:26–27:

> Vivan donde vivan, ustedes no comerán grasa ni sangre
> alguna, sea de ave o de otro animal. Todo el que coma
> cualquier clase de sangre, será eliminado de su pueblo.

Creencias paganas

Cindy Jacobs comparte una táctica del enemigo en su libro *Libéranos del mal*: "Hay una trama en marcha, y es una amenaza seria para las naciones de la tierra. Esta trama envuelve endulzar a impulsar la brujería. Particularmente controla a nuestra juventud. Satanás ha hecho bien su trabajo, mientras los cristianos hemos estado dormidos. ¿Cuál es su propósito? Él busca reintroducir y restablecer la adoración de dioses y diosas antiguos. Este no es sencillamente un fenómeno estadounidense. Desde Escandinavia a Alemania y América Latina, la brujería está echando raíces. Muchas veces se propaga bajo el disfraz de regresar a nuestras raíces.[23]

Según el Grupo Barna: "Tres de cada cuatro adolescentes han participado al menos en un tipo de actividad síquica o relacionada con la brujería. Entre las más comunes son usar la tabla Ouija, leer libros de brujería o Wicca, jugar juegos que implican magia o brujería, ir a un 'profesional' que lea la palma de su mano o le diga la fortuna. Por otro lado, durante el pasado año, menos de tres de cada diez adolescentes que asistieron a la iglesia recibieron enseñanza de su iglesia sobre elementos de lo sobrenatural".[24]

Siete millones de adolescentes han tenido encuentros con un ángel, demonio u otro ser sobrenatural. Más de dos millones de adolescentes dicen haberse comunicado con una persona muerta (10%). Cerca de dos millones de jóvenes afirman que tienen poderes síquicos.[25]

Wicca

Recientemente estuve de frente con el descarado intento de paganismo cuando llevé a nuestra hija a la excursión de la Universidad que ella escogió. En el centro de estudiantes había muchas mesas y recursos en exhibición. Cuando salíamos, notamos que la última mesa estaba atendida por una joven vestida de negro, con uñas pintadas de negro, lápiz labial negro y maquillaje blanco. La pancarta sobre la mesa decía "WICCA: religión pagana". Miramos mientras ella hablaba con aquellos interesados en saber más sobre este grupo ocultista. Toda la escena era irónica. Diez minutos antes, se me había acercado una joven compartiendo el evangelio. Estaba involucrada en Campus Crusade for Christ (Cruzada Estudiantil para Cristo), y ese día su trabajo era entrevistar a los visitantes del campus y compartir en el proceso el mensaje de salvación. ¡Qué profunda diferencia marcaron unos pocos minutos en nuestra visita! A la entrada, una estudiante compartiendo el evangelio; a la salida, los Wiccans difundiendo su engaño.

No estoy en contra de los que practican Wicca y brujería; es mi oración que sean salvados y liberados. Es obvio que están en una búsqueda espiritual de la verdad, pero miran en los lugares equivocados. A lo que me opongo es a lo que la Palabra de Dios nos dice que nos opongamos: brujería y la adoración a dioses, diosas e idolatría. Eso es exactamente lo que Wicca enseña. Ellos creen en la adoración a un dios femenino y masculino, la dama y el señor. La dama fue creada primero, así que necesitaba una compañía, el espíritu creado para ella: mitad hombre, mitad animal llamado el señor. Creen que Satanás es un mito y un calumnia del verdadero dios de luz: Lucifer. La dama es adorada usualmente en forma de la diosa Lilith, Kali, Tanit, Isis, Astarot o Diana. Son devotos creyentes en la reencarnación y no creen en el cielo o el infierno, sino en Summerland (tierra del verano). Alegan que de allí fuimos renacidos para aprender las lecciones que necesitamos para la vida. Lanzar hechizos constituye su práctica religiosa. Alegan ser brujas buenas, así que participan en lanzar buenos hechizos y no malos hechizos. Las relaciones sexuales llevan a los Wiccans hacia mayor iluminación espiritual, y son a menudo parte de sus rituales. Se han localizado en recintos universitarios a propósito para atrampar en sus creencias a la juventud de nuestra nación.

Los niños o jóvenes que han adoptado esta u otra forma de paganismo se vuelven distantes, aislados y empiezan a usar ropas oscuras, lápiz labial negro y esmalte de uñas negro. Pueden hasta usar joyerías con símbolos de brujería. Los libros concernientes a la brujería pueden estar escondidos en sus cuartos. Padres, si tienen un hijo involucrado en esto, detengan toda actividad con este grupo y amigos asociados a eso. Si su hijo está de acuerdo, haga una sesión con un ministro experimentado en liberación.

Tatuajes y pirsin

El tatuaje es otra moda que está arrasando en las naciones. Se ha practicado durante miles de años, especialmente por las mujeres en Egipto, donde se originó. Se usaba primero como amuleto permanente para rechazar el mal o la enfermedad. Se creía que traía buena suerte. También se usaba como marca para las prostitutas o las altas sacerdotisas en los cultos. Según el uso de tatuajes evolucionó en otras culturas, se convirtió en una marca de prácticas religiosas y también del dios o la diosa a quienes se juraba lealtad.

Como dije antes, tenemos que saber las creencias fundamentales de las cosas que permitimos entrar a nuestras vidas. Los tatuajes se han convertido en una parte tan aceptada de nuestra cultura que Mattel lanzó al mercado una nueva muñeca Barbie llamada Totally Stylin' Tattoos Barbie. Ella hasta puede exhibir un tatuaje en la parte baja de su espalda. Esto se llama tramp stamps (sellos de vagabunda). Las chicas usan esta señal para enviar a los chicos el mensaje de que son "fáciles", por falta de un mejor término. Hasta nuestras niñas están siendo insensibilizadas y enseñadas que es apropiado marcar sus cuerpos para enviar mensajes sexuales.

Ahora el tatuaje y los pirsin en el cuerpo han evolucionado hacia una nueva moda que está ganando terreno lentamente, llamada suspensión o vuelo. Esta práctica implica la suspensión del cuerpo mediante ganchos usados para perforar el cuerpo y causar dolor, sangrar, liberar endorfinas y llevar a los participantes hacia un lugar de mayor iluminación espiritual. Algunos que participan en esta práctica cuelgan suspendidos por estos ganchos durante extensos períodos de tiempo. Otros insertan los enormes ganchos en la piel de su espalda, se levantan en el aire, y literalmente se mecen hacia adelante y hacia atrás en medio del aire. Esta liberación de endorfinas crea un sentimiento de placer en las perforaciones profundas en la piel. Aquellos que lo hacen están dispuestos a pagar el precio del dolor de esos ganchos y suspender sus cuerpos para experimentar la altura y el placer de las endorfinas. Esta es una cita de Chris de firebloodbodyart.com.

Adornamos nuestros cuerpos con pintura de estilo genérico…algo similar a los aborígenes. Cubrimos nuestros cuerpos haciendo todo el rito tribal, para dar la sensación de ordenación tribal y demostrar que esto tiene propósitos ceremoniales y ritualistas.[26]

Lo hacemos así para que la gente investigue sobre los orígenes de la suspensión. La suspensión se ha hecho en todo el mundo por miles de años. La mayoría de la gente no lo sabe. Yo personalmente uso la suspensión para liberar hormonas. Aún para terapia personal, para tratar de centrarme sobre todo lo que ocurre a mi alrededor.

Cuando uno se suspende, aunque parece atormentador y puede doler muchísimo, realmente me centra y me permite enfocarme en los problemas que tengo. Ayudará a aclarar asuntos que están pasando por la mente.[27]

...Debido a que no hay regulación en esto, queremos empezar una revolución y tal vez conseguir mucha gente que apoye lo que la perforación necesita ser.[28]

Stephen era un joven piadoso que seguía los caminos del Señor; pero siempre había querido un tatuaje. Su razonamiento era: "Todo el mundo lo hace. Se verá bonito". Se puso uno en el hombro derecho y pronto empezó a luchar con la opresión. Una noche cuando sus futuros suegros, Bill y Susan, le hablaban sobre cómo superar su batalla espiritual, Stephen de repente pasó de estar sentado calmadamente en su silla a caer al suelo gritando con un gran dolor. Agarrándose el hombro derecho, gritó: "¡Mi hombro!". Rápidamente Bill y Susan rompieron todo hechizo y muerte atados a Stephen mediante ese tatuaje. La paz de Dios le inundó según se le ministró libertad. Él más tarde le dijo a Bill y a Susan que sintió como si le hubieran metido un cuchillo en el hombro, hasta que ellos cancelaron el poder demoniaco.

Juegos de video

Los juegos de video que modelan brujería y muchas veces violencia extrema están arrasando en todo el mundo con su gran popularidad.

Algunos que se deben evitar para niños incluyen Fable, Starcraft, World of Warcraft, Dungeons and Dragons, Pokémon, Magic 8 Ball, Magic: The Gathering, Vampire: The Masquerade, Sword and Sorcery, Masters of the Universe, Snake Mountain, Alien Blood and Monster Flesh, Beyblade, Legend of Nara, Bakugan, Vampire Diaries, and Ouija Board. Esta no es una lista exhaustiva, pero dirige hacia todos los tipos de juegos de los cuales alejarse.

Según un estudio reciente, está claro que los adolescentes (tanto como los adultos), pasan más tiempo inmersos en los mundos de juegos de video. Estos mundos virtuales de fantasía pueden retar nuestras mentes para ser creativos, resolver problemas y aprender lecciones. Sin embargo, muchos juegos como Quake, Half—Life, System Shock, Manhunt, Resident Evil 5, Dead Rising, Resident Evil 4, Grand Theft Auto, God of War II, Mortal Kombat: Deception, MadWorld, Gears of War, and Saints Row 2 perpetúan el mal, la oscuridad sexual, el racismo y la violencia extrema.

Estudios recientes descubrieron que jugar juegos de video violentos es una forma de ensayar conductas violentas, haciendo más fácil traer este comportamiento a la vida real. Si usted practica mil veces tirar bolas de baloncesto, mejora su tiro y el resultado. Si practica matar miles de veces, también mejora en eso. Quienes dispararon en el instituto Columbine, Eric Harris y Dyland Klebold, habían estado jugando "first-person shooters" durante más de un año antes de ese día fatídico. Cuando llegó el momento de jugar el juego en el mundo real, estaban preparados.

Dos estudios publicados en el *Journal of Personality and Social Psychology* el 23 de abril de 2000 muestran resultados reveladores. El artículo demuestra claramente que los juegos de video violentos sí afectan negativamente el comportamiento de los jugadores.

- El jugador desarrolla actitudes positivas hacia el uso de violencia.

- El jugador desarrolla expectativas de que otros se comportarán agresivamente.

- El jugador supone que otros tienen actitudes similares de agresión.

- El jugador llega a creer que las soluciones violentas son efectivas y apropiadas para resolver problemas.

- El jugador desarrolla una indiferencia total hacia las normas sociales, los derechos de propiedad, e incluso el valor general de otras vidas.

- El jugador ve el mundo como un lugar violento e inseguro (todo el mundo está quiere controlarle).

- El jugador aprende que las acciones agresivas contra otros, como pelear y disparar, pueden ser apropiadas y hasta necesarias.

- Los juegos de video violentos tienen una naturaleza adictiva.

- Jugar puede tornar aún más agresiva a una persona que ya es agresiva.

- El jugador se vuelve más agresivo, cambia su forma de ver la vida y la socialización, y tiende a socializar con otros que demuestran actitudes similares de agresión.

- La socialización del jugador con maestros, padres y sus iguales no agresivos tiende a deteriorarse.[29]

Música

La industria de la música está llena de letras y sonidos pecaminosos e inapropiados. Artistas como Jay-Z, Lady Gaga, Eminem y numerosos otros están teniendo un gran impacto en nuestra juventud.

La música, las letras y el sonido pueden formar culturas, subculturas y revoluciones. La música tiene un impacto profundo en nuestras emociones, patrones de pensamiento y creencias, a medida que las letras y los sonidos que se cantan y se escuchan repetidamente. Los estudios han demostrado que escuchar letras musicales explícitas puede afectar el trabajo escolar, las interacciones sociales y producir cambios significativos en el ánimo y la conducta.

En promedio, la juventud americana escucha música de 1,5 a 2,5 horas diarias, y un análisis de jóvenes en situaciones de riesgo reveló que escuchan hasta 6,8 horas por día. Los estudios han demostrado que una preferencia por ciertos tipos de música y videos musicales con referencias explícitas a drogas, sexo o violencia puede asociarse con efectos negativos en el trabajo escolar, la conducta y las emociones. La música heavy metal y rock duro también han sido asociadas con aumento en riesgo de suicidio, depresión y conducta delincuente.[30]

Por ejemplo, una encuesta a aproximadamente 3.000 jóvenes entre 14 y 16 años de edad descubrió que los chicos blancos que participaban en cinco o más conductas de riesgo (por ej., fumar cigarrillos, beber alcohol, hacer trampa en la escuela, practicar sexo, faltar a clases, robar dinero, fumar marihuana) tenían mayor probabilidad de mencionar a un grupo de heavy metal como su favorito. El riesgo relativo de participar en comportamientos de riesgo y escoger música heavy metal como favorita fue 2,1 para chicas y 1,6 para chicos. De manera similar, la música heavy metal parece ser la preferencia de adolescentes recluidos en unidades psiquiátricas, especialmente si tienen un trastorno de conducta.[31]

Otro hecho aleccionador que no puede ignorarse es el poder del sonido de la música. En un estudio, los científicos decidieron comparar los efectos de la música heavy metal violenta con la música heavy metal cristiana. Los resultados fueron chocantes.

Grupos de varones universitarios escucharon rock heavy metal sexualmente violento, rock heavy metal cristiano o música clásica instrumental. Un mes antes e inmediatamente después de escucharla, los estudiantes respondieron un cuestionario midiendo los estereotipos de los roles de género, creencias sexuales confrontadas, aceptación de violencia interpersonal, aceptación del mito de violación (la idea de que las mujeres incitan o disfrutan la violación) y excitación sexual. El sorpresivo resultado fue que no importaba si los participantes escucharon música heavy metal sexualmente violenta o cristiana. La exposición a cualquiera de los dos tipos de música producía más actitudes negativas hacia las mujeres. En otras palabras, las letras no marcaron diferencia, pero la forma musical del heavy metal sí. Aunque hay razón para preguntarse si los estudiantes realmente "escucharon" las letras, un asunto más importante puede ser que el sonido de la música lleva una gran cantidad de información independientemente del contenido de las letras. "'La música que suena a ira' puede aumentar los pensamientos y sentimientos agresivos, sin importar el contenido específico de la letra."[32]

Padres, tenemos que estar involucrados en discusiones y saber y vigilar las formas de música que escuchan nuestros hijos.

Aptitud física

Soy consciente de que discutir esto va a perturbar a algunos padres y a sus hijos. Antes de continuar con mi explicación quiero decir que no estoy en contra de la defensa personal. Es una herramienta importante en la cual entrenarse. Y tampoco estoy contra el ejercicio físico. Sin embargo, estoy en desacuerdo con las prácticas que se originan en el mal y el paganismo.

~ Artes marciales

Yo creo que no se deba participar en artes marciales cuyas raíces estén atadas a religiones orientales como el budismo o el taoísmo. El significado religioso de estos deportes de peleas está en la armonización de fuerzas de vida (ying y yang) y la habilidad de aprovechar el "ch'i" o energía universal. Yin es el principio femenino del ser universal conocido como la diosa luna. Yang es el principio masculino de la deidad universal conocido como el dios sol. Los maestros en las artes marciales son capaces de lograr tremendas hazañas físicas. La habilidad para pulverizar una pila de ladrillos de un solo golpe se atribuye al ch'i. Esto no es más que una forma de humanismo y manipulación de hechicería.

Aikido literalmente se traduce como el camino a una unión con el espíritu universal. Kung Fu, la forma original de artes marciales que data del año 2696 a. C., es una forma ocultista de adivinación llamada I Ching. I Ching es un sistema nacido en China que predice el futuro y ofrece guía mediante la práctica de la adivinación. Ninjitsu es una forma japonesa de arte marcial que fue prohibida por los emperadores en el siglo XVI debido a sus poderes ocultistas. Practicantes llamados ninjas son agentes mercenarios reclutados para operaciones encubiertas de espionaje, sabotaje y asesinato. Emplean control de la mente, hipnosis, yoga, rituales ocultos y otras prácticas de las Nueva Era.[33] Los que se han alineado con esta práctica necesitarán arrepentirse y romper todos los lazos con la hechicería, la adivinación y el ch'i universal.

John era un joven atlético que disfrutaba sus prácticas semanales de artes marciales. A pesar de su fuerte condición física, empezó a padecer de dolor crónico en sus pies. Apenas podía caminar. Era un trastorno raro para el que no había tratamiento, excepto un procedimiento que bloquearía temporalmente el dolor de las terminaciones nerviosas. Según le ministramos a John y rompimos el poder de lo demoniaco y la violencia conectados con su participación en las artes marciales, sus pies empezaron a sanar y ahora está libre de cualquier enfermedad física y dolor.

~ Yoga

Esta industria trae más de veintisiete mil millones de dólares a los Estados Unidos cada año.[34] Es más prospera que la pornografía. La palabra y el concepto del yoga provienen del hinduismo, y significa "el camino para encontrar al dios en el interior". Implica el uso de posturas y posiciones especiales junto con meditación, para producir un estado alterado de conciencia y finalmente alcanzar la unión con dios. Todas las formas de yoga implican una base filosófica y suposiciones ocultistas, incluso lo que se presenta como ejercicio puramente físico. Aunque el primer nivel aparece solo como una forma de ejercicio o gimnasia y ejercicios de respiración o relajación, los niveles avanzados están conectados con una maestría de fuerzas cósmicas: la práctica de fenómenos espiritistas y mágicos.

Shiva es el dios hindú conocido como el destructor. Aunque muchas deidades hindúes se asocian con diferentes caminos de yoga y meditación, en Shiva el arte de la meditación toma su más absoluta forma. Se cree que el camino de señor Shiva es el camino de los yogas ascetas.

El yoga Kundalini enseña que siete centros de energía síquica en el cuerpo almacenan energía de la fuerza de vida universal. Varios ejercicios y meditaciones despiertan estos centros, permitiendo al poder que levante la espalda, un evento llamado Kundalini. Este poder puede manipularse para promover sanidad. El resultado final es la iluminación.

¿Por qué esto se acoge y se enseña dentro de las paredes de la iglesia? ¿Por qué se permite en las escuelas? En nuestra falta de conocimiento, ha echado raíces una forma de adoración demoniaca, hasta el punto donde instituciones cristianas y creyentes individuales, sin saberlo, se convierten en instructores de la adoración antigua a deidades hindúes.

Lynn estaba experimentando dolor constante en el área del abdomen. Ella estaba muy involucrada en el yoga e insistía en que eso le ayudaba, aunque vivía en dolor. Compartí con ella la historia anterior del yoga y las puertas abiertas a lo demoniaco que ella estaba permitiendo en su vida. Lynn estaba escéptica a recibir lo que yo le dije. Se le explicó que si ella continuaba sus clases de ejercicios de yoga, nuestras oraciones no la podrían ayudar. Si rompíamos el poder del hechizo Kundalini y los espíritus de anticristo atados a esa estructura, y ella voluntariamente se involucraba otra vez en esta actividad, lo demoniaco volvería siete veces peor. El equipo y yo continuamos hablándole verdad. El escepticismo se fue pronto, y ella estaba preparada para recibir oración.

Primero hicimos que Lynn se arrepintiera de abrirse a una forma de ejercicios con raíces en la adoración demoniaca. Se rompieron todos los espíritus de hechicería, adivinación, muerte, Kundalini y de anticristo atados a las posiciones de adoración del yoga al dios hindú de Shiva. Lynn renunció en voz alta a la actividad de estos espíritus en su vida. Al concluir, le dimos la bienvenida al Espíritu Santo para que la llenara. ¿Por qué? Porque donde la casa se ha limpiado, necesitamos llenarla del Espíritu de Dios. La unción del Señor se movió hermosamente, y desde esa ministración Lynn ha estado sin dolor.

¿Hay algo que esté bien?

Hay muchos otros temas de los que podría hablar, pero creo que les hemos dado una buena vista general de algunos de los más populares entretenimientos y modas de influencia mundana que controlan a nuestra juventud. En cinco años habrá nuevos libros, música, grupos musicales, juegos, juegos de video, juegos de computadoras, películas y prácticas de hechicería. Soy muy consciente de que cuando yo enseño sobre estos temas, la gente se siente incómoda y molesta. Algunos se sienten así porque no es una discusión placentera; otros están incómodos debido a su participación en estas actividades.

Los creyentes necesitamos descubrir las creencias fundamentales que hay detrás de todo lo que adoptamos. Si las raíces del comportamiento son paganas, demoniacas o cuestionables, entonces no es algo que debamos adoptar voluntariamente. Si los inicios no son demoniacos en su naturaleza, entonces hágalo. Sí, películas, libros, música, juegos y similares pueden ser maravillosos. La defensa personal es buenísima cuando no se hace bajo la estructura de artes marciales cuyas raíces sean el budismo y el taoísmo. Estirarse y hacer ejercicio es bueno, pero no bajo el sistema del yoga. Yo a menudo reto a los que están involucrados: "¿Por qué no empiezan una clase de defensa personal o un programa de ejercicios de estiramiento que no esté bajo los nombres y creencias de estos rituales antiguos paganos?".

Antes de permitir que nuestros hijos se metan en algo, vamos a investigarlo. ¿Cuál es el propósito original de la práctica? ¿Será la participación de mi hijo una puerta abierta a lo demoniaco o será una bendición? ¿Cuáles son las letras de las canciones que oyen mis hijos? ¿Cuáles son las creencias y agendas tras los grupos que escuchan? ¿Qué programas, películas y caricaturas están viendo? ¿Qué libros leen? ¿Están diseñados para atraer a los niños hacia lo oculto, la brujería y creencias violentas? ¿Están los juegos de computadoras que sus hijos juegan llenos de alusiones sexuales, violencia y muerte? Si es así, ¿por qué no comprar juegos como Civilization Revolution o juegos Wii que no enseñan yoga? Vigile el entretenimiento que promueve los poderes síquicos, la homosexualidad, el racismo y el sexo prematrimonial.

¿Qué puede hacer la Iglesia?

Nuestros jóvenes tratan el mundo sobrenatural de la misma manera que otras formas de expresión en su vida. Cortan y pegan experiencias sobrenaturales y visiones de una mezcla de fuentes: películas y libros, experiencias personales, la Internet, sus iguales y miembros de la familia, y cualquier otro lugar donde se sientan cómodos. Más importante: son movidos por su deseo a descubrir qué les funciona y qué se siente bien para ellos.

La Iglesia debiera educar a sus jóvenes en el reino sobrenatural y jugar un rol clave en la formación de sus creencias. La investigación revela que muchas iglesias no hablan del tema de lo sobrenatural con suficiente frecuencia o relevancia. Se reportó que "solamente una cuarta parte de los adolescentes en iglesias (28%) recuerdan haber recibido en su iglesia durante el último año cualquier enseñanza que les ayudara a formar sus perspectivas sobre el mundo sobrenatural".[35] David Kinnaman comparte en un informe Barna:

Esta generación tiene hambre de significado personal y tiene increíbles herramientas tecnológicas y de medios que les permita lograr cualquiera de las metas espirituales que escoja. Pero millones de adolescentes están precariamente cerca de simplemente archivar la fe cristiana como irrelevante, no inspiradora y "solo una etapa". Millones de jóvenes de la generación Buster que perseveraban en iglesias terminaron rechazando la espiritualidad cristiana después de la escuela secundaria. Esta generación está aún en mayor peligro de dar el salto de fe a duda.

El mundo sobrenatural representa el epicentro de la lucha espiritual por sus corazones y sus mentes…Cuando los adolescentes se conforman con alternativas baratas en vez de escoger intimidad con Dios y descansar en su cuidado y su poder, esto puede llevarles a años, hasta décadas, de entrampamiento espiritual en sus vidas. Pero con decisiones apropiadas vienen recompensas espirituales. Después de que Jesús rechazó las tentaciones de Satanás, su ministerio floreció. Si nuestros jóvenes rechazan el engaño espiritual y dejan de juguetear con imitaciones que desdeñan el poder de Dios, puede significar la diferencia entre una generación cumpliendo su destino espiritual y una que da la espalda a Dios durante su edad adulta.[36]

Liberar sus hogares

Después de un capítulo tan pesado, algunos de ustedes deben estarse preguntando cómo manejar toda esta información. Si estas formas de entretenimiento o influencias son acogidas en su casa, ¿qué hace?

1. Es tiempo de arrepentirse.

2. Rompa todo poder que este entretenimiento haya desatado en su hijo y en su hogar. La oración de cierre lo guiará en cómo hacer esto.

3. Limpie la casa espiritualmente. Deshágase de toda la música, películas, libros, libros de caricaturas, juegos de video y todos los objetos y posesiones que se enfoquen en el paganismo y en lo malévolo.

4. Escoja detener toda participación en entretenimiento impío e influencias mundanas, actividades paganas y formas demoniacas de defensa personal y ejercicio.

5. No acepte ni permita ninguna de estas actividades en su hogar o en la vida de sus hijos.

6. Invite la presencia del Señor en su hogar. Deje que las experiencias sobrenaturales de Dios, su amor, su Palabra y su presencia formen y moldeen a sus hijos.

Vamos a orar

Padre, gracias por la verdad que está siendo revelada. Es el deseo de nuestro corazón caminar puramente y en rectitud ante ti. No queremos que haya puertas abiertas sobre nuestros hijos o nosotros personalmente que nos lleven a la oscuridad. *Confesamos que hemos permitido puertas abiertas en nuestro hogar, familia y niños al reino demoniaco por las formas de entretenimiento e influencias mundanas que hemos entretenido. Perdona nuestra participación en (nombre la película, libro, música, juegos, técnicas de ejercicio, actividades paganas, etc. de las que necesita arrepentirse).*

Ahora renunciamos y rompemos todos los poderes de perversión, seducción, brujería, adivinación, temor, miedo a la muerte, muerte, violencia, ira, espíritus e anticristo, la práctica de hablar maldiciones y toda tentación a la oscuridad, incluyendo hombres lobos y vampiros, espíritus Kundalini y todos los otros espíritus de oscuridad. Les ordenamos que salgan de nuestras vidas, de la vida de (decir el nombre de su hijo) y de nuestro hogar. ¡Fuera ahora!

Padre, limpia nuestras vidas y nuestros hogares, y llénalos con tu amor, paz, gozo, tranquilidad, espíritus sometidos a ti, y un mayor discernimiento. Causa que caminemos circunspectos y sabiamente en todas nuestras actividades.

Hacemos el compromiso juntos en voz alta y en acuerdo con Josué 24:15: "Por mi parte, mi familia y yo serviremos al Señor".

Capítulo 5

La verdad sobre la presión de los iguales

RECIENTEMENTE ME SENTÉ junto a quince jóvenes mujeres cristianas entre las edades de quince a veintitrés años. Les pregunté con qué luchaban más en sus vidas diarias. Todas respondieron unánimemente: "la presión de los iguales". Las chicas que hacían escuela en su hogar parecían tener menos presión en esa área, pero las otras que asistían a la escuela, cerca de otros adolescentes, compartieron que este era un problema regular. Mi corazón se rompió por una chica en particular.

Proféticamente, el Señor reveló que ella lo estaba pasando muy mal con sus iguales. La marginaban y se burlaban de ella porque se negaba a ceder en sus creencias cristianas y no participaba en actos pecaminosos. Vi una imagen de ella sentada sola en la cafetería escolar, mientras otras adolescentes se reían a poca distancia. Pude ver y sentir su intensa pena. Las lágrimas bajaban por su cara y la mía mientras le pedíamos a Dios que le enviara una mejor amiga especial en la escuela. Este encuentro me hizo entender la presión que viven nuestros jóvenes.

Presión se define como "acoso, opresión, una fuerza o influencia irresistible y restrictiva; forzar a alguien hacia un fin particular; influenciar".[1] Presión de los iguales (también conocida como la presión de grupo) se define como "presión social por miembros del grupo de iguales para emprender cierta acción, adoptar ciertos valores o conformarse de otro modo para ser aceptado".[2] Empezando en la escuela intermedia, los grupos proporcionan identidad a los adolescentes. Muchas veces, futuras amistades y el tratamiento por parte de los iguales depende de con qué grupo esté un joven.

Como madre de tres hijas adolescentes, soy consciente de la negatividad, oscuridad y maldad que intentan influenciar a los niños. Drogas, alcohol, sexo, sexting (enviar mensajes sexuales por texto), cortarse la piel, jadear, hacer trampa, falta de respeto, pensamientos suicidas y mentalidades impías son fuerzas con las que nuestros hijos regularmente contienden. Parece ser que con cada generación aumentan las influencias negativas y la presión.

Las estadísticas muestran que esta es una generación con casi ninguna moralidad o calibre por el cual regir su vida. Las siguientes son las cifras más recientes compartidas en el sitio web de Teen Mania.[3]

+ Una de cada diez jóvenes de escuela secundaria ha informado haber sido violada en algún momento de su vida.

+ El miedo a la violencia en las escuelas es ahora la "preocupación" principal entre adolescentes de la escuela pública.

+ De los estudiantes veteranos de secundaria, el 48 por ciento es sexualmente activo (ha tenido relaciones sexuales en los últimos tres meses).

La actividad de pandillas en las escuelas y la comunidad están en una tendencia claramente ascendente en muchas comunidades en toda la nación.[4]

Entrevistas

En mi investigación me encontré con las siguientes entrevistas hechas por la Universidad de Michigan relacionadas con adolescentes y presión de los iguales. Encontré esto revelador, como creo que ustedes lo encontrarán.

~ Siete años de edad:

¿Sabes lo que es la presión de los iguales? *No.*

¿Alguna vez has hecho algo o sentido que tenías que hacer algo porque uno de tus amigos lo ha hecho o porque te pidieron que lo hicieras? *Sí.*

Eso es presión de los iguales. ¿Recuerdas alguna de las cosas que hayas hecho por tus amigos? *No.*

¿Te piden tus amigos que hagas cosas que están mal y por las que te meterías en problemas? *No.*

¿Te ayudan tus amigos a ir mejor en la escuela? *No.*

Si tus amigos hacen buen trabajo en la escuela, ¿tú sientes que también tienes que hacer buen trabajo? *Sí.*

¿Por qué? *Porque no quiero que piensen que soy tonto.*

¿Has tratado de hacer que tus amigos hagan algo que tú quieres que hagan? *No.*

~ **Doce años de edad:**

¿Sabes qué es presión de los iguales? *Sí.*

¿Qué significa? *Es cuando tus amigos tratan de hacer que hagas cosas.*

¿Tus amigos tratan de hacer que hagas cosas? *Sí.*

¿Qué tipo de cosas? (Risa) *Me pidieron que tirara papel de inodoro a la casa de alguien en Halloween.*

¿Te han pedido que hagas algo más serio, como fumar? *Sí.*

¿Alguna vez te han pedido que hagas algo y tú les has dicho que no? *Sí.*

¿Cómo te sentiste cuando les dijiste que no? *Yo siento que ellos no me van a hablar otra vez.*

Entonces ¿por qué dijiste que no? *Porque yo sabía que estaba mal hacer eso.*

¿Te han hablado tus amigos de hacer buen trabajo en la escuela? *No.*

Si tus amigos están haciendo buen trabajo escolar, ¿sientes que tú también lo tienes que hacer? *Sí.*

¿Por qué? *Para que no hablen de mí y me pongan apodos.*

¿Te han hablado tus padres sobre la presión de los iguales? *Sí.*

¿Qué dijeron? *Mi mamá me dijo que no dejara que alguien me hiciera hacer algo que yo no quiero; que use mi propia mente. Me dijo que fuera un líder y no un seguidor.*

¿Alguna vez has tratado de presionar a alguno de tus amigos para que haga algo? *No.*

~ **Dieciséis años de edad:**

¿Sabes qué es la presión de los iguales? *Sí.*

¿En algún momento sientes esa presión por parte de tus amigos? *Todo el tiempo.*

¿Qué te sientes presionado a hacer? *Todo.*

¿Como qué? *Faltar a la escuela, practicar sexo.*

¿Sientes más presión de tus amigas para practicar sexo con chicos o de chicos para practicar sexo con ellos? *Siento más presión de mis amigas. Siempre me preguntan por qué no he practicado sexo todavía.*

¿Qué les dices? *Les digo que estoy esperando a la persona correcta.*

¿En algún momento sientes que van a dejar de ser tus amigas si no haces lo que te dijeron? *No realmente.*

¿Tus amigos te retan a hacer buen trabajo escolar? *No.*

¿Sientes como que tienes que hacer buen trabajo escolar si ellos lo hacen? *Siento que tengo que hacer buen trabajo escolar, pero no porque ellos lo hagan.*

¿Has tratado de presionar a uno de tus amigos a hacer algo? ¿*Algo malo?*

No necesariamente, solo cualquier cosa. *Bueno, supongo que sí.*

¿Cómo qué? *No sé. Cosas pequeñas, cosas que quiero que hagan por mí.*[5]

Presión de los iguales negativa

La necesidad de aceptación, aprobación y pertenencia es vital para los adolescentes. Los adolescentes que se sienten aislados o rechazados por sus iguales o su familia son más propensos a participar en conductas de riesgo para pertenecer al grupo. En esta situación, la presión de los iguales puede entorpecer el buen juicio y servir de combustible para la conducta de riesgo. Por ejemplo, los adolescentes con diferencias o discapacidades en el aprendizaje son a menudo rechazados debido a su conducta inapropiada para la edad, y son, por lo tanto, más propensos a asociarse con otros iguales rechazados o delincuentes.

Sam, un guapo chico de quince años de edad, luchaba con una forma de autismo de elevada operación. Debido a su condición, siempre se burlaban de él, e incluso en los grupos de jóvenes de la iglesia los demás se distanciaban de él. Realmente su enfermedad no era muy notable a menos que se participase en una conversación prolongada con él; e incluso durante la mayor parte, él podía permanecer enfocado. Pero debido al continuado rechazo, Sam comenzó a juntarse con el grupo equivocado. No quiso tener nada que ver con Dios y se volvió adicto al sexting y a los sitios web violentos y pornográficos. Sexting es la práctica de enviar fotos de desnudos y sexualmente explícitas a través de teléfonos celulares, incluyendo mensajes gráficos y perversos. Esta es una moda que crece rápidamente.

Debido a su continuo pecado, Sam deliraba. Una noche tomó el revólver de su abuelo, salió de la casa y corrió por la calle en medio de la noche. Estaba totalmente convencido de que su familia quería hacerle daño. Esta es la clase de efecto que esas repetidas visiones de maldad y perversión pueden tener en una persona joven, especialmente una con el tipo de discapacidad de Sam.

Pautamos un tiempo para ministrar. Honestamente, esta es una sesión que siempre estará viva en mi mente. El arrepentimiento encabezaba la lista para el joven Sam, y él a gusto se arrepintió de ir a los sitios web oscuros, y de enviar sexting. También lo dirigimos a perdonar a todos sus iguales que se burlaron, se mofaron de él y lo acosaron. Él genuinamente quería hacer lo correcto y rápidamente perdonó. Había una joven que enviaba fotografías de desnudos continuamente. Oramos y rompimos el poder de la perversión que había atenazado a Sam. Rompimos los lazos del alma que operaban entre él y esa joven. Cuando lo hicimos, él exclamó: "Algo salió de mí. ¡Me siento diferente!".

El Señor me dirigió a imponerle manos en su cabeza. Yo estaba fuertemente dirigida a orar contra un espíritu de mentira que operaba en su pensamiento. Rompí todas las ataduras generacionales del lado de su madre y del lado de su padre. El poder de Dios se movió increíblemente, ya que había una unción tangible del Espíritu Santo. Sam sonrió con gozo cuando dijo: "¡La presencia de Dios está aquí!". Al completarse la sesión, oramos que la verdad, pureza y un espíritu abierto al Señor reinaran en la vida de Sam donde una vez hubo perversión, mentira y enfermedad. Tengo que confesar que el Señor hizo más en este tiempo de ministración de lo que yo esperaba. Sam fue radicalmente liberado. Algunos de sus signos de autismo desaparecieron de sus comportamientos diarios. Fue verdaderamente un milagro.

¿A qué está siendo empujado?

Por tanto, ¿a qué comportamientos de riesgo puede un adolescente sentirse presionado? A muchos. Los siguientes son los resultados de la última encuesta de los Centros de Control y Prevención de Enfermedades (CDC).[6]

+ Fumar. Para cuando los adolescentes tienen solo trece años, uno de cinco ha tratado fumar. Cerca del 25% de los estudiantes de escuelas secundarias fuman cigarrillos. En general, el 46,3% de los estudiantes han probado fumar cigarrillos.

+ Consumo de alcohol. Dos terceras partes de los adolescentes entre las edades de catorce y diecisiete años han probado el alcohol. De los varones adolescentes que han probado alcohol, el 20% lo hicieron cuando tenían doce años. El consumo excesivo episódico de alcohol es común. De los adolescentes entre doce y diecisiete años, uno de cada cuatro dijeron que habían bebido cinco o más tragos consecutivamente en el pasado mes. Casi una tercera parte de los bebedores entre 16 a 21 años admitieron conducir después de beber alcohol.

+ Consumo de drogas. Poco más del 25% de los adolescentes entre catorce a diecisiete años han consumido drogas ilegales. Un tercio de los consumidores de marihuana son jóvenes adultos entre 18 y 21 años; empezaron a consumir marihuana cuando tenían catorce años.

+ Sexo. Alrededor de uno de cada tres chicos entre catorce y quince años habían tenido relaciones sexuales. De los adolescentes sexualmente activos, casi el 30% no usaron anticonceptivos durante el último encuentro sexual. La edad promedio de la primera exposición a la pornografía en la Internet es once años de edad. El grupo consumidor más grande

de pornografía por la Internet es doce a diecisiete
años de edad.

La presión de loa iguales comienza a temprana edad. Nosotros, como padres y líderes, tenemos que hacer todo lo que podamos para educar a nuestros hijos, proveer estabilidad y enseñarles la verdad del amor y la Palabra de Dios, para asegurarnos de que permanezcan en el camino por donde deben ir. Necesitamos reforzarlos con el conocimiento de que son impresionantes en la identidad que el Señor les ha dado y que es ahí donde crecerán y prosperarán, y no en los planes negativos de sus iguales. Esto es importante para que cuando se enfrenten con la presión negativa de sus iguales, sean capaces de hacer lo correcto.

Presión de iguales positiva

Usualmente vemos la presión de los iguales bajo una luz negativa. Pero los iguales también pueden ser una influencia positiva. Realmente, la habilidad de un adolescente de desarrollar amistades y relaciones de iguales saludables depende de su identidad propia, de su autoestima y de su confianza en sí mismo.

En su expresión óptima, la presión de iguales puede movilizar en el adolescente energía, motivación para el éxito y el deseo de acoplarse a una conducta saludable. Los iguales pueden y deben actuar como modelos a seguir positivos. Los iguales pueden demostrar, y lo hacen, conductas sociales apropiadas. Con frecuencia escuchan, aceptan y entienden las frustraciones, los retos y las preocupaciones asociados con ser un adolescente.

En su segundo año de escuela secundaria, Kendall intentó pedir permiso para ir con un grupo grande de amigos a la primera exhibición de medianoche de la película *Crepúsculo*. En completo acuerdo, mi esposo y yo le dijimos: "Kendall, mientras has vivido en nuestro hogar conoces las reglas. No permitimos que se vea ese tipo de entretenimiento".

"¡Pero yo realmente quiero ir! Cuarenta de mis compañeros de clase están haciendo esto como una salida especial de grupo. ¿Pueden hacer una excepción solo una vez?".

"Querida, vamos a probar esto. No te daremos nuestra aprobación, pero tú ora y pregunta al Señor si Él te dejaría ir a ver esa película. Tienes dieciocho años ahora. Estarás en la universidad y tomando tus propias decisiones el año próximo, así que te vamos a dejar tomar por tu cuenta esta decisión. La única estipulación es que ores primero y busques lo que Dios quiere que tú hagas, y entonces bases tu decisión en su respuesta".

Kendall, no muy feliz con esta respuesta, la aceptó y se fue del cuarto con un suspiro.

La noche siguiente nos explicó: "Tomé mi decisión sobre la salida en grupo. Oré y sentí fuertemente que no debo ir. Estoy decepcionada porque sería divertido esperar en fila hasta medianoche con mis compañeros de clase. Pero voy a enviar un mensaje de correo electrónico al grupo ahora mismo para decirles que no voy".

Después de un rato, Kendall entró emocionada a la sala. "Mami, papi, adivinen. Le envié un mensaje al grupo para decirles que no voy, y varios de mis amigos expresaron que ellos tampoco quieren ir. ¡Así que todos vamos a planear nuestra propia noche de diversión! Mi respuesta correcta y obediente influyó en mis amigos".

Nos alegramos con Kendall por la decisión que tomó y también por el resultado obtenido. Kendall es una líder. Siempre lo ha sido. Sus amigos admitieron después que no se atrevían primero a decir que no, pero cuando Kendall lo hizo, eso les dio la fuerza para hacer lo mismo.

¿Es posible criar un hijo a prueba de presión de los iguales?

Sabemos que los padres pueden ser maravillosos y hacer lo mejor que saben, pero los niños y los adolescentes todavía pueden tomar malas decisiones. Sin embargo, podemos hacer cosas para reducir la posibilidad.

~ Leer la Palabra de Dios y orar juntos.

Una de las prácticas más importantes en las que debemos involucrarnos es establecer y construir una relación personal con el Señor. También es importante crear una atmósfera espiritual sólida en nuestros hogares orando, leyendo la Palabra de Dios y adorando juntos su grandeza.

~ **Permitir comunicación abierta en cuanto a las vidas de nuestros hijos y su relación con Dios.**

Cuando hablemos con nuestros hijos en cuanto a sus caminos espirituales, definitivamente debemos ser firmes en nuestras convicciones e instruirlos de esa manera. Pero yo he visto repetidamente que cuando obligamos nuestra fe cristiana en los jóvenes sin el amor, la misericordia y la compasión del Señor, el resultado es que la gente joven se desanima y algunos deciden que no quieren tener nada que ver con la cristiandad. Así que háblenles. Permítanles compartir sus preguntas y preocupaciones. No haga su ejemplo de fe cristiana uno legalista, sino uno lleno del corazón de Dios que ama y perdona.

Conozco un joven que estuvo extremadamente desconectado del cristianismo y caminó en rebelión durante muchos años. Una forma de castigo practicada en su hogar cuando era niño era enviarlo a su cuarto a leer la Biblia por una hora. El requisito era escribir un informe de lo que había aprendido. Él asociaba el amor de Jesús con un Dios disciplinario, religioso y estricto. La gente joven no quiere tener nada que ver con el legalismo religioso y un espíritu religioso.

~ **Conviértase en un ganador de almas en su hogar.**

Hable la verdad de la Palabra de Dios a sus hijos, llevándolos y guiándolos hacia una relación personal con el Señor. A los niños y los jóvenes se les gana con amor y comprensión; hábleles como Jesús lo haría. He aquí cómo llevar a un niño al Señor.

- Explíqueles que Jesús es un Buen Pastor que ama y cuida de sus ovejas. Vino al mundo a buscar a todas sus ovejas perdidas, llamarlas hacia Él para purificarlas por dentro, y hacerlas parte del hogar de Dios en el cielo.

- Dependiendo de la edad del niño, usted querrá usar palabras que ellos puedan entender, así que en vez de usar "pecados", use "hacer lo incorrecto".

- Dígales que digan a Jesús que lamentan lo que hacen mal.

- Aliéntelos a darle las gracias a Dios por amarlos y tomar su castigo.

- Diríjalos a pedir a Dios que los perdone y que limpie su corazón.

- Exhórtelos a invitar a Jesús a entrar en su corazón y a que viva en ellos.

- Pídales que oren a Jesús para que los haga fuertes para que puedan vivir para Él y como Él quiere.

- Ayúdelos a que le den gracias a Él por escucharles y contestar sus oraciones.

La siguiente es una oración como ejemplo.

Jesús, yo sé que he hecho cosas malas como (decir algunas) y lo siento. Por favor, perdóname y limpia mi corazón. Gracias, Jesús, por amarme y morir en la cruz para tomar mi castigo. Te pido que vengas y vivas en mi corazón y en mi vida como Señor y Salvador. Hazme fuerte para vivir para ti y ser la persona que tú quieres que yo sea. Gracias por tu regalo de la salvación. Amén.

~ Ame con el corazón del Padre.

Nunca olvidaré la vez que hablé con un policía que patrullaba nuestro vecindario en Houston. Nueva en el área, quería saber sobre pandillas y otras actividades que yo debería conocer. Él compartió sobre adolescentes en el vecindario que se llamaban a sí mismos una pandilla, pero explicaba que solo eran chicos solitarios y sin supervisión. Cuando hice más preguntas, me respondió: "Estos adolescentes están dolidos. Sus padres nunca les dan tiempo de calidad. Han permitido que la televisión y otras formas de entretenimiento críen a sus hijos. Son básicamente una generación sin padres ni madres, desesperada de amor".

¿No son palabras precisas y poderosas? Estamos mirando a los ojos de una generación más joven que está desesperada por tener madres y padres, no solo biológicos sino también padres y madres espirituales que les muestren el camino del amor, que sean lo bastante honestos para hablar verdad y ser reales en su caminar con Dios. Esta generación no busca una religión, sino una relación honesta, genuina, sobrenatural con un Dios amoroso todopoderoso. Buscan a aquellos que puedan verdaderamente modelar esto y enseñarles la manera de adoptarlo. Cuando las interacciones de los padres con sus hijos se caracterizan por calidez, bondad, consistencia, respeto y amor, la relación florecerá, como la autoestima del niño, su salud mental, la espiritualidad y las destrezas sociales.

~ **Interésese genuinamente en las actividades y amigos de sus hijos.**

Esto permite a los padres conocer a los amigos de sus hijos adolescentes y monitorear el comportamiento. Cuando se toman malas decisiones y se tienen que hacer valer las reglas, los padres que se han comunicado abiertamente con sus hijos acerca de las reglas y las consecuencias de romperlas, tendrán menos desacuerdos.

Conozca a sus amigos y en qué creen sus familias.

~ **Aliente el pensamiento y la expresión independientes.**

Esto desarrolla un saludable sentimiento del yo, una habilidad mayor de resistir la presión de los iguales y una oportunidad de ser un líder en vez de un seguidor.

~ **Participe en actividades con sus hijos.**

Ya sea deportes, cocinar, artesanía o ejercicio, planifique tiempo para hacer juntos algo divertido. A mis hijas les encanta cocinar postres conmigo. Cuando hago tiempo para hornear, están en la cocina conmigo. Aunque yo viajo debido al ministerio, nos encanta tener noches especiales de chicas. Vemos películas viejas o hacemos el "baile del pollito". Sacamos la cama del sofá, y nos apiñamos todas ahí. Nos divertimos mucho. Comemos palomitas de maíz y chocolate, y nos reímos y lloramos juntas. Se olvidan todos los teléfonos celulares, los mensajes de correo electrónico y las responsabilidades del mundo externo. Estas noches de chicas son muy esperadas.

~ **Involucre a sus hijos en grupos saludables de jóvenes y de iglesias.**

La influencia de amigos y líderes cristianos es crucial en la vida de un niño. Conozca a aquellos que influyen en sus hijos y lo que ellos creen y enseñan. Una relación apasionada con Jesucristo y un carácter bíblico edificado en la responsabilidad, rendir cuentas, trabajo en equipo, compasión e incluso trabajo en comunidades ayudando a otros son buenas características que buscar. Estas influencias positivas llevarán a sus hijos lejos en la vida. Y desde una edad temprana hasta su adolescencia, un enfoque de "No se trata solo de mí" los ayuda a pensar fuera de su propio pequeño mundo.

~ **Padre o madre, camine de una manera recta y justa.**

Sea el ejemplo de lo que usted siente que sus hijos necesitan en sus vidas. Déjelos ver que ustedes oran y adoran. Déjelos ver sus fracasos y cómo ustedes crecen y confían en el Señor a través de esos tiempos. No sea religioso; sea real.

Construyendo la nueva generación

> Y se dirá: "¡Construyan, construyan, preparen el camino! ¡Quiten los obstáculos del camino de mi pueblo!" (Isaías 57:14).

Esta es una directriz poderosa del Señor. Cuando desglosamos este versículo de una manera ampliada, se traduce:

> Levanta, exalta, ten en alta estima, da honor y da estatus con gran implicación personal. Ve y haz un camino claro, un viaje a un curso de vida con carácter moral criando y educando a nuestros niños, nuestra gente, nuestra familia, nuestra tribu, causando que crezcan y maduren y sean separados; causando que se levanten sobre piedras de tropiezo, ídolos, perdiciones, ofensa o cualquier ocasión en la cual una persona pueda causar un fracaso en su camino en la vida.

Al concluir, quiero alentar a cada uno de nosotros a caminar en la firmeza de comprometer nuestros hogares, hijos y vidas con Dios, caminando en su amor, trayendo un entendimiento de carácter bíblico, y viviendo de una manera que entendamos los tiempos en los cuales nuestros jóvenes están madurando. Soy una firme creyente en que el conocimiento puede traer y trae poder para la acción. Edifiquemos a esta generación para que sean quienes hacen historia que están destinados a vivir y no ignoren la batalla que encaran cada día a través de la presión de los iguales. Seamos deliberados para llevar una cultura de comprensión, liberación y libertad a nuestros hogares y al Reino de Dios que vive en ellos.

> *Padre, gracias por tu increíble firmeza. Sabemos que hay peligros y batallas alrededor de cada uno de nosotros , y especialmente de nuestros jóvenes. Reconocemos que si ignoramos esto y no reconocemos o tenemos este entendimiento, esta inactividad es en sí misma una puerta abierta en las vidas de nuestros hijos. Enséñanos, Señor, cualesquiera puertas abiertas de presión de iguales que necesiten manejarse y cerrarse. Ayúdanos a modelar tu Reino en nuestros hogares.*

Ahora a mis jóvenes amigos: si has participado en prácticas pecaminosas debido a presiones de los iguales, ahora es el momento de arrepentirse y solucionarlo. Si ya estás luchando con un problema o una adicción al sexo, la droga, el tabaco o el alcohol , busca la ayuda de un ministro de liberación, tu pastor de jóvenes y, si es necesario, un programa de consejería o rehabilitación con base cristiana. No pases otro día luchando solo con tu atadura. Padres, si su hijo está abierto a recibir, esta oración pueden hacerla juntos.

> *Padre, confieso que he estado involucrado en (nombrar la actividad). Me arrepiento de esta actividad y te pido que me perdones. Ya no quiero caminar bajo la influencia de mis iguales, sino quiero caminar en la rectitud de tu Reino. Yo oro y renuncio a todos los lazos del alma impíos con todos mis amigos que me han influenciado de una manera negativa…[Es importante nombrar a cada amigo por nombre y romper el lazo del alma en voz alta. ¿Por qué? El enemigo no puede leer nuestros pensamientos. Puede poner pensamientos ahí, pero no sabe que ha tenido éxito en su engaño a menos que lo digamos en voz alta o actuemos sobre eso. Él no es omnisciente como nuestro Dios. ¡Así que di esta oración en*

voz alta!]. Renuncio a todas las actividades pecaminosas en mi vida, incluyendo tabaco, alcohol, drogas y sexo. Yo rompo el poder de la esclavitud y la perversión en el nombre de Jesús. Espíritu Santo, te pido que me llenes de pureza, santidad y amor. Dame la fortaleza para caminar en una vida pura ante ti. Que tu presencia se convierta en mi pasión. Gracias, Señor. Amén.

Capítulo 6

La tragedia del abuso

LOS AÑOS DE lágrimas contenidas de su horrible pasado se derramaron sin control por la cara de Laura. Desde los seis a los nueve años de edad recibió repetidamente abusos de un líder masculino en su iglesia. Ese hombre la encontraba en el pasillo y la acompañaba hasta un oscuro almacén. En ese lugar oscuro él la tocaba y la obligaba a ella tocarlo. Su forma favorita de abuso era sexo oral forzado, amenazando todo el tiempo con matarla o matar a su familia si ella contaba su oscuro secreto. ¿Puede imaginarse la escena malévola y horrible que ella soportó durante tres años? Es casi insoportable incluso escribir sobre ella.

Debido a las amenazas de violencia contra Laura y su familia, ella decidió no contarlo. Ya que la agonía de las violaciones repetidas se contuvo por demasiado tiempo, ella ahora sufre de pensamientos suicidas, cortarse, anorexia y bulimia. Pero a través del acto de perdonar y orar por sanidad emocional y liberación, Laura ahora camina en una vida de victoria y ya no es suicida, no se corta ni comete suicidio lento a base de pasar hambre.

No intento ser excesivamente dramática contando esta historia. La triste realidad es que oigo la misma historia repetidamente en el cuarto de liberación con jóvenes de todas las edades. El abuso es horrible en cualquier forma y a cualquier edad. Yo he visto demasiadas veces los efectos devastadores del abuso sexual en las vidas de las víctimas y sus familias. Rompe el corazón que muchos por quienes he orado que sufrieron acuso sexual cuando eran niños, fueron violados por un padre, tutor, abuelo, cuidador, pastor, obrero de jóvenes, maestro, hermano, hermana y hasta un vecino.

La verdad acerca del abuso

Hay muchas formas de abuso contra nuestra juventud. Se informa de un abuso infantil cada diez segundos. El abuso infantil ocurre en todos los niveles socioeconómicos, cruza líneas culturales, étnicas y religiosas, y ocurre en todos los niveles educativos. Veamos algunas impresionantes estadísticas en la página web de Child Help.[1]

+ El abuso infantil resulta en la muerte de casi cinco niños cada día, con más de tres de cada cuatro menores de cuatro años.

+ Entre el 60 y el 85% de los fallecimientos de niños debidas al maltrato no son registradas como tales en los certificados de defunción.

+ De las víctimas de abuso sexual infantil, el 90 % conoce al maltratador; el 68% sufre abuso de miembros de la familia..

+ De las mujeres encarceladas en los Estados Unidos, el 31% sufrieron abusos cuando eran niñas.

+ Más del 60% de los individuos en rehabilitación de drogas informan haber sufrido abusos o haber sido abandonados cuando eran niños.

+ El ciclo de abuso continúa, con aproximadamente el 30% de los niños que sufrieron abusos y abandono que después abusan de sus propios hijos.

+ Alrededor del 80% de las personas de 21 años que sufrieron abusos cuando eran niños cumplían los criterios para al menos un trastorno psicológico.

+ El costo anual estimado del abuso y abandono de niños en los Estados Unidos en el año 2007 es $104 mil millones.

+ Las adolescentes que sufrieron abusos cuando eran niñas tienen un 25% más de probabilidad de experimentar embarazo adolescente.

- Los niños abusados sexualmente son 2,5 veces más propensos a abusar del alcohol en años posteriores.

- Los niños sexualmente abusados son 3,8 veces más propensos a desarrollar adicciones a drogas.

Estas estadísticas son devastadoras. Yo veo los porcentajes duplicarse en mis propias experiencias ministeriales con gente joven. Muchos de los que vienen a verme para recibir oración han sufrido algún tipo de abuso como abandono y maltrato físico, verbal y emocional. Parece que repetidamente necesitamos ministrar a adolescentes o estudiantes universitarios que han sufrido abuso sexual en algún momento de su pasado.

La creciente epidemia de prostitución y tráfico sexual humano

El tráfico humano es una forma moderna de esclavitud. Es el tráfico ilegal de seres humanos con fines de explotación sexual comercial y trabajo forzado. Muchas fuentes informan que es la industria criminal de más rápido crecimiento en el mundo, y se vincula con la industria de armas ilegales como la segunda industria criminal después del tráfico de drogas.[2]

En el cuadro general en el mundo:

- Se calcula que unos 27 millones de personas están en esclavitud.[3]

- De todas las víctimas, el 50 % son niños.[4]

- Un niño es vendido cada dos minutos, y un millón de niños son obligados al comercio sexual cada año.[5]

- De todas las víctimas, del 99 al 98 % nunca son rescatadas.[6]

- El tráfico de humanos genera al menos treinta y dos mil millones de dólares anuales para quienes lo realizan.[7]

+ La Internet lo ha hecho extremadamente fácil. Craigslist solamente gana treinta y seis millones de dólares anuales en anuncios eróticos.[8]

Esto es terrible, pero muchos se preguntarán por qué incluimos esta información en este libro. Echemos un vistazo a las estadísticas de nuestra nación por este delito.

+ Según un informe de 2001, el número de niños en riesgos de entrar en el tráfico es de 300 000 y va en aumento.[9]

+ Menos del uno por ciento de los casos son resueltos.[10]

+ Uno de cada tres jóvenes sin hogar en los Estados Unidos es vendido a la esclavitud sexual dentro de las cuarenta y ocho horas de huir o ser expulsado de su casa.[11]

+ La edad promedio de entrada en el tráfico sexual es de doce a trece años.[12]

+ La expectativa de vida de los niños vendidos a la esclavitud sexual es de siete años.[13]

+ El tráfico doméstico prevalece más que el tráfico sexual internacional de menores.[14]

+ Los niños en los Estados Unidos normalmente obtienen acceso a los servicios sociales (consejería por traumas, cuidado residencial, cuidado médico, etc.) si se les formulan cargos por delincuencia o prostitución.[15]

~ ¿Quién puede convertirse en víctima?

Los informes dicen que los niños de muchas etnias, razas, clases socioeconómicas, géneros o religiones corren el riesgo de convertirse en víctimas, pero el riesgo aumenta si son:

+ Abusados física, emocional o sexualmente

+ Pobres

+ Desatendidos por sus padres

+ Dejados atrás por el sistema de educación

+ Transeúntes

+ Participantes de los Servicios de Protección de Niños

+ Involucrados en el sistema de justicia juvenil

+ Echados de su casa o se escaparon de su casa

+ Viven en una zona de pandillas o prostitución

~ La pornografía infantil: un factor subyacente

Lo que voy a compartir ahora debería captar nuestra atención y romper nuestro corazón. También es una de las principales razones por las que incluyo esta información en este libro. Es hora de que sonemos la alarma sobre el tema del tráfico sexual, pero también tenemos que entender que es un problema que ha entrado también en la Iglesia. Estos son los hechos:

+ Más de 10 000 sitios web contienen pornografía infantil.[16]

+ De todos los sitios web, el 60% son pornográficos.[17]

+ El 52% de los americanos ven pornografía entre una y once horas a la semana.[18]

+ Más de 32 millones de personas visitan una página pornográfica una vez a la semana.[19]

+ Más de la mitad de los sitios de pornografía infantil son auspiciados en los Estados Unidos.[20]

+ Más del 70% de los hombres entre las edades de 18 y 34 años visitan un sitio web pornográfico cada mes.[21]

+ El 65% de los hombres en la iglesia y el 35% de los pastores luchan con la pornografía.[22]

+ El 47% de las familias admiten que la pornografía es un problema en su hogar.[23]

- En los Estados Unidos, el 29% de los adultos cristianos nacidos de nuevo piensa que es moralmente aceptable ver películas con conducta sexual explícita.[24]

- De los cristianos, el 70% dice que su hábito de pornografía es un secreto.[25]

- Más del 70% de los agresores sexuales encarcelados exacerbaron su adicción viendo pornografía infantil.[26]

- Pornografía Gonzo es ahora el "lugar de entrenamiento" para enseñar a los niños atrapados en tráfico sexual cómo su "chulo" quiere que trabajen.[27]

¿Qué es la pornografía gonzo? Es la forma de pornografía de mayor crecimiento y la más popular. Se considera una experiencia sexual virtual porque lleva la cámara muy cerca y prácticamente al mismo acto sexual. Muchas de las jóvenes usadas, vistas y violadas en estas películas son retenidas como esclavas en la industria de tráfico sexual humano. La Iglesia, con su participación al ver pornografía, juega un papel principal en la financiación de estas niñas y varones atrapados en esta pesadilla. ¡Señor, ayuda a la Iglesia y libéranos!

¿Qué dice la Biblia sobre esto?

En Mateo 18: 1-9 Jesús hace aseveraciones muy claras sobre cómo debemos relacionarnos con los niños y verlos:

1. Humildad y sencilla confianza son cualidades básicas para que los adultos entren al Reino de los cielos.

2. Aquellos que bendicen a los niños bendicen a Jesús mismo.

3. El peor castigo imaginable se le da a cualquiera que lleve niños al pecado deliberado.

4. Para los culpables de hacer daño a un niño, sería preferible ser ahogado en el mar con una piedra

alrededor de su cuello, que sufrir la condena que
Dios le va a imponer.

5. Sería mejor evitar el castigo eterno destruyendo
físicamente la parte del cuerpo que se usó para tal
violación.

Comprensiblemente, Jesús habla de dirigir al niño intencional-
mente a la práctica del pecado. La palabra griega usada para *tropezar*
es *skandalizo*. Significa poner una trampa, piedra de tropiezo u obs-
táculo en el camino de otro, causándole caerse o tropezar. Otro significado es "ofender" o enojar a otro tanto que pierda la fe o no crea
más. Nuestra palabra *escandaloso* se deriva de esta palabra griega, y se
define como vergonzoso, impropio, desgraciado, chocante o causante
de reproche.

Numerosos pecados contra niños pueden identificarse con estas
palabras. Pero cuando los niños son deliberadamente abusados y particularmente cuando el abuso es sexual, las anteriores palabras iden-
tifican adecuada y expresamente este horrible acto. No expreso esto
solo como creencia personal, sino también porque he visto las consecuencias del abuso no sólo en niños, sino también en muchos adultos
que luchan contra ese abuso infantil más adelante en su vida.

¿Qué sobre la justicia?

Por supuesto, si usted ministra a una persona joven y se descubre
abuso, usted nunca debe tomar la justicia en sus propias manos. La
justicia debe ser servida. El ofensor debiera enfrentarse al juicio y
tiempo de cárcel. Absolutamente, las leyes de la tierra deben apli-
carse en situaciones abusivas.

Por el lado espiritual, cuando nuestros jóvenes han recibido horri-
bles abusos, es normal querer ver castigado al abusador. ¿Por qué?
Porque Dios nos hizo a su imagen. En su perfecta imagen, Él no
puede considerar, ni siquiera pensar en el mal. Él explica en Romanos
6:23: "La paga del pecado es muerte". La justicia es una parte de
nuestro Creador. Él creó la justicia. Su naturaleza, semejanza y rectitud dentro de nosotros clama por justicia. Pero no podemos adoptar

la creencia de que está bien ser el juez espiritual. Debemos dejar a Dios el juicio por la sangre que Él derramó en la cruz. Él ya pagó el precio por nuestros pecados y los pecados cometidos contra nosotros. Jesús puso todo en orden para liberar nuestros corazones de amargura, ira, rencor, venganza y falta de perdón.

¿Cuáles son los síntomas de abuso sexual?

Los siguientes son posibles síntomas de niños que pueden haber recibido abuso sexual.

- Miedo
- Ansiedad
- Aislamiento
- Pereza
- Interés no saludable en los órganos sexuales o el tema del sexo
- Frigidez en el matrimonio
- Odio hacia el sexo opuesto
- Homosexualidad
- Lesbianismo
- Prostitución
- Adicciones
- Exceso de gastos
- Muy baja autoestima
- Depresión
- Cortarse
- Pensamientos y tendencias suicidas
- Trastornos alimentarios como anorexia, bulimia, o comer en exceso (glotonería)
- Ira

+ Amargura

+ Falta de perdón

+ Pensamientos de abusar de otros en la vida adulta

Es crucial para nosotros entender lo que legalmente se requiere de nosotros en estos casos. Si alguien comparte conmigo que él o ella es víctima de abuso físico o sexual, es requerido por la ley que yo denuncie a su agresor ante las autoridades. Yo informo a la persona a quien estoy ministrando y a los familiares claramente de que es ese el caso.

La curación del trauma del abuso sexual

Érica era una hermosa mujer de diecinueve años de edad, pero en gran medida luchaba con muy baja autoestima y el lesbianismo. Ella amaba a Dios y participaba en un programa de mentores cristianos, pero a pesar de lo cerca que estuviese de su Señor, sus pensamientos y deseos eran continuamente consumidos por otras mujeres jóvenes. De hecho, cuanto más se acercaba a Dios, era más fuerte la batalla sobre su identidad sexual. El enemigo no quería que fuera puesta en libertad. Si los ataques y los pensamientos eran más fuertes, eso podía causar que Érica se detuviera en su búsqueda de Dios.

Era obvio que Érica estaba nerviosa. Debido a juicios del pasado y a que otros cristianos la evitasen, se resistía a admitir que nuestro equipo trabajara en profundidad en su batalla contra la identidad sexual. Invitamos la presencia del Señor en nuestro ministerio y oramos para que su amor incondicional tocara el corazón de Érica, su mente y sus emociones. Ella se dio cuenta de que estábamos allí para ayudar y no para emitir un juicio.

Poco a poco comenzó a abrirse sobre la extrema violencia física, emocional y el abuso verbal que ella experimentó de parte de su padre. Ese hombre profesaba el cristianismo, pero la ira y formas de castigo que había desatado sobre ella y su hermano eran claramente abusivas. Para ayudar a los ingresos de la familia, sus padres empezaron a llevar niños de acogida a su casa. Uno de ellos era un adolescente con abuso sexual en su pasado. En poco tiempo, había intimidado a Érica y a su hermana para realizar actos sexuales con él y con los demás. La actividad sexual entre ellos tres se convirtió en una parte normal de su vida. Ella trató de decírselo a sus padres, pero cuando lo hizo, su padre la castigó severamente.

Ahora Érica se encontraba atrapada en un deseo de sostener relaciones sexuales con otras mujeres. Apenas podía hablar de su padre sin perder el control emocional. Y así como suele ser el caso en una situación abusiva, no podía imaginar que Dios es un amoroso Padre celestial que de verdad le perdonaría por sus pecados. En su mente, todas las figuras masculinas y de autoridad eran malas y perjudiciales, lo cual impulsaba su deseo por las mujeres.

A medida que ministrábamos, el amor del Señor comenzó a superar su dolor. Ella lloró en su presencia. Le pregunté a Érica si podía perdonar a su padre y al hermano de acogida. Por obediencia a la Palabra de Dios, eligió perdonar, pero todavía se podía ver su intenso dolor. Le pregunté a mi marido si podía unirse a nosotros en la sala de ministerio. En la presencia de un hombre, Érica se puso tensa.

El equipo y yo le explicamos a Greg sobre el pasado de Érica. Greg supo por qué yo le había pedido que viniera. Él comenzó a tratar con compasión a Érica. Con suavidad, se puso a su lado y le tomó la mano en la suya. Comenzó a confesarle: "Érica, la manera en que los hombres de su familia la han tratado es incorrecta. No es el corazón del Padre. Quiero aquí, como un hombre en el Cuerpo de Cristo, decir que siento su infancia abusiva y el terrible sufrimiento que le ha causado. Lamento la forma en que eso le ha causado desconfianza y odio hacia los hombres. Pido disculpas en nombre de los hombres ahora. Como una figura paterna, quiero decirle cuán hermosa es. Usted es una preciosa joven que está dotada en muchas áreas".

Cuando Greg compartió el corazón del Padre con Érica, se vio cómo el Señor produjo la curación profunda e increíble para sus heridas. Érica nunca había oído decir a un hombre piadoso cristiano que ella era hermosa y con talento. Con cada palabra que Greg habló, su corazón y sus emociones fueron profundamente sanadas y liberadas. ¡Fue una experiencia muy fuerte en la unción y el amor de Dios!

A continuación, con calma rompimos los lazos del alma que aún retenían a Érica de la libertad y oró de acuerdo para que el Señor completara su trabajo de sanidad en su corazón. Una semana después hablé con Érica, un ser lleno de alegría, que compartió: "Soy libre, Becca. Los pensamientos lésbicos se han ido. La depresión constante y la condena que estaban presentes en mi vida se han ido. Por primera vez me siento como una mujer joven. Incluso fui de compras y compré ropa más femenina, cambié mi pelo y el maquillaje. Me siento querida y hermosa. Y la presencia de Dios ha sido impresionante".

El perdón

Muchas veces cuando las personas sufren situaciones difíciles, se enojan con Dios y le culpan del trauma y el dolor. Sus pensamientos son algo así: "¿Cómo pudo Dios permitir que esto me sucediera? Si Él me ama, ¿por qué no me protegió?". La Biblia enseña que nuestro Dios es un Padre amoroso. Su amor es más inmenso de lo que podemos imaginar. Él entregó a su Hijo para morir en nuestro lugar. Somos sus hijos, y es triste cuando nos sentimos heridos o violados. Tenemos que llegar a la convicción de que las cosas malas que ocurren en nuestras vidas no son error de Dios. Él no es el culpable. Ahora es el momento de expresar tristeza por estar enojado y amargado hacia Él.

La realidad es que vivimos en un mundo caído. Por un lado, el enemigo y sus demonios tienen un implacable plan para tentarnos a la maldad. Por otro lado, tenemos libre albedrío, y cuando decidimos pasar por alto a Dios y aceptar el mal, el resultado final es el pecado. A través de estos comportamientos impíos es como se producen heridas profundas, dolores y abusos indescriptibles incluso a los inocentes.

¿Está permitida la actividad de un abusador? Por supuesto que no. En los eventos de maltrato, abuso sexual, violación, asesinato y otros, el infractor debe hacerse responsable de la conducta dañina y violenta.

El perdón no significa que quien recibe la ministración ahora tenga que establecer una relación con el abusador. Nunca debería sugerirse acción alguna que ponga en peligro al que recibe la ministración

Tanto Laura como Érica recibieron una gran libertad en su

voluntad de perdonar a los que les habían perjudicado. La disposición a perdonar es de vital importancia para una vida de libertad y de victoria. Tenemos que tomar la decisión de caminar en el perdón, incluso antes de que cualquier abuso de confianza, dolor, traición o violación se haya producido. Cuando Pedro se acercó a Jesús para preguntarle el número de veces que un hermano debiera ser perdonado, Jesús respondió con la parábola del siervo sin misericordia en Mateo 18:21–35, diciendo que deberíamos perdonar setenta veces siete; es decir, tantas veces como se cometa la ofensa contra nosotros.

Nuestro Padre celestial es amoroso, misericordioso y clemente hacia todos sus hijos. No hemos hecho nada que se merezca este amor. Por lo tanto, Él fielmente extiende el perdón, liberándonos cada uno de nosotros de nuestra deuda de pecado, y nos pide a cambio que seamos misericordiosos y clementes con aquellos que hayan pecado contra nosotros.

Otra aleccionadora realidad en este pasaje de la Escritura es ira visible del Señor contra los que no perdonan. Sobre guardar rencores, exigir represalia y abrazar la falta de perdón hacia otros, el Señor nos dice simplemente que Él nos entregará para ser torturados. ¡Esto no es algo que deseo para mi vida!

Jesús también dijo esto: "Porque si perdonáis a los hombres sus ofensas, os perdonará también a vosotros vuestro Padre celestial. Pero si no perdonáis a los hombres sus ofensas, tampoco vuestro Padre os perdonará vuestras ofensas" (Mateo 6:14–15, RV-1960). Si no perdonamos las ofensas de los demás, entonces nuestro Padre celestial no perdonará nuestros pecados. Esto no significa que debemos disculpar lo malo, ni mantener una lista de los males dirigidos a nosotros. La opción de perdonar precede a cualquier violación que se haya desarrollado y sin previsión de una disculpa o restitución. El perdón es un estilo de vida.

Piense en esto. Mientras Jesús estaba colgado en la cruz, exclamó: "Padre, perdónalos, no saben lo que hacen "(Lucas 23:34). Jesús no buscó una disculpa por parte de aquellos que exigían su vida. Clamó por misericordia y perdón. La muerte de Jesús en la cruz instituyó redención para todos los que quieran acudir a Él, incluso aquellos que han herido, engañado o pecado contra nosotros. Cristo pagó por sus pecados de una vez para siempre. Como sus seguidores, deberíamos reflejar su modelo.

El perdón rompe el control que la gente y las situaciones que hacen daño tienen en nuestras vidas.

También me gustaría reconocer la importancia de perdonarnos a nosotros mismos.

Todos hemos sido afectado por errores terribles que conducen a la angustia y la pérdida. A pesar de que los hechos desagradables no pueden eliminarse, se pueden descubrir lecciones transformadoras a partir de las malas decisiones, lo que puede ser una gran bendición en nuestro futuro. Pero a menudo nosotros mismos tenemos resistencia a liberarnos de la culpa.

La verdad es que Jesús murió en la cruz para perdonar nuestros pecados. Nuestras ofensas son eliminadas por su gran sacrificio. La Palabra de Dios dice que Él perdona nuestros pecados y transgresiones. Se eliminan tan lejos como está el norte al sur, el este del oeste. Si entonces decidimos no perdonarnos a nosotros mismos, entonces en efecto hemos dicho que el sacrificio de Jesús no fue suficiente. A Érica le resultó difícil perdonarse a sí misma a causa de su intensos pensamientos como lesbiana. Pero la llevamos a un momento de arrepentimiento, de liberación y de romper todos los sentimientos de odiarse a sí misma, culpa, vergüenza y condena. Laura se culpaba porque creyó la mentira de que ella hizo algo para merecer los años de repetido abuso sexual. Había abrazado un espíritu de víctima. Ella también fue puesta en libertad a medida que el amor y el perdón de Dios la llevaron a liberarse a sí misma, abrazando el amor perdonador de Dios.

Pensamientos negativos

Todos en algún momento o en alguna medida creemos mentiras sobre nosotros mismos, Dios, su Palabra y sus promesas para nuestras vidas. Estas creencias negativas pueden llegar a ser peligrosas, ya que afectan a todas nuestras percepciones, decisiones y acciones. Romanos 12:2 explica claramente:

"No se amolden al mundo actual, sino sean transformados mediante la renovación de su mente. Así podrán comprobar cuál es la voluntad de Dios, buena, agradable y perfecta".

Podemos ver y entender por qué Dios quiere que nuestras mentes sean renovadas. Esas mentiras y los pensamientos negativos resultantes se componen de actitudes, decisiones, acuerdos, expectativas, promesas y juramentos que no están de acuerdo con Dios y su Palabra. Por desgracia, las principales áreas de nuestras creencias y pensamiento se componen de estas mentiras; por lo general surgen de heridas y dolores, traumas de la infancia, el abuso, o los pecados de las generaciones anteriores. Es obvio ver dónde en Laura y Érica había muchos pensamientos impíos debido a sus heridas y sus traumas. Laura creía que merecía morir, y en el pensamiento de Érica, todos los hombres y Dios querían hacerle daño. Con el fin de verlas en libertad, todas las mentiras tuvieron que ser identificadas, llevarlas al arrepentimiento y reemplazarlas por creencias piadosas.

¿Qué espíritus deben romperse?

En el caso de cualquier tipo de abuso, casi siempre necesita abordarse al espíritu de víctima. Después de haber sido victimizado de modo traumático, los pensamientos pueden contaminarse y desarrollar conclusiones y convicciones falsas. Un espíritu de víctima se refiere al espíritu humano de una persona que ha sido violada y ha procesado la experiencia de una manera que abre la puerta a pensar como una víctima. Alice Smith lo explica así en su libro *Beyond the Lie* (Más allá de la mentira):

"Cuando la victimización produce un trauma, a menudo los demonios se adhieren a la persona herida para avanzar en el ciclo diabólico de los acontecimientos. El miedo, la intimidación, y la desesperanza se sobrealimentan en la víctima satánicamente. El espíritu demoniaco de la victimización tiene un apetito voraz. Debe alimentarse para que permanezca en su lugar; se nutre de la falta de perdón, el miedo, el abuso y la autocondena. Aunque muchas de las víctimas, especialmente nuestros niños, han jugado poco o ningún papel como víctimas, el enemigo es astuto. Él va a susurrar a las personas que son al menos parcialmente responsables de los abusos y del dolor que han sufrido, y si lo creen, están atrapados, e incapaces de avanzar y de crecer.[28]

Laura es un buen ejemplo de esto. Sufrió un trágico abuso sexual durante muchos años, y eso la metió en una trampa. También fue violada sexualmente por su primer novio estable, que resultó ser líder en su grupo de jóvenes. En su mente, ella creía que, como una hermosa chica, ella siempre sería violada. Su mentira fue: "Es parte de mi situación o castigo por ser tan atractiva para los hombres cristianos".

En esta situación, el rechazo, el abandono y la traición también llegan a ser fortalezas espirituales. Tendrán que romperse los espíritus de perversión que han obtenido acceso a través de un lazo del alma impío con el agresor.

Sanidad interior

Interior se define como el estado más íntimo, central, o secreto de la mente o espíritu. *Sanidad* significa ponerse bien o estar sano, o deshacerse de los problemas o el dolor. Yo defino la sanidad interior como el proceso de asociarse con el Señor en la limpieza de problemas y dolor en los lugares íntimos y secretos de la mente, la voluntad y las emociones. No siempre se centra en temas que requieren liberación, sino en la cicatrización de heridas profundas en nuestra mente y emociones que impiden el bienestar emocional y espiritual. A menudo la sanidad interior es necesaria cuando ha habido devastadoras y reiteradas violaciones de la confianza, sobre todo con alguien que está cerca. La causa también puede provenir de un acontecimiento traumático o una ocasión en que un ser querido debió proveer una protección y no lo hizo. La clave es perdonar al que infligió daño. En mi experiencia, la liberación y la sanidad interior van de la mano. No es una o la otra, sino una unión de ambas para proporcionar la sanidad completa y la restauración.

En esta fase del ministerio, tiene que haber una renuncia y un arrepentimiento de todos los *votos internos*. El voto se define como una solemne promesa o una afirmación. Es un acto de compromiso de la voluntad de actuar o servir. En situaciones traumáticas y dolorosas, se hacen votos, o lo que también se llaman juramentos. Un ejemplo es: "Porque mi padre me ha herido tanto, nunca voy a ser como él". En la superficie, la decisión de no ser abusivo es correcta y buena. Sin embargo, cuando esto se hace desde la perspectiva de los juicios causados por la amargura y la falta de perdón, se convierte en un imán para el mundo de los demonios, y lo que la persona está tratando de determinar no suele ser exactamente lo que ocurre. En el ministerio de sanidad interior, tiene que ocurrir arrepentimiento y renuncia a esos votos.

Después de expulsar a los demonios que se habían apoderado de Laura y Érica a partir de sus experiencias infantiles devastadoras, las llevé a un momento de sanidad interior. Pedir a Dios que sane y limpie las emociones y los recuerdos con su aceptación, su amor y su paz invita a la restauración. Yo también di la bienvenida a una nueva impartición y fresca revelación del amor de Dios.

Es maravilloso ver el poder sanador del toque de Dios. ¿Se olvidan los recuerdos dolorosos? Por lo general no, pero cuando el aguijón de los recuerdos ya no está presente, las emociones serán sanas de nuevo. Laura y Érica fueron puestas en libertad y fueron a su vez capaces de amar con libertad y confianza. Ya no luchaban con una mentalidad de víctimas, ni había más barreras en las relaciones con su Padre celestial.

Oración final

En la oración final, quiero animar a todos los adultos que han leído este capítulo y han sufrido abusos, a decir la oración a continuación. La segunda oración es para niños y adolescentes.

> *Señor, confieso que como iglesia hemos pecado contra ti. El pecado sexual, la pornografía y el abuso se están practicando libremente y ganando terreno. Confieso que he abrazado un espíritu de víctima como resultado del abuso que he*

sufrido. Admito que he estado caminando en la vergüenza, la culpabilidad y la condena y he creído la mentira del enemigo de que soy y siempre seré una víctima. Perdóname por creer esas mentiras. Y ahora, yo escojo caminar en obediencia a tu Palabra y perdonar a los que han causado daño, abuso y negligencia. [Nombre en voz alta a cada persona que le causó daño o abuso] Los perdono y los entrego a ti, Señor. Me arrepiento de todos los pensamientos de querer obtener venganza y decido dejar de lado todos los juicios que provienen de amargura. Yo confieso y me arrepiento de todas las mentiras demoniacas y pensamientos impíos [Nombre los pensamientos o mentiras]. Elijo creer las promesas de la Palabra de Dios. Yo renuncio a toda la actividad y a adoptar un espíritu de víctima, y decido pararme en la verdad de que somos más que vencedores en Cristo. Hemos sido creados maravillosos. Tu poder está en mi vida. Renuncio a todo temor, vergüenza, culpa, y condenación que han estado operando, y les ordeno irse ahora en el nombre de Jesús.

Espíritus de las tinieblas, rompo todos los lazos del alma impíos entre [Diga en voz alta el nombre de cada persona con quien tuvo un lazo del alma impío] y yo. Cancelo toda transferencia sexual en el nombre poderoso de Jesús. Cancelo cualquier control y manipulación entre [Nombre en voz alta a cada persona que le controló y le manipuló] y yo. Renuncio y rompo todos los lazos del alma impíos entre los abusadores y yo, a través de votos, ceremonias, rituales, secretos, contratos o alianzas demoniacas. Rompo el ciclo de abuso y de influencia demoniaca y declaro que ya no son bienvenidos. Todos los lazos con el mundo de los demonios son rotos ahora. Yo corto las raíces infructuosas de las tinieblas de mi vida ahora mismo, ¡en el nombre de Jesús!

Señor, invito tu presencia sanadora y tu amor. En cada lugar donde me he sentido maltratado, víctima, deprimido, temeroso y merecedor de un trato injusto, te pido que me llenes de aceptación, amor, valentía, coraje, felicidad, gozo, entusiasmo y la esperanza de todas las grandes cosas que tú tienes para mí. Ayúdame a enfocarme en tus pensamientos

hacia mí, y capacítame para caminar en una mente renovada.
En el nombre de Jesús, amén.

~ Oración por los niños y adolescentes

Señor, invitamos a tu presencia a tocar a [nombre del niño].
Tráele tu amor. Causa que [nombre del niño] llegue a un
lugar de perdonar a aquellos que tanto daño y dolor le
hicieron.

Lleve al niño ahora a un momento de perdonar. Use un lenguaje que sea apropiado para su edad. Haga que el niño diga esta oración.

Señor, perdóname por estar enojado. Yo elijo no estar eno-
jado o querer que le sucedan cosas malas a [nombre de la
persona que abusa].

Una vez que esto ha sido completado, la siguiente oración se hace sobre el niño.

Señor, te damos gracias por la oración que dijo [nombre del
niño]. Estamos contentos de que le hayas perdonado. Noso-
tros rompemos en el nombre de Jesús todos los pensamientos
negativos y las mentiras que el enemigo ha puesto en su
mente [Nombre del niño]. Renunciamos y rompemos toda
la actividad de adoptar un espíritu de víctima. Tienes que
irte ahora, en el nombre de Jesús. Rompemos el poder de la
vergüenza, la culpa, la condenación y el miedo, y les orde-
namos que se vayan. Renunciamos a todas las perversiones y
la lujuria que se encontraban en operación en el acto horrible
de abuso, y ordenamos que se vayan.

Espíritus de las tinieblas, rompo todos los lazos del alma
impíos entre [Nombre del niño] y [Diga en voz alta el nombre de
cada abusador]. Cancelo toda transferencia sexual en el nombre
poderoso de Jesús. Cancelo cualquier control y manipulación
entre [nombre del niño] y [Diga el nombre del controlador o
el manipulador]. Yo renuncio y rompo todos los lazos del alma
impíos entre el abusador [Diga el nombre] y [nombre del niño]
a través de votos, ceremonias, rituales, secretos, contratos o

alianzas demoniacas. Rompo el demoniaco ciclo de abuso y les digo que ya no son bienvenidos. Todos los lazos con el mundo de los demonios se rompen ahora. Cortamos la raíz sin fruto de la oscuridad fuera de [nombre del niño]. En el nombre de Jesús.

Señor, invitamos tu presencia sanadora y tu amor. Cada lugar donde [nombre del niño] se ha sentido maltratado, víctima, deprimido, temeroso y merecedor de un trato injusto, te pido que lo llenes con la aceptación, el amor, la audacia, el valor, la felicidad, el gozo, el entusiasmo y la esperanza de todas las grandes cosas que tú tienes por delante. Ayúdalo, Señor, a centrarse en tus pensamientos hacia él y capacítalo para caminar en una mente renovada. [Nombre del niño] decide pararse en la verdad de que es más que vencedor en Cristo y que ha sido creado de modo asombroso y maravilloso. Decimos que [nombre del niño] es amado con tu corazón de Padre y camina en la paz, el consuelo y la seguridad de este amor de hoy en adelante. En el nombre de Jesús, amén.

Capítulo 7

El poder del trauma

JAMES FUE SIEMPRE más bajito que los niños de su edad y muy consciente de sí mismo. Sus amigos y otros niños se burlaban de él. Trató de establecer un vínculo con su padre y deseaba pasar tiempo con él. Desafortunadamente, su padre era un adicto al trabajo y no disponía de tiempo para estar con su hijo. James deseaba tener amigos y tiempo de calidad con su padre.

Desde una edad temprana, el enemigo le habló mentiras de rechazo debido al trauma de las burlas constantes de sus compañeros de clase y la falta de atención y afecto paternales. Cuando el rechazo se estableció en su vida, también lo hizo la ira, y poco a poco se convirtió en rebelión. Sus pensamientos eran: "Dios no es real. Si hubiera un Dios, mi vida no habría sido tan mala". Para ocultar su dolor, James se acudió a la violencia, las pandillas y las drogas. La buena noticia es que James es que ahora es salvo, liberado, y está en una apasionada búsqueda de Dios. Su disposición a perdonar a aquellos que le hicieron daño fue el primer paso gigante para recibir liberación. James es un buen ejemplo de cómo el trauma en muchas áreas de la vida construye un gran muro de dolor, rechazo y rebelión.

El trauma se define como una grave lesión o impacto al cuerpo, a partir de un acto de violencia o un accidente; o una herida emocional o descarga que crea daños considerables y tiene efectos a largo plazo en el desarrollo psicológico de una persona. A menudo conduce a la neurosis, o a un evento o situación que causa una gran angustia.

Causas de trauma

Como ya comentamos el abuso, ahora vamos a mirar otras áreas de trauma en niños y jóvenes, y los espíritus que se apoderan de aquellos que han experimentado estas heridas. Si bien no es una lista completa, es suficiente para dar una imagen exacta de los tipos de traumas que se abordan en una situación de liberación.

~ La concepción y el embarazo

Todos nosotros comenzamos nuestra vida mediante la unión entre un hombre y una mujer. Esta unión está destinada a ser un vínculo hermoso que produce vida. Sin embargo, hay momentos en que el amor no existe al momento de la concepción y durante el embarazo. Encontramos en la Escritura que incluso en el útero, el joven puede responder. Juan el Bautista saltó en el vientre de Elisabet cuando la embarazada María se acercó. ¡Qué alegría cuando Juan tuvo con el primer contacto directo con el Redentor del mundo! Así como puede ser haber experiencias positivas, también puede haber experiencias negativas que demuestran ser una puerta abierta para el trauma, el rechazo y la rebelión. El siguiente es otro poderoso ejemplo bíblico de trauma en la concepción y durante toda la vida. Es la situación de Rubén y Lea, y se encuentra en Génesis 29–34.

La historia pinta una imagen clara de que los padres pueden, ya sea consciente o inconscientemente, influir en su hijo aún no nacido. La relación emocional entre marido y mujer se expresa en las relaciones sexuales y la concepción de un niño. Las relaciones sexuales de Jacob con Lea eran cualquier cosa menos ideales. Sus actos sexuales con ella surgían únicamente de la obligación de la alianza matrimonial. Raquel, la hermana de Lea, era a quien Jacob amaba.

En el momento de la concepción de Rubén, no había amor entre Jacob y Lea. Hubo traición. Labán, el padre de Lea, había engañado a Jacob para que se casase con Lea en el primer matrimonio en lugar de casarse con Raquel, la mujer que realmente amaba. Para empeorar las cosas, Raquel y Lea eran hermanas y ahora competían por el amor del mismo hombre.

Yo creo que Lea sentía el dolor del rechazo, y probablemente amargura por la forma en que había sido tratada. Sin embargo, Dios vio la difícil la situación de Lea y bendijo su vientre para concebir el hijo primogénito de Jacob. Incluso el nombre que ella eligió para su hijo lo dejó claro. Como se ve en Génesis 29:32, llamó al niño Rubén, porque dijo: "El Señor ha visto mi aflicción; ahora sí me amará mi esposo". Por el relato, está claro que Jacob criaba a los hijos de ella sin amor ni apoyo como padre o esposo.

Es posible que Rubén luchase toda su vida con sentimientos de rechazo. Incluso cuando era un niño, sintió la necesidad de ayudar a su madre a ganar la aprobación de Jacob. Génesis 30:14 dice que Rubén fue y buscó mandrágoras en el campo y las llevó a su madre. Las mandrágoras eran conocidas como las manzanas del amor y eran utilizadas para despertar el placer sexual. Puedo escuchar los pensamientos del joven Rubén: "Si yo doy a mi madre estas mandrágoras, ella y mi padre se las comerán. Entonces mi padre amará a mi madre, y sus deseos serán hacia ella". Pero no funcionó. Raquel era y siguió siendo la esposa favorecida.

Al pasar los años, el corazón de Rubén se endureció. Mientras era un hombre joven, se acostó con Bilha, una de las concubinas de su padre y sierva de Raquel, perdiendo su derecho de nacimiento como hijo mayor.

El trauma, incluso en el momento de la concepción, durante todo el embarazo y durante la infancia, puede llevar a una persona al rechazo y la rebelión. Yo me puedo imaginar que Rubén se sintió tan ofendido por Jacob, que en su corazón se rebeló contra la lealtad a su padre y se contaminó a sí mismo y a Bilha. Lamentablemente, su trauma de la infancia, la ira resultante y la rebelión, abortó el plan original de Dios para bendecirles a Lea y a él, a pesar del corazón de Jacob hacia ellos.

En *La vida secreta del niño no nacido* por Thomas Verny y John Kelly, ellos aportan esta perspectiva poderosa:

> El feto puede ver, oír, experimentar, probar, y en un nivel primitivo, incluso aprender en el útero…Lo más importante es que puede sentir…Si finalmente se ve a sí mismo, y por lo tanto, actúa como feliz o triste, agresivo o sumiso, persona segura o ansiosa, depende, en parte, de los mensajes que obtiene sobre sí mismo en el útero.
>
> …Esto no quiere decir que todas las ligeras preocupaciones, las dudas, o la ansiedad de una mujer reboten en su hijo…La ansiedad crónica o una

desgarradora ambivalencia sobre la maternidad pueden dejar una profunda cicatriz en la personalidad del niño no nacido. Por otro lado, mejoran la vida tales emociones como la alegría, euforia, y la anticipación; pueden contribuir significativamente al desarrollo emocional de una persona sana.[1]

Otro punto a investigar es el momento de la concepción. ¿Estaban casados los padres o no? ¿Fue la madre violada y fue el acto de la concepción de una manera violenta o agresiva? ¿No era el hijo deseado desde el momento de la concepción y se vio como un inconveniente? ¿No era el hijo del género preferido? Mientras el niño estaba dentro del vientre de la madre, ¿estaban discutiendo, luchando, o incluso había la violencia entre los padres? En estas situaciones identifiquemos lo siguiente:

Los problemas espirituales a afrontar son: el rechazo, el miedo al abandono, el temor, el espíritu de víctima, el espíritu de orfandad y la rebelión. El perdón será necesario hacia todos aquellos que hayan dañado a quien reciba el ministerio, y todo trauma necesitará ser sanado.

Liberar o sustituir por: aceptación, amor, audacia, dominio propio, espíritu de adopción, un espíritu amoroso y de sumisión y sensibilidad por el Señor. Cada lugar de la casa ha sido limpiado, ahora invite al Señor a que lo llene hasta rebosar.

~ Partos difíciles

Después de años de orar por los niños, es evidente que la forma del parto y la atención inmediata pueden afectar a un niño. Es muy normal que nos preguntemos sobre las circunstancias del nacimiento del niño. Si hubo un parto difícil, este trauma se convierte en el primer elemento que requiere oración. Algunos pueden incluir: tiempo prolongado de parto, nacimientos de término vencido, partos rápidos, nacimientos inesperados, los partos por cesárea debido al peligro para la madre y el niño, los niños nacidos de madres con graves problemas de salud y nacimientos traumáticos. Recuerde: el enemigo nunca ha jugado limpio, y nunca lo hará. En este momento del trauma, espíritus de las tinieblas buscan obtener su control.

Problemas espirituales a afrontar: miedo, rechazo, miedo al daño, miedo al dolor, inseguridad, problemas académicos, pasividad, baja autoestima y enfermedad. Algunos niños se convertirán en hipocondríacos porque vinieron a este mundo en una naturaleza traumática.

Liberar o sustituir por: aceptación, amor, audacia, dominio propio, espíritu de adopción, aceptación, energía y fortaleza, y sanidad. Cada lugar de la casa ha sido limpiado, ahora invite al Señor a que lo llene hasta rebosar de la presencia, el amor, el consuelo y la paz del Espíritu Santo.

~ Un niño que no tiene vínculo con la madre o el padre

La mayoría de los médicos comparten que el tiempo después del nacimiento de un niño es un momento importante de vínculo con la madre. A veces los bebés son separados de sus padres debido a problemas de salud, o porque son prematuros y tienen que pasar sus primeros meses en una incubadora. En algunos países, los huérfanos son inmediatamente llevados a un orfanato, y debido a la falta de personal, están atrapados en una cuna y solamente reciben afecto humano cuando necesitan ser alimentados o ser cambiados de pañales. Esto da lugar a niños que se atrofian emocionalmente, y en el mundo de la medicina los diagnostican como con "trastorno de apego." En algunos casos, el vínculo es posible.

Problemas espirituales a afrontar: rechazo, abandono, baja autoestima, autorechazo, miedo, heridas emocionales y heridas, y espíritu de orfandad. Habrá que orar por estas cosas y tratarlas, y liberar perdón.

Liberar y sustituir por: oraciones de sanidad, hablar y soltar el amor del Señor en las áreas vacías, heridas y traumatizadas de las emociones también será clave.

~ Niños adoptados

Muchos, pero no todos, los niños adoptados tienen problemas. Aunque la mayoría sabe que ellos fueron elegidos para ser miembros de la familia y algunos no tienen dificultades, habrá otros que luchen con el sentimiento de haber sido abandonados o regalados.

Problemas espirituales a afrontar: Los problemas más comunes que los niños adoptados experimentan son el abandono, problemas de confianza, el resentimiento y la ira hacia la madre natural, baja autoimagen, falta de valor, y un espíritu de orfandad.

Si la concepción del niño ocurrió fuera del matrimonio o fue el resultado de una relación sexual casual, habrá que tratar un espíritu generacional de perversión. La inseguridad de un niño adoptado a veces causa que sea celoso y se autojustifique. Rechazo, autorechazo y el miedo al rechazo son comunes. Todos los lazos del alma con los padres naturales tendrán que romperse. Si se sabe poco acerca de los padres naturales, es bueno orar y romper las maldiciones posibles de la familia y todos los espíritus de brujería, anticristo, ocultismo, masonería y los lazos que podrían estar en las generaciones pasadas. Si el niño es de otro país, es aconsejable hacer una investigación sobre la religión dominante de esa nación y romper todos los lazos y las influencias generacionales de todo el culto demoniaco falso de esa cultura.

Liberar o sustituir por: amor, aceptación, paz, alegría, esperanza, dignidad, pensamiento puro, un sentimiento de pertenencia, espíritu de adopción y filiación, aprender a amarse a sí mismos como el Señor los ama, disposición a amar y preferir a otros, y sensibilidad hacia el Señor. Llene la casa hasta desbordar de la presencia del Espíritu Santo.

~ Niños de familias monoparentales

Parece ser un problema cada vez mayor las mujeres que tienen hijos estando solas o fuera del matrimonio. En esta generación hay una gran problema de falta de padres y de madres. La vida se vuelve muy ocupada, los padres están trabajando todo el tiempo, y los niños no reciben el tiempo que necesitan. Es muy cierto que hay padres solteros que hacen un gran trabajo en la crianza de los hijos, y sus jóvenes no tienen necesidad de liberación. Sin embargo, hay también niños dejados a su suerte sin orientación, afecto y amor.

Problemas espirituales a afrontar: el rechazo, el espíritu de víctima, el espíritu de orfandad, la soledad, la ira y la rebeldía.

Liberar o sustituir por: aceptación, amor, gozo, paz, filiación, amistades y sensibilidad al Señor. Llene la casa hasta rebosar con la unción y el amor del Espíritu Santo.

~ Hijos de un padre o madre abandonados

Travis luchaba con rechazo, autorechazo, miedo al rechazo, abandono, problemas de confianza, traición, soledad, tristeza, ira y resentimiento hacia su madre. ¿Por qué le había abandonado ella? Travis creyó la mentira atormentadora de que él no debió de haber sido un buen chico, o su madre nunca se hubiera ido. Estaba herido y enojado. "¿No se supone que las madres amen a sus hijos y estén a su lado? ¿Por qué es tan diferente para mí?".

Ministramos a Travis y oramos para que todo el rechazo y el espíritu de huérfano fueran quebrantados... que todos los sentimientos y los pensamientos de abandono, soledad y tristeza fueran sanados por el amor del Padre. Le preguntamos a Travis si estaba enojado con su madre. Él rápidamente respondió: "¡Sí!".

"Travis, la puedes perdonar?".

"¿Qué quiere decir?".

"¿Puedes elegir no estar enojado con ella y no sentir que ella tiene que hacer algo para compensar lo que hizo mal? El Señor está muy triste por lo que hizo. No estuvo bien, pero ¿puedes optar por perdonar y no tendrás que estar triste nunca más? Estar enojado con ella no le hace daño a ella ni le hace sentirse triste; te hace daño a ti y te pone triste".

"Bien. No quiero estar enojado y triste nunca más", dijo Travis.

Cuando Travis perdonó a su madre, se pudo ver casi de inmediato la diferencia en su rostro. Lentamente, una sonrisa se formó en su rostro. "¡Ya no estoy triste y enojado! ¡Me siento bien!".

A continuación, rompimos la mentira de que Travis hizo algo malo para que ella se fuera, e invitamos a que la verdad entrase en sus pensamientos. Fue una alegría ver a Travis pasar a la libertad. Su padre dice que es un niño feliz, tiene más amigos, y ya no lucha con la soledad.

Problemas espirituales a afrontar: miedo, rechazo, miedo al abandono, espíritu de víctima, espíritu de orfandad, espíritu de mentira, ira, soledad y espíritu de pesadez (lo mismo que depresión). Se necesitará liberar el perdón y sanar todos los daños, heridas de traición y el trauma del abandono.

Liberar y sustituir por: audacia, valor, aceptación, un sentimiento de pertenencia, amor, gozo, paz, consuelo y un manto de alabanza. Libere e invite a que la unción del Espíritu Santo inunde y llene al niño hasta desbordar.

~ Hijos de padres divorciados

El divorcio puede hacer pedazos la estabilidad de los niños. Ellos pueden luchar con confusión cuando la seguridad de la familia se ve amenazada. Empiezan a batallar con decisiones de lealtad. A menudo se pierde el hogar y el nivel de vida. Y los padrastros entran en la escena y tienen que ser aceptados. La triste verdad es que el índice de divorcios en la Iglesia no es diferente al índice de divorcios fuera de la Iglesia. El mundo perdido no está teniendo una representación de una Iglesia cristiana victoriosa como ejemplo piadoso a seguir.

Frecuentemente, los hijos del divorcio luchan con culpabilidad y pensamientos de ser los responsables de la división de la familia. Pueden sufrir rechazo y baja autoimagen debido a sentir que no son amados y que fueron abandonados. Sienten dolor y posibles resentimiento e ira hacia la situación y sus padres. La siguiente es una poderosa historia escrita por Jane Lindstrom en el libro *Condensed Chicken Soup for the Soul* (Sopa de pollo condensada para el alma):

Pronto, los padres de Tommy, separados recientemente, llegarían a una reunión citada por su mal trabajo escolar y su mal comportamiento...

Tommy...siempre había sido feliz, cooperador y un estudiante excelente. ¿Cómo podía yo convencer a sus padres de que sus recientes calificaciones tan bajas representaban la reacción de un niño con el corazón roto por la separación de sus adorados padres y el inminente divorcio?

La madre de Tommy entró...Entonces llegó el padre. Obviamente se ignoraron el uno al otro.

A medida que yo hacía un recuento detallado de la

conducta y el trabajo escolar de Tommy, oraba por las palabras correctas para ayudarles a ver lo que estaban haciendo a su hijo...

Encontré una hoja de papel arrugada y manchada de lágrimas en la parte de atrás de su escritorio...

Silenciosamente la estiré y se la di a la madre de Tommy. Ella la leyó, y sin decir palabra se la dio a su esposo...La cara de él se suavizó. Él estudió las palabras garabateadas por lo que pareció una eternidad.

Por fin, dobló el papel y buscó la mano extendida de su esposa. Ella limpió las lágrimas de sus ojos y le sonrió...

Dios me había dado las palabras para volver a unir a esa familia. Él me había guiado a la hoja de papel amarillo cubierta con la efusiva angustia del preocupado corazón de un pequeño niño.

Querida Mami...Querido Papi...Les amo...Les amo...Les amo.[2]

Problemas espirituales a afrontar: confusión, miedo, miedo al abandono, rechazo, desesperanza, espíritu de pesadez, culpa, vergüenza, condenación, ira, falta de perdón, amargura y toda falsa responsabilidad y espíritus de mentiras. Si el divorcio vino por pecado sexual, entonces todas las maldiciones generacionales de perversión deben ser rotas.

Liberar y sustituir por: claridad de mente y pensamiento, audacia, valor, aceptación, esperanza, gozo, paz, consuelo, un manto de alabanza, libertad de toda culpa, vergüenza, condenación, la verdad de la Palabra de Dios y el amor de Dios, pureza de pensamiento y deseos, perdón y amor. Llene la casa, hasta desbordar, con el amor del Padre y del Espíritu Santo.

~ Hijos adoptivos, orfanatos, instituciones de bienestar infantil

Los motivos por los que los niños terminan en hogares de crianza son numerosos. Mientras algunas familias se sanan y se reúnen, esta no suele ser la norma. Algunos de estos niños son abandonados. Unos vienen de hogares violentos, inmersos en el abuso de drogas, abuso sexual y negligencia. O tal vez uno de los padres murió y el padre sobreviviente no tiene los medios o la capacidad para cuidar al niño. Mientras muchos niños son bendecidos con unos padres maravillosos y amorosos padres adoptivos, hay quienes no lo hacen tan bien.

Cuando los niños no tienen un hogar lleno de amor, se vuelven independientes y se protegen a sí mismos. Algunos tienen un crecimiento emocionalmente retrasado. Si huyen, son expulsados por sus padres o separados por las autoridades de bienestar debido a la negligencia o el abuso, terminan en hogares de acogida o instituciones donde se puede llegar a tener una vida de supervivencia. Por tanto, ser el más inteligente, el más fuerte, y tener la mayoría de los recursos son la clave para sobrevivir. El objetivo de estos jóvenes es aislarse y protegerse a sí mismos de la sociedad, que sienten que está contra ellos.

Problemas espirituales a afrontar: el rechazo, el rechazo a sí mismo, espíritu de víctima, espíritu de orfandad, miedo, miedo al abandono, miedo al rechazo, soledad, depresión, frialdad emocional, ira, el rencor, perversión, tendencias homosexuales o lesbianas, pensamientos suicidas y violencia. Algunos podrían hacer frente a mentir, robar, y ataduras como el abuso de sustancias y adicciones.

Liberar o sustituir por: aceptación, amor, sentimiento de pertenencia, audacia, valor, poder, amor, mente sana, espíritu de la filiación, el amor del Padre, alegría, un manto de alabanza, vida, verdad, paz, pensamientos puros y todos los deseos sexuales limpiados y sanados. Se necesitará liberar perdón, y todas partes de la casa que hayan sido barridas, hay que llenarla hasta rebosar con el Espíritu Santo.

~ Mudanzas familiares

Los cinco factores más importantes que contribuyen a la seguridad son: familia, hogar, escuela, iglesia y amigos personales. Cuando las familias se mudan, y especialmente cuando se mudan mucho, eso pueden devastar a un niño. Entiendo que muchos niños se crían con sus padres en las fuerzas armadas y se mudan varias veces en su infancia sin verse afectados negativamente. Pero en algunos se afianza el abandono, la soledad, el trauma de dejar amigos, la ira, el resentimiento y la rebelión.

Daniel es un creyente y ama a Dios, pero su infancia estuvo llena de agitación constante. Su padre mudaba a la familia cada dos años. Se negaba a sentar cabeza. Pero para Daniel, era difícil. En un momento dado le rogó a su padre no mudar a la familia, pero su padre se negó a escuchar.

A través de los años, Daniel dejó de hacer amigos porque le dolía demasiado decir adiós. Se convirtió en un solitario. Su corazón se endureció. En sus años de secundaria decidió darle la espalda a Dios. En su dolor, sentía que Dios le había defraudado continuamente. Se vio atraído hacia el satanismo y se convirtió de lleno en un satanista. Alabamos a Dios por la oración de sus amigos y familiares. Tuvo un encuentro radical de salvación, pasó por mucha liberación, y ahora quiere ver a los demás libres del satanismo y el ocultismo.

Problemas espirituales a afrontar: abandono, soledad, miedo, dolor, trauma y depresión de tener que dejar a los amigos, ira, resentimiento, rencor y rebeldía.

Liberar y sustituir por: aceptación, el amor del Padre, un sentimiento de pertenencia, sanidad, perdón, paz, consuelo, gozo, amor, y un manto de alabanza.

~ La muerte repentina de un ser querido

La muerte de un familiar cercano puede llegar a ser traumática para los niños de todas las edades. Ya sea por causas naturales o por accidente, la muerte es difícil de sobrellevar. Los sentimientos de ira se pueden expresar hacia el ser querido fallecido porque el niño siente que ha sido abandonado. Si el proceso de duelo no se maneja de una manera sana, el niño podría ser presa del dolor, la depresión y el miedo al abandono y la muerte.

Amber, de nueve años de edad, amaba a su abuela. Siempre habían compartido momentos especiales juntas. A pesar de que la abuela había vivido una larga y fructífera vida, fue extremadamente difícil para Amber escuchar la noticia de que ella se había ido al cielo a morar con Jesús. Amber pensó para sí misma: "Jesús, yo todavía quiero estar con ella. ¿Tienes que ser egoísta y llevártela ahora?". Pero con el tiempo, después del trauma de haber perdido la abuela, Amber pronto comenzó a pedirle a Jesús que cuidara de la abuela.

Poco después del funeral, el enemigo se aprovechó del trauma. Amber empezó a tener pesadillas en las que veía el cuerpo sin vida de la abuela en el ataúd. Esa pesadilla recurrente se convirtió en un patrón nocturno que se volvió demasiado real. Los sueños mostraban el cadáver de la abuela como si volviera la vida. El problema era la aparición de la resucitada. La abuela se convertía en un horrible demonio que se reía cruelmente de Amber, asustándola. No pasó mucho tiempo para que un hombre fuerte de miedo y temor a la muerte tomase residencia en la pequeña Amber. Ella estaba tan asustada que hasta la edad de catorce años, su madre tenía que quedarse en la cama con ella hasta que se dormía. Gloria a Dios porque sus padres oyeron sobre el poder de la oración de liberación, y a través de una corta sesión de ministración, Amber fue puesta en libertad y terminaron la pesadilla y las noches de terror.

Problemas espirituales a afrontar: miedo, miedo a la muerte, ira, espíritu de pesadez y abandono. Si la muerte del ser querido fue un suicidio, entonces es importante tratar con los espíritus hereditarios de suicidio, rebelión, depresión y muerte. Si el asesinato fue la forma de la muerte, la oración debe enfocarse en espíritus de vergüenza, culpa, miedo, ira, odio, amargura y venganza.

Liberar o sustituir por: vida, alegría, coraje, audacia, poder, amor, una mente sana, espíritu de filiación mediante el amor del Padre, un deseo de vivir una vida abundante, perdón, pensamientos puros, libertad y paz en el Señor.

~ Niños que son rechazados por sus padres, hermanos, compañeros, profesores o figuras de autoridad

Joshua es un joven atleta dotado. Él ama su casa, la nación de España, y durante toda su niñez tuvo sueños y ambiciones de jugar para el equipo nacional de fútbol. Sin embargo, había un problema. La familia de Joshua es cristiana. Ellos oran a Jesús y no "a la Virgen". España es una nación que está sumida en la oración a los ídolos, uno de los cuales se llama "la Virgen". Si uno ora a Jesús y no "a la Virgen", se considera que está en una secta. La siguiente es la historia de Josh.

Mi nombre es Josh. Tengo veinte años. Recuerdo el día que acudí al Señor como si fuera ayer. Yo tenía siete años, y desde ese día mi vida cambió por completo. No solo encontré la verdad y las bendiciones del evangelio, sino que también experimenté el sufrimiento y las batallas que hay que soportar por su causa.

Desde la fecha de mi salvación, Él me comenzó a usar de una manera sobrenatural. El pastor de la iglesia a la que asistíamos me solía pedir que orara por las personas que estaban enfermas y en necesidad. Yo rogaba por ellos con fe, y el Señor hacía el resto. Yo tenía ocho años entonces. Y como sabemos, cuando el Señor elige a las personas en su niñez, el diablo centra sus ataques contra ellos, porque él sabe el daño que pueden causar al reino de Satanás. A medida que yo crecía, el ataque de Satanás aumentaba. Cada día estaba más solitario en una sociedad que no podía entenderme, una sociedad que solamente se burlaba de mi decisión de seguir a Cristo.

A principios de mi niñez jugaba al fútbol. Todo el mundo tenía expectativas de que llegase a ser jugador profesional. Fue durante esos años que el enemigo utilizó a muchos entrenadores para humillarme. Ellos me trataban injustamente cuando descubrían que yo era cristiano. Me hacían correr alrededor del campo mientras los otros jugaban. Se reían de mí en los vestuarios, diciendo que yo no valía nada y nunca llegaría a ser nada. Me ponían a calentar en los partidos porque los otros padres pedían que yo jugara. Sabiendo que yo era el mejor en el equipo, nunca me daban la oportunidad de jugar. Lamentablemente, no pude disfrutar de mi deporte favorito, porque yo no era como ellos.

Fue en ese momento que le di mi vida deportiva a Dios. Yo le dije que si era su voluntad para mí seguir jugando, tendría que decírmelo. De lo contrario, renunciaría al juego. Mi decisión fue seguirlo a Él, incluso si eso significaba sacrificar el amor de mi vida, que en ese momento era el fútbol. Ese día mi vida cambió.

Cuando me convertí en un adolescente, los demonios visitaban mi dormitorio por la noche, tratando de atormentarme para que renunciase a mi fe cristiana. En medio de esa batalla llegó la presión de mis amigos. Todos ellos tenían novias con las que mantenían relaciones sexuales. Y contaban la gran cantidad de muchachas que habían llevado a la cama. Ellos se reían de mí debido a mi posición de espera por la chica que el Señor había preparado para mí, y comenzaron los rumores de que yo era homosexual. Esos rumores llegaron a algunos miembros de mi familia. Incluso algunos de mis parientes los creían y comenzaron a hacerme preguntas. Eso me dolió mucho. Yo no podía entender cómo Dios podía permitir que eso sucediera, que mi propia familia me preguntase si yo era "gay". Parece que me quedé sin amigos. Al menos eso fue lo que el enemigo trató de hacerme creer. En medio de todo ese sufrimiento y soledad, me di cuenta de que valió la pena pasar por esa tribulación, porque Dios nunca me abandonó. La verdad es que Dios estaba preparando mi vida para algo más grande, y ¡Él sigue trabajando en mí! ¡La diferencia es que ahora se ha ido el dolor de cuando yo era un adolescente!

En ese momento usted, Becca vino a nuestra iglesia, y me comunicó la paz que necesitaba para poder continuar. El Señor le mostró el dolor que yo había sentido y cómo en mi pasado me habían llamado homosexual a causa de mi posición ante Él. Usted reprendió esas palabras y rompió toda la vergüenza y el rechazo en mi vida. Sentí una gran liberación. Hoy puedo decir verdaderamente que sirvo a Cristo en nuestra iglesia, tocando la batería en el grupo de alabanza, siendo uno de los líderes de los muchachos jóvenes adultos, y supervisando a varios líderes de células. Cristo nunca me dejó solo. Hoy vale la pena luchar por la causa de Dios. El Señor dijo que cada uno que quiere servirle a Él debe tomar su cruz y seguirle. Estos sacrificios mantienen en pie nuestra vida con Dios, y nos hacen saber que hemos seguido gustosamente el modelo de nuestro Salvador.

Problemas espirituales a afrontar: peso/depresión, miedo, rechazo, espíritu de víctima, y un espíritu de orfandad tendrán que ser reprendidos. Tienen que romperse todos los pensamientos y sentimientos de rechazo y odio a uno mismo. Deben hacerse oraciones de perdón. Hay que romper la ira, la amargura, y todas las mentiras demoníacas que se causaron al niño. Todas las maldiciones se deben cortar.

Liberar o sustituir por: sanidad de todos los traumas. Debieran liberarse también amor, paz, alegría, valor, aceptación, verdad, claridad y paz en la vida y las emociones, y libertad para expresar su fe y no tener temor. Invite a la presencia del Santo Espíritu a que venga a llenar la casa vacía, hasta rebosar.

~ Acontecimientos trágicos

Accidentes de automóviles, casas destruidas por incendios o inundaciones, accidentes deportivos, la pérdida de un amigo cercano, cualquier forma de abuso, violación, largos períodos de escasos recursos financieros y violencia entre los padres son sólo algunos de los trágicos acontecimientos que pueden causar un gran trauma.

Problemas espirituales a afrontar: miedo, miedo a la muerte, espíritu de muerte, un espíritu sordo y mudo (sobre todo cuando hay accidentes con el fuego o agua), ira, confusión, espíritu de pobreza, violencia o esclavitud.

Liberar o sustituir por: audacia, valor, poder, amor, una mente sana, espíritu de filiación, vida, claridad de mente y pensamientos, libertad financiera, sensibilidad al Espíritu Santo, sanidad física, integridad, y el amor del Señor para lavar todo el trauma del incidente. Cuando la casa haya sido barrida, llénela a rebosar con el Espíritu Santo.

~ Hijos de alcohólicos o drogadictos

Como se discutió en el capítulo 3, este es uno de los pecados generacionales más comunes que se transmiten de una generación a otra.

Problemas espirituales a afrontar: Las personas que son criadas en este ambiente a menudo luchan mucho con miedo, confusión, baja autoestima y vergüenza debido a la atadura. Debido a las conductas extremas y las emociones inestables de vivir con alcohólicos, hay a menudo grandes inseguridades, junto con un espíritu generacional de víctima y una fortaleza de esclavitud. Cuando el abuso de drogas es el problema, la atadura, así como un espíritu de brujería, tendrá que romperse. El abuso de drogas en tiempos de antaño estaba arraigado en prácticas de brujería.

Liberar o sustituir por: audacia, valor, poder, amor, una mente sana, claridad de pensamiento y acción, amor, gozo, paz, consuelo, libertad, sanidad de las emociones y deseos hacia las adicciones, espíritu de filiación y seguridad en su identidad con Cristo. A continuación, llene la casa hasta rebosar con el amor, la paz y el gozo del Espíritu Santo.

~ Niños expuestos a la desnudez de sus padres

Nancy estaba en una batalla constante con pensamientos sexuales, tanto de hombres como de mujeres. El factor sorprendente de esta historia es que Nancy tenía solo catorce años, y se veía conducida a la masturbación compulsiva. Era muy embarazoso, y ella no quería pasar la noche con sus amigas. ¿Y si no podía controlar esa compulsión?

El Señor reveló claramente el problema. Le pregunté: "Nancy, ¿tus padres caminan desnudos por la casa? ¿Es normal que los veas desnudos?". Avergonzada por la pregunta, ella asintió con la cabeza a la vez que refrenaba las lágrimas. Sus padres se habían separado, pero a su padre le encantaba estar desnudo. También alentó ese mismo comportamiento en los niños. El resultado fue que Nancy se excitaba sexualmente a una edad temprana hacia los hombres y las mujeres, y sus constantes pensamientos impuros le llevaron a una adicción de masturbación compulsiva.

Problemas espirituales a afrontar: En esta sesión, rompimos el poder de espíritus generacionales de perversión/prostitución. Oramos por la sanidad del trauma de ver a sus padres desnudos y ordenamos salir fuera a toda vergüenza y confusión. Luego Nancy se arrepintió de la masturbación, y rompimos el poder de esta compulsión y adicción.

Liberar o sustituir por: pureza de pensamientos y deseos sexuales, paz y consuelo, y todas las compulsiones sanadas por el amor del Padre. Donde hubo esclavitud, hablamos y ponemos en libertad.

Por supuesto, tuve una conversación con la madre y le dije que ese comportamiento tenía que terminar. La madre y el padre cumplieron con rapidez, y un nuevo nivel de libertad entró en la casa.

~ Niños que están sobrecargados de trabajo y que tienen mucha responsabilidad

La grave enfermedad mental de Paul y su tormento eran evidentes. Él era asiático y el hijo mayor, y estuvo rápidamente al tanto de cómo íbamos a orar. Yo había visto esto antes.

En la cultura asiática, una gran presión de ejecutoria se coloca en los niños, especialmente en el hijo primogénito. También existe la aceptación cultural de lo que se llama Han coreano. Se trata de un sentimiento colectivo de opresión y aislamiento frente a desventajas abrumadoras. Es un estado de ánimo de una profunda tristeza. Paul había sido víctima de un gran sufrimiento emocional debido a este Han coreano.

La madre de Paul había vuelto a casarse recientemente, y ahora había un nuevo padrastro el hogar. En su enojo, arremetió contra Paul un día y duramente le dio una palmada en el lado derecho de su cara. Paul no estaba acostumbrado a tener padre, y ahora en la primera semana de la presencia de su nuevo padrastro, fue castigado violentamente. El comportamiento de Paul no merecía ese tipo de agresión. En dos semanas empezó a oír voces demoníacas en el oído derecho.

Las expectativas, la angustia mental y emocional del Han coreano, y la responsabilidad extrema de rendir y ser perfecto situadas en Paul por parte de su padrastro le causaban intensa angustia. Cuando nos reunimos con él, estaba en un hospital mental vigilado constantemente. A medida que empezamos a ministrar a Paul, perdonó a su padrastro y se arrepintió de su falta de perdón, y oramos por sanidad del trauma de la dura disciplina. Rompimos todas las presiones ejercidas sobre los niños por el sistema de creencias de Confucio. También rompimos todas las dedicaciones de los bebés a Buda y las oraciones de los chamanes de Corea por Paul cuando él era un bebé, y rompimos la depresión y el rechazo de la creencia coreana Han. En el momento en que terminamos, las voces se habían detenido y el estado de confusión de Paul había desaparecido. Ahora él estudia en la escuela bíblica estudiando misiones.

Problemas espirituales a afrontar: rechazo, confusión, enojo, tormento mental , tormento, todas las mentiras del sistema de creencias de Confucio, toda brujería, espíritus de anticristo unidos al budismo y las prácticas chamanistas de Asia, y creencias del Han coreano. Rompimos todas las expectativas de rendimiento puestas en Paul y la angustia mental que eso abrió en su mente. Liberamos perdón y sanidad del trauma de la violencia física.

Liberar o sustituir por: amor, aceptación, paz, claridad de pensamiento y de mente, la verdad de la Palabra de Dios y el amor del Padre. Proclamamos libertad para que Paul fuese él mismo y no lo que otros sistemas y creencias demoníacos dicen. Oramos por un espíritu sumiso al Señor y su gracia y libertad abundantes. Llenamos hasta rebosar todas las partes de la casa que habían sido limpiadas.

Antes de seguir adelante...

Esta es una lista extensa, pero la verdad es que podemos añadir aún más. Puede ocurrir trauma a través de muchas vías. Antes de seguir adelante, aquí hay una oración final para orar por las situaciones antes mencionadas. Primero liberamos perdón:

> *Jesús, te damos gracias por el precio que pagaste en la cruz. Tú derramaste tu sangre para liberar perdón y redención para toda la humanidad. Señor, optamos por perdonar a [decir en voz alta el nombre de la persona que causó el trauma] por causar daño, dolor, traición, y trauma en nuestras vidas. En este momento decidimos poner esta situación y el dolor al pie de la cruz.*

Ahora se dicen las oraciones de renuncia en voz alta con los ojos abiertos y en una voz tranquila que no cause temor.

> *Espíritus de las tinieblas que se han unido a [nombre de la niño], rompemos tu tenaza. Todos los [decir en voz alta los nombres de todos los espíritus que se han apoderado del niño*

como resultado del trauma], les ordenamos salir ahora en el nombre de Jesús. Su tenaza sobre [Nombre del niño] ha terminado. Todas las mentiras que han puesto en [nombre del niño], se cancelan, se eliminan y quedan sin efecto. Cortamos la alimentación en la raíz de este trauma y decimos que ya no tiene poder ni derecho legal a operar en esta vida. ¡Ordenamos a todos que salgan ahora en el nombre de Jesús!

En los casos en que lazos del alma impíos se hayan formado a través del abuso o la manipulación emocional, ahora es el momento de romperlos.

Espíritus de las tinieblas, rompo todos los lazos del alma impíos entre [Nombre del niño] y [nombre de cada persona que causó el trauma], cancelo todo el control emocional y manipulación en el nombre poderoso de Jesús entre [nombre del niño] y [Nombre de cada persona que causó el trauma]. Yo renuncio a y rompo todos los lazos del alma entre los abusadores y [nombre del niño], a través de votos, ceremonias, rituales, secretos, contratos o alianzas demoníacas. Rompemos el ciclo de abuso y trauma demoníacos y decimos: "Ustedes ya no son bienvenidos." Todos los vínculos con el mundo de los demonios se rompen ahora. Cortamos las raíces estériles de la oscuridad fuera de [nombre del niño]. Y su tenaza en la vida de [nombre del niño] ahora, ¡en el nombre de Jesús!

Ahora liberamos y llenamos la casa limpia y vacía. Hablamos y liberamos lo contrario a los espíritus de las tinieblas que fueron expulsados.

Hablamos sanidad en las emociones de [nombre del niño]. Ya no va a ser herido porque el amor del Padre vendrá a tocar todos los lugares heridos y traumatizados. Donde ha habido un trauma, hay liberación de la paz de Dios. Donde ha habido vergüenza, hay liberación de su amor y aceptación. Donde ha habido desilusión y esperanza que se demora, hablamos y liberamos expectativa, esperanza y confianza en el Señor. Donde se ha producido depresión, libera, Señor, alegría y un manto de alabanza. Espíritu Santo, te pido que entres e inundes a [nombre del niño] desde la parte superior de su cabeza a las plantas de sus pies con tu amor, consuelo y paz. Cada lugar donde su casa ha sido barrida, llénala hasta rebosar. Que tu reinado de vida abundante reine en la vida de [nombre del niño]. Gracias, Jesús, por tu fidelidad. Amén.

Capítulo 8

¿Nunca me lastimarán las palabras?

Mientras ministraba en España, compartí en una reunión en una célula de hogar de la iglesia. La hija del pastor, de dieciséis años de edad, se sentó quieta en el sofá mientras adorábamos. Sentí al Señor dirigiendo mi atención hacia ella y gentilmente impuse manos sobre ella. Lloré cuando sentí la pena que esta joven experimentaba. En lo natural, yo no sabía lo que había pasado, pero tuve una visión de lo que ella había estado sufriendo. La siguiente es la historia de Lydia:

Mi nombre es Lydia. Tengo veintidós años de edad. Tengo dos hermanos, y los tres fuimos criados por nuestros padres en la Palabra de Dios. Cuando éramos niños teníamos gran fe y vivíamos de una manera sobrenatural. Para mí era normal ver ángeles. Recuerdo noches despertando de repente para ver un ángel parado al pie de mi cama. Su sonrisa me daba mucha paz.

Cuando tenía siete años, le hice una pregunta a mi mamá, y la respuesta que me dio cambiaría mi vida para siempre. "Mami, ¿a quién quieres más? ¿A Dios o a mí?". Su respuesta me estremeció y me dejó con un dolor muy profundo. Me dijo: "Hija hay dos clases diferentes de amor, pero tengo que decir que amo más a Dios porque Él me dio todo, incluyendo el privilegio de tener una hija tan especial como tú".

Ella sabía que yo no podría entender lo que trataba de decir, así que intentó decirlo de una manera que no me doliera. Pero yo no era tonta; claramente entendí lo que ella decía. Mi mamá, la mujer que yo más admiraba; la que me había enseñado tanto; la que me leía de noche las heroicas historias de David y sus hombres valientes, acerca de Ester, Débora, Moisés y otros; la que me hizo aprender el Salmo 23 y repetirlo cada noche; y la que me enseñó a leer la Biblia, me estaba diciendo que amaba a Dios más que a mí. Yo no podía entender el hecho de que ella amara a otra persona más que a mí. Lloré hasta que ella empezó a hablar sobre el gran mandamiento: "Amarás al Señor tu Dios más que a todo".

Recuerdo esa noche vívidamente. Desde ese momento empecé a pedirle al Señor que me hiciera amarlo más a Él que a nadie más, más que el amor que sentía por mis padres y más que a mí misma. Al principio no experimenté nada diferente, pero no me di por vencida. Con el tiempo fue asombroso cómo mi amor por Él empezó a crecer. Sentí que una pequeña llama empezaba a quemarme según pasaban los días. La llama se puso más grande, hasta que llegó a un momento que literalmente tenía ganas de abrir las ventanas de nuestra casa y gritarle al mundo cuánto lo amaba.

A los diez años de edad, la escuela donde estudiaba tenía muchos chicos nuevos, así que abrieron nuevos salones de clases. Echaron a suertes a quién se iba a asignar en esos salones. Como Dios orquestó, yo fui escogida para ser una de esas personas.

Cuando tuve la oportunidad de dar testimonio en mi nueva clase, no vacilé. Nunca imaginé el resultado. Los niños se rieron. Cuando la maestra me pedía que leyera en voz alta, me insultaban, me empujaban, me tiraban del pelo, y más. Mi maestra, también nueva, no los detuvo. En cambio, añadía a los insultos y hasta trató de hacer que el resto de las maestras y el director creyeran que yo estaba loca.

Me hizo ir al sicólogo de la escuela, ¡quien me dijo que la única loca era ella! (Gracias a Dios por eso). Según pasaron los días, las cosas empeoraron. Nunca pararon de insultarme. Empezaban a gritar que yo era una bruja y otras cosas. Pero entonces empezaron a esperarme a la salida de la escuela para pegarme. Traían gente de afuera que eran más fuertes y más altas que yo. Hasta trajeron a sus familiares adultos (padres y abuelos). Se formaban pandillas contra mí y me gritaban insultos. Me pegaban con lo que tuvieran en las manos: palos, piedras, lo que fuera. Todo eso para que dejara de compartir sobre Dios. Sin embargo, yo nunca paré. Seguí hablando de Él.

Mis padres no sabían lo que pasaba realmente. Yo mentía sobre los golpes, diciendo que me había caído. Tenía miedo de que fueran a la escuela, hablaran con los maestros y las cosas se pusieran peor.

Todo eso terminó cuando empecé la escuela secundaria, pero mi corazón estaba herido. Tenía muchas preguntas que necesitaban respuestas. Nunca dejé de amar a Dios, pero las dudas y las preguntas estaban ahí.

Cuando yo tenía dieciséis años, Becca vino a nuestro grupo de hogar. Para la familia, y especialmente para mí, ella fue enviada por Dios. Estaba a mitad de la predicación cuando empezó a profetizar sobre mí. Dios la usó tan poderosamente que yo no pude llorar ni reaccionar en el momento. Solo estaba sentada allí, escuchando. Todo lo que Dios dijo por medio de ella sanó mi corazón. Ella empezó a hablar sobre todo lo que yo había experimentado, cómo Él siempre había estado a mi lado, pero lo que realmente me impactó y lo que he guardado en mi corazón hasta el día de hoy, fue cuando ella empezó a decir: "Dios te da las gracias…Gracias por todo lo que has hecho, por todo lo que has pasado…".

Esas palabras para mí son más preciosas que el oro mismo. Nada me ha dado la fuerza necesaria para continuar como el conocimiento de que Dios esté agradecido, agradecido por algo que es literalmente nada comparado a todo lo que Él ha hecho y está haciendo en mi vida, por mí, y debido a mí.

La verdad acerca de las palabras

Todos hemos oído la rima infantil: "Palos y piedras pueden romper mis huesos pero la palabra nunca me dolerán". Esto no podría estar más lejos de la verdad. Las palabras pueden hacer más daño que el dolor físico. Oí una vez a un líder cristiano de la iglesia subterránea perseguida en China decir que la persecución física que él soportó por su fe cristiana en China fue mucho más fácil de sufrir que las palabras hirientes de acusación y traición de sus amigos cristianos.

Proverbios 18:21 claramente describe el poder de las palabras: "En la lengua hay poder de vida y muerte; quienes la aman comerán de su fruto".

La manera en que hablamos y el contenido de lo que decimos tienen la capacidad de manipular y controlar el cuidado, el bienestar y las preocupaciones de otros. La manera de comunicación puede retener a uno en la esclavitud. Las palabras pueden causar, y causan, muerte o vida, esperanza, propósito y bienestar emocional. Nosotros escogemos.

Una vez ministré a una joven mujer cuyos padres le dijeron que era preciosa. Sin embargo, los chicos populares en la escuela la insultaban de manera cruel. Un día, según bajaba por los pasillos de la escuela, el chico más popular de su clase le gritó: "¡Aquí viene la cerda fea!". Explotando en risas, los que lo rodeaban se unieron a ponerle apodos. Ella me confesó: "Yo sé que mis padres tuvieron buena intención, y lo que dijeron fue la verdad. Sin embargo, estaba tan herida de que el enemigo comenzó a hablarme mentiras de que mis padres habían mentido y que yo no era preciosa. Este era mi patrón impío de pensamiento. ¿Por qué mis padres mintieron? Hubiera sido mejor que me dijeran que no era bonita que hacerme creer que lo era. Entonces, cuando los chicos populares de la escuela comenzaron a decir la 'verdad real', al menos yo hubiera estado preparada". Obviamente, esta joven mujer luchaba con un espíritu de víctima por la burla excesiva. Las buenas noticias son que ahora está libre.

Maldiciones con palabras

Sería muy bueno poder decir que las palabras negativas vienen solo de compañeros de clases, pero ese no es el caso. Ministramos a niños y a jóvenes que habitualmente experimentan palabras dañinas de seres queridos y otras figures de autoridad.

Las palabras habladas que traen muerte y dolor se conocen como maldiciones. Una maldición es la práctica de hablar mal o herir sobre alguien o sobre algo. En el ministerio de liberación, romper el efecto de maldiciones habladas es común. El punto de entrada puede ser una maldición de hechicería hablada contra un individuo por practicantes de Wicca o aquellos involucrados en otras prácticas ocultistas.

Palabras o frases habladas repetida y consistentemente también producen maldición, como las dichas por un padre, tutor o un ser querido, como: "No llegarás a nada", "Tú eres gordo", "Tú eres vago" o "Nadie te quiere". Si han sido habladas sobre un niño, el niño ha sido maldecido. Cuando se pronuncian audiblemente palabras de rechazo contra un embarazo no deseado o un niño mientras está en el vientre, se crea una puerta abierta al rechazo. Aún bromas duras e implacables son puertas abiertas a las maldiciones con palabras.

Padres, maestros, líderes de jóvenes, pastores y todos lo que leen este libro, escúchenme; debemos vigilar nuestras palabras. Hay poder en la lengua. Las palabras debieran escogerse sabiamente y en amor.

Dean se acercó al altar alentado por su amigo Chuck. Pude ver el dolor en la cara del niñito. Le pregunté: "Dean, puedo orar por ti? ¿Te molestaría si impongo manos en ti mientras oro?". Con voz nerviosa, él respondió: "No".

Gentilmente puse mis manos sobre sus hombros e invité al Espíritu Santo a descansar sobre él. Me reveló la causa de la necesidad y el dolor de este niñito. Para confirmar la revelación, le pregunté: "Dean, ¿tu papá los dejó a tu mamá y a ti cuando eras pequeño? ¿Te decía cosas hirientes?".

Tímidamente asintió en acuerdo.

"Dean, Jesús te ama. Él está muy triste porque eso pasara. Estoy triste de que tu padre hiciera eso. ¿Podemos orar y pedirle al Señor que te traiga su sanidad para que se vaya el dolor de tu corazón?".

Yo sabía por la revelación del Espíritu Santo que su padre les había dicho a Dave y a su madre que él no quería ser parte de sus vidas. Al irse, hizo la declaración: "No quiero nada que ver con ese niño. Desearía que nunca hubiera nacido".

En voz gentil, oré: "Padre, gracias por amar a Dean. Él es tu hijo y tú estás muy complacido con él. Señor, Dean no es un error. Aún antes de que él naciera, tú creaste a Dean en el vientre de su madre. Haz que Dean sienta la profundidad del amor que tú tienes por él". Lágrimas bajaron por la cara del joven chico según el glorioso amor del Padre lo tocaba.

Entonces yo hablé en una voz calmada: "Todas las palabras hirientes de maldición que se hablaron contra ti, Dean, por tu padre, las rompo en el nombre de Jesús. Yo rompo las mentiras y la maldición de que tú eres un error. El poder de esas palabras negativas está cancelado. Yo cancelo la repetición de esas palabras en tu mente y tu creencia en esas palabras. No tienen más influencia en tu vida. Rompo el poder del rechazo, el abandono y un espíritu de orfandad. Tú eres un hijo del Rey de reyes. En acuerdo con Jesús, yo digo: Dean, tú eres querido. Tú eres un buen hijo. Tu Padre celestial se goza en tu nacimiento y tu vida. Tu identidad está en Él. Eres libre para ser lo que el Señor te ha destinado a ser".

El semblante de Dean cambió a uno de gozo. Este niño estaba libre y él lo sabía. El poder de la vida y la muerte están en la lengua, pero el poder sanador de Dios puede hacer desaparecer la muerte e inundar a sus hijos con amor y libertad.

Intimidación

La intimidación está ganando terreno rápidamente. Mientras escribo este artículo, la portada de la revista *People* está enfocada en el más reciente suicidio debido a la intimidación extrema. Es evidente que esto se está convirtiendo rápidamente en un problema tremendo con el que los jóvenes están batallando. Las siguientes estadísticas son reveladoras. Según el National Center for Education Statistics (NCES), cerca de un tercio de los estudiantes de doce a dieciocho años informaron haber sido intimidados en la escuela en 2007, algunos casi a diario.[1]

El informe también revela que:

+ Hay más intimidación en la escuela intermedia (grados seis, siete y ocho) que en escuela secundaria.

+ La intimidación emocional es el tipo de intimidación más prevaleciente, y empujar, caminar rápido detrás, o escupir a alguien, son los segundos

+ La intimidación cibernética, para los niveles intermedios, es el tipo menos prominente de intimidación. Es mayor en los últimos tres años de escuela secundaria.

+ La mayor parte de la intimidación escolar ocurre dentro de la escuela, una cantidad menor en la propiedad escolar y aún menor en el autobús escolar.

+ Los estudiantes de escuela intermedia, particularmente en sexto grado, tenían mayor probabilidad de ser intimidados en el autobús.

+ Los estudiantes de sexto grado eran los más propensos a sufrir una herida por intimidación, mientras los jóvenes de escuela intermedia eran más propensos a ser heridos que los estudiantes de escuela secundaria. El porcentaje va bajando cada grado de seis a doce.[2]

Frases adicionales del informe de 2007 dicen:

+ En 2007, los cinco peores Estados donde vivir para evitar intimidadores en los grados de kindergarten al grado doce eran California, New York, Illinois, Pennsylvania, y Washington.[3]

+ De los estudiantes, el 77% eran intimidados mental, verbal y físicamente.[4]

+ De los acosados, el 14% dijeron haber experimentado reacciones severas.[5]

Las estadísticas de intimidación cibernética están alcanzando números similares rápidamente.

- Uno de cada cinco chicos en un estudio de las estadísticas de intimidación escolar y cibernética admite ser un intimidador o hacer algún tipo de intimidación.[6]

- Cada día, 160 000 estudiantes faltan a la escuela por miedo a ser intimidados.[7]

- Unas estadísticas sobre intimidación escolar revelan que el 43% teme a la intimidación en el baño escolar.[8]

- Cien mil estudiantes llevan un arma de fuego a la escuela.[9]

- De los jóvenes que llevan armas de fuego, el 28% ha visto violencia en su hogar.[10]

Una encuesta de estadísticas de intimidación escolar y cibernética de adolescentes entre las edades de doce a diecisiete años, probó que ellos piensan que la violencia aumentó en sus escuelas. La misma encuesta demostró que 282 000 estudiantes son físicamente atacados en las escuelas secundarias cada mes.[11] El informe establece también que los adolescentes dicen que la venganza es la motivación más fuerte para los disparos escolares.

- De los adolescentes encuestados, el 87% dijo que los disparos eran motivados por un deseo de "devolver el golpe a quienes les habían herido".[12]

- También, el 86% dijo que otros chicos que se burlan de ellos o los acosan, les provoca recurrir a la violencia letal en las escuelas.[13]

El informe revela además que los alumnos reconocen que ser víctima de abuso en el hogar o ver que otros reciben abusos en el hogar puede causar violencia en la escuela. Y la mayoría de los estudiantes dicen que su escuela no es segura.

Esto debería captar nuestra atención. Nuestros jóvenes están contendiendo con formas de agresión, ira, acoso y violencia que han ganado fuerza. Yo creo firmemente que, como discutimos en el capítulo 4, la música, juegos de video violentos, programas de televisión y películas son algunas de las principales influencias para la intimidación intensa, junto con el abuso y la violencia en el hogar. El siguiente es el grito de una víctima de intimidación que descubrí en mi investigación.

> Este tipo en mi escuela...me intimida TODOS LOS DÍAS. Me empuja, me patea, me da puñetazos y mucho más. Estoy cansado de eso. ¿Tiene alguno de ustedes su propio intimidador personal? Porque yo sí, y estoy aquí para ustedes, chicos. La gente que intimida a otros cree que consigue respeto con eso. Bueno, no lo consigue. Nadie los respeta porque hacen daño a la gente...Si te escogen de víctima, ignóralo y aléjate. Nunca uses la violencia. La violencia sólo empeora las cosas. Tengo sólo doce años y estoy en sexto grado. Soy un poco bajito para mi edad, y me acosan constantemente. Así que, escúcheme, gente. Que América, no, que el mundo sepa que la violencia no es la respuesta...Dios los bendiga.[14]

Respuestas a las maldiciones y la intimidación

Las víctimas de intimidación muestran una gama de respuestas o reacciones, aún muchos años más tarde, como:

+ Baja autoestima
+ Dificultad para confiar en otros
+ Falta de asertividad
+ Agresión
+ Dificultad para controlar la ira
+ Aislamiento
+ Cortarse

* Depresión

* Rechazo

* Espíritu de pesadez

* Resentimiento

* Ira

* Espíritu de victima

* Temor

* En casos extremos, pensamientos suicidas

~ Cortarse

La intimidación no solamente desata palabras dañinas, sino que también contribuye a la devastadora práctica llamada cutting (cortarse la piel). Lo hace la juventud que experimenta y continuamente se enfrenta a un profundo dolor emocional y trauma. Se involucran en esta actividad de cortar su propia carne y sacarse su propia sangre para aliviar heridas emocionales. Dicen que el dolor físico les distrae de su dolor emocional y lo adormece mediante de la liberación de endorfinas cuando la herida es infligida. La creencia es que es mejor enfocarse en el dolor físico que en los profundos daños y heridas en sus corazones. Las endorfinas que se liberan mediante el aumento de adrenalina durante este acto producen una euforia rápida y temporal. Esto también ha pasado hacia lo que ahora se llama incrustación: objetos que se introducen en la piel para dejarse ahí permanentemente. Las siguientes son estadísticas concernientes a esta creciente moda.

* Teen Mania comparte que hasta un 40 % de los jóvenes se han experimentado con la autolesión.[15]

* Los índices de automutilación llegan hasta un 14% en una muestra de 245 estudiantes universitarios y 14 % en una comunidad muestra de 440 adolescentes. La forma más común es cortarse.[16]

+ En un estudio a setenta y seis adolescentes pacientes siquiátricos recluidos, catorce (61 %) informaron comportamiento de cortarse a sí mismos.[17]

Según los doctores Brown, Houck, Hadley, and Lescano: "La mayoría de las explicaciones de automutilación se han conceptualizado como una expresión de angustia, una estrategia para aliviar tensión, un acto usado para recuperar control después de una experiencia disociativa o un producto de la impulsividad".[18] Según Ruta Mazelis, editora del boletín *Cutting Edge*, quienes se cortan son a menudo jóvenes de grandes logros y perfeccionistas.[19] Los niños que han recibido abusos físicos o sexuales también están en riesgo. Se estima que el 50% de quienes se cortan han recibido abusos sexuales.[20]

Según DiscoveryHealth.com, profesionales de la salud informan que los cortes entre adolescentes se ha duplicado en los últimos tres años. Andrew Levander, director clínico de un programa de tratamiento de la automutilación, cree que este problema ha alcanzado proporciones epidémicas.[21] El periódico *Los Angeles Daily News* dice que cortarse entre los adolescentes es uno de los problemas de conducta adolescente de más rápido crecimiento.[22] Una estadística de 2009 afirmaba que durante el año anterior, una de cada siete mujeres y uno de cada cinco hombres había participado en algún tipo de comportamiento autolesivo.[23]

La edad más común para que empiece el comportamiento autolesivo es entre los diez y los catorce años. Ocurre en todas las clases, razas y sexos; este comportamiento no tiene fronteras. De hecho, muchas personas famosas lo han realizado: Angelina Jolie, la Princesa Diana y Johnny Depp, por mencionar a algunos.[24] Aunque algunas fuentes dicen que cortarse es más frecuente entre chicas, otros dicen que ocurre igualmente en hombres que en mujeres. Si cortarse es más frecuente entre mujeres, los expertos creen que se debe a que las mujeres tienen una tendencia a internalizar la ira, mientras los hombres externalizan la ira.[25]

~ Depresión
La depresión es una condición de abatimiento y retirada emocional general. Es una tristeza más grande y más prolongada que

la garantizada por una razón objetiva. Es un trastorno que ocurre durante la niñez y los años de la adolescencia, e incluye tristeza continua, pérdida de valía propia y pérdida de interés en las actividades usuales. El sitio web Teen Mania comparte que el uso de medicinas recetadas (Ritalin, antidepresivos y similares) por niños y adolescentes ha aumentado sustancialmente en los pasados años, y el 15 % de los niños y adolescentes han considerado seriamente el suicidio.[26]

La depresión puede ser una reacción temporal a muchos factores de estrés. En adolescentes, el ánimo deprimido es común por:

+ El proceso normal de maduración y el estrés relacionado con ello

+ La influencia de las hormonas sexuales

+ Conflictos de independencia con los padres

+ La muerte de un amigo o familiar

+ Una ruptura con un novio o novia

+ Fracaso escolar

Los adolescentes que tienen baja autoestima, que son altamente autocríticos y tienen poco sentido de autocontrol sobre eventos negativos están particularmente en riesgo de deprimirse. Las niñas son dos veces más propensas que los varones a experimentar depresión. Una influencia generacional de depresión hace más receptivos a los niños.

Investiguemos los eventos o situaciones sobre los cuales un niño o adolescente siente poco control:

+ Intimidación o acoso en la escuela o algún otro sitio

+ Abuso infantil físico y sexual

+ Enfermedad crónica

+ Discapacidades de aprendizaje

+ Malas destrezas sociales

+ Acontecimientos llenos de estrés, particularmente la pérdida de un padre por muerte o divorcio

+ Cuidado inestable

La exposición a la violencia en los medios puede contribuir a una variedad de problemas mentales y físicos en niños y adolescentes, incluyendo conducta agresiva, pesadillas, insensibilización a la violencia, miedo y depresión. Escuchar letras explícitas de música puede afectar al trabajo escolar, las relaciones sociales, y producen cambios significativos en el ánimo y la conducta.

Muchos adolescentes con depresión pueden también padecer:

+ Trastornos de ansiedad

+ Síndrome de déficit de atención e hiperactividad (ADHD)

+ Trastorno bipolar

+ Trastornos alimentarios (bulimia y anorexia)

+ Automutilación

Espiritualmente, van a luchar con:

+ Desesperación

+ Desánimo

+ Desesperanza

+ Opresión

+ Un corazón roto que no sana

+ Autocompasión

+ Rechazo

+ Pensamientos de muerte

+ Un espíritu de víctima

+ Revolcarse en la autocompasión

+ Pesadez

¿Es la depresión ahora una moda que está creciendo?

Cuando el enemigo obtiene una ventaja, comenzará su plan de convertir sus mentiras en creencias culturales generalizadas. Eso es exactamente lo que está pasando con la depresión y cortarse. Una de las tendencias negativas más nuevas se denomina *emo*. Emo, que significa emocional, es un término que ha venido emergiendo en los últimos años. Empezó en Washington DC en la década de los ochenta como un movimiento musical punk duro. Se referían a él como límite emocional o emocore. De ahí ha continuado evolucionando combinándose con diferentes formas musicales.

Está muy activo hoy y llegó al mundo de la moda con sus propios estilos. Como mencionamos en el capítulo 4, la música puede producir una revolución en la cultura. Esta música ha dado nacimiento a lo que ahora se llama subcultura emo. Este grupo está compuesto por jóvenes que se consideran a sí mismos emocionalmente sensibles, tímidos, introvertidos, marginados y con lucha y ansiedad. Muchos están deprimidos, se involucran en la automutilación e incrustación, y a veces el suicidio. Estos niños sufren emocionalmente y admiten su depresión y su estilo de vida de cortarse. Su vestimenta consiste en pantalones muy pegados y camisetas, ambos muy oscuros. Su cabello está usualmente despeinado y oscuro con ángulos agudos escondiendo su cara. A veces tienen rayos rosados, púrpura y azules. Muchos usan medias o guantes oscuros en sus manos y brazos para esconder sus heridas y cicatrices. Varones y féminas usan delineador de ojos oscuro, y a menudo los varones se besan uno al otro en un retorcido intento de atraer chicas. La siguiente es una triste y alarmante declaración.

> Es un hecho que todo chico emo tiene cortaduras "de navajas" en sus manos. Sin embargo, se puede notar que siempre son en la dirección incorrecta, de manera que no causen muerte. Algunos de los chicos emo más "rebeldes" tienen cortaduras de navajas que van hasta todo el brazo, a las que se refieren como "corte calle abajo". Es notable que estas son usualmente causadas cuando los chicos emo "accidentalmente a propósito" se cortan a sí mismos

después de que la gente normal les dice: "No me importa tu problema".[27]

Hay una generación herida que reclama madres y padres que los saquen de su desesperanza. Si usted sabe de una persona joven involucrada en esto, ore por ella, y búsquele un consejero que le pueda ayudar. Este no es el tipo de actividad que se puede ignorar.

~ ¿Qué dice la Palabra de Dios?

> "A confortar a los dolientes de Sión. Me ha enviado a darles una corona en vez de cenizas, aceite de alegría en vez de luto, traje de fiesta en vez de espíritu de desaliento. Serán llamados robles de justicia, plantío del Señor, para mostrar su gloria" (Isaías 61:3).

La palabra hebrea para "desaliento" es *keheh*. Significa pesadez, desmayo, desesperación, estar en un estado de ansiedad o desesperanza silenciosa. Pero Dios dice que les dará un traje, una envoltura pesada sobre la vestimenta también definida como manto de alabanza. La palabra hebrea para alabanza es *tahillah*, significando una canción de alabanza, adoración y gratitud. Significa hablar palabras positivas acerca de la excelencia de otro.

Romper el poder de la persecución y la intimidación

Amanda se sentó en el piso de su cuarto. Yo entré para sentarme a su lado. Podía ver la pena en sus ojos por la dolorosa situación que había estado atravesando en la escuela. Amanda siempre había luchado académicamente y tenía que esforzarse más que sus amigos. Batallaba con pensamientos de inferioridad y, por tanto, nunca tuvo muchos amigos. Ella pensaba que ese año escolar sería diferente porque había hechos varios amigos. Pero su entusiasmo pronto se convirtió en desesperación cuando sus amigos se volvieron contra ella, empezaron a burlarse cruelmente y a reírse de ella cuando caminaba por los pasillos de la escuela. La nueva confianza que Amanda había encontrado desapareció, y la depresión tomó posesión mientras el poder de las palabras habladas contra ella eran repetidas en sus pensamientos. Para dejar de enfocarse en su dolor emocional, empezó a cortarse a sí misma. Si se hería físicamente, entonces emocionalmente el dolor no sería tan malo.

Escuché la dolorosa historia de Amanda y le pregunté si podía ministrarle. Sus padres sabían que ella necesitaba oración y liberación, y me habían pedido que orara por ella. Amanda estuvo de acuerdo, pero también estaba nerviosamente recelosa acerca de lo que eso implicaría. Yo creé un ambiente seguro sentándome en el piso a su lado, escuchando su historia, hablando con ella amorosamente, y de una manera no amenazante empecé el proceso de ministración. Ella participaba con precaución. Era evidente que no confiar en otros y no sentirse segura en la presencia de otra persona era un efecto de las dolorosas palabras y acciones de sus iguales. Le pregunté si estaba dispuesta a perdonar. Ella expresó su deseo de hacerlo, pero sus emociones no eran consistentes con su voluntad.

"Amanda", dije, "al escoger perdonar, no sólo liberas a quienes te han hecho daño, sino que también te liberas a ti misma del control de esta situación. Si perdonas, puedes salir de la desesperación hacia la libertad en el poder sanador de Dios". Amanda llorosamente perdonó.

Sabiendo que estaba haciendo daño a su cuerpo, el templo del Señor, la dirigí a un momento de arrepentimiento por la profanación y el pecado. Entonces rompí el poder de un espíritu de pesadez, indignidad, depresión y desesperación que había controlado a Amanda. Renuncié al poder de todo rechazo y miedo.

"Querida, ¿estás luchando con pensamientos suicidas?", le pregunté.

Recelosa y sin querer admitirlo, respondió con un tembloroso susurro: "Sí".

De nuevo, guié a Amanda en un periodo de arrepentimiento por sus pensamientos de querer poner fin a su vida. La influencia del espíritu de muerte fue roto de sus pensamientos y emociones, junto con las mentiras atormentadoras.

El Señor dio a Amanda gran libertad. Terminamos llenando su limpia casa con amor, aceptación, audacia, esperanza, alabanza, confianza, seguridad, vida y un gozo por vivir quien Dios la creó para ser. Su semblante cambió de depresión y angustia a sonrisas y lágrimas de gozo. Amanda no se ha cortado ni ha experimentado un pensamiento suicida desde ese día.

¿Ve usted el magnífico poder y amor de Dios para ver liberada a esta gente joven? Nuestros jóvenes no tienen que cargar a su vida adulta estos dolores, abusos y traumas. Tampoco tienen que esperar hasta que sean adultos para recibir libertad. Si promovemos una cultura de liberación para nuestros jóvenes y ellos ven que no es algo extraño o escamoso a lo cual temer, también tendrán hambre del toque capacitador de Dios.

Romper el poder de las maldiciones y la intimidación

Liberando perdón:

> *Jesús, te doy gracias por el precio que pagaste en la cruz. Tú derramaste tu sangre para liberar perdón y redención para toda la humanidad. Donde yo he albergado amargos juicios contra (nombre cada persona), te pido que me perdones por buscar revancha y venganza. Jesús, escojo perdonar a (nombre a cada persona en voz alta que habló las palabras de maldición y/o que hizo la intimidación) por maldecirme y causar dolor, traición y trauma en mi vida. Yo escojo perdonar como tú perdonas y pongo esta dolorosa situación al pie de la cruz. Ayúdame a amar a otros con tu amor.*

Oración de arrepentimiento:

> *Jesús, me doy cuenta de que tú creaste mi cuerpo como el templo, mi cuerpo es tu creación, y es pecado hacerle daño o profanar tu templo. Yo confieso que cortarme y despreciarme a mí mismo es pecado. Te pido que me perdones por derramar mi sangre para aliviar mi dolor emocional. Señor, donde me he odiado a mí mismo, te pido que me perdones. Donde he recurrido al dolor en vez de recurrir ti para hallar consuelo, por favor perdóname. Ayúdame a verme y a amarme como tú lo haces.*

Romper la depresión: Antes de orar, necesito darle instrucción. En esta oración vamos a atar al hombre fuerte y a saquear toda la actividad de los demonios que trae consigo. Entonces echamos fuera al hombre fuerte de la depresión. ¿Por qué? En casos como este, especialmente si ha habido cortes y derramamiento de sangre, esto da más poder a lo demoniaco. Queremos asegurarnos de que el hombre fuerte está totalmente desarmado y desmantelado para que venga la victoria total. Incluyo la lista a continuación.

Espíritu de pesadez/depresión, te ato y te declaro sin poder por la autoridad que me ha dado Jesús. Yo rompo el poder de todo derramamiento de sangre y la fuerza que te ha dado. Ahora en el nombre de Jesús le ordeno a todo abandono que se vaya. Yo rompo tu tarea y declaro tu poder nulo y vacío. Yo rompo todas las ataduras o lazos de pesadez entre el hombre fuerte y tú. Yo le ordeno a todas las maldiciones bastardas que sean rotas ahora en el nombre de Jesús, y te desato del hombre fuerte de pesadez.

Entonces pase al próximo espíritu en la lista. Sobre todos estos se ora metódicamente. Según haga esto, vendrá liberación. Una vez la lista se complete, entonces pase a echar fuera al hombre fuerte de pesadez/depresión como se indica a continuación.

- Abandono
- Bastardo (aislamiento)
- Quebrantamiento
- Pesadez
- Condenación
- Continua tristeza
- Crítica
- Crueldad
- Llanto
- Cortes, incrustación
- Muerte
- Derrotismo
- Rechazo
- Depresión
- Culpabilidad
- Dolor de cabeza (o migraña)
- Angustia

- Desesperanza
- Dolor
- Hiperactividad
- Indiferencia
- Heridas interiores
- Insomnio
- Introspección
  Pereza
- Letargo
- Languidez
- Soledad
- Morbidez
- Lamento excesivo
- Desesperación
- Desánimo
- Abatimiento
- Disgusto
- Trastorno
- Impulsividad
  excesiva
- Escapismo
- Carga falsa

- Fatiga
- Temor
- Melancolía
- Glotonería
- Pasividad
- Pobreza
- Presión
- Rechazo
- Inquietud
- Autocompasión
- Automutilación
- Vergüenza
- Sopor
- Suicidio
- Cansancio
- Tormento
- Espíritu
  atormentado
- Indignidad
- Vagabundeo
- Pesadez
- Espíritu herido[28]

Pesadez, tu casa ha sido saqueada. Todos los espíritus han sido rotos y se les dio la orden de desahucio. Yo renuncio y reprendo tu poder y digo no eres bienvenido más en la vida de (nombre del niño). Sal; vete ahora en el nombre de Jesús.

Lo que va a encontrar es que el hombre fuerte de la depresión se irá rápidamente porque nada lo amarra.

Ahora llene la casa vacía:

> *Señor, nos regocijamos en que la libertad ha llegado a (nombre del niño). Nos regocijamos en que su casa ha sido limpiada y te pedimos, Señor, que vengas ahora y llenes a (nombre del niño) con tu presencia. Hablamos y liberamos consuelo, agozo, alabanza y vida abundante. Señor, llénalo con tu presencia hasta desbordar, y nosotros sellamos el trabajo que se ha hecho aquí por la sangre del Cordero y declaramos victoria para (nombre del niño) en el nombre de Jesús.*

Capítulo 9

El poder de la afirmación

JEREMY VIVÍA EN un pueblo pequeño en el sur que seguía estando saturado de prejuicio. Como adolescente afroamericano, se sentía desesperanzado. No era suficientemente bueno. Su familia tenía un largo historial de luchas financieras, de manera que él pensaba que así ocurriría con él. Nadie nunca habló palabras de afirmación y aliento, y ahora tiene una nueva maestra de matemáticas por una semana: otra mujer blanca. Jeremy decidió no hacer su trabajo porque sintió que no había promesa de un mejor futuro.

"Jeremy, tienes que hacer tu trabajo. Por favor, toma tu lápiz e inténtalo". No interesado en mirarme cuando yo le hablaba, Jeremy se cruzaba de brazos y desviaba la mirada. Se podían ver las heridas y luchas y el resultante desafío en sus ojos. "Sra. Greenwood, no necesito hacer este trabajo. No me va a ayudar en mi vida. No quiero hacer este trabajo".

"Jeremy, necesito que tomes tu lápiz y hagas tu trabajo. Por favor obedece lo que te estoy pidiendo que hagas", repliqué calmadamente.

"Sra. Greenwood, no lo voy a hacer".

Mi corazón se dolía mientras continuaba repitiendo la escena que ocurrió más temprano ese día. ¿Cómo podía yo llegar hasta ese joven? Esa noche oré y le pedí a Dios guía para alcanzarlo. Él me recordó que Jeremy tenía que tomar sus propias decisiones correctas, pero que también había otros problemas en su corazón que desesperadamente necesitaban sanidad. Yo sabía que el Señor me estaba dirigiendo para ser quien iniciara esa sanidad. Pasé tiempo en intercesión, orando antes de volver el próximo día como maestra sustituta de su clase.

Cuando sonó el timbre, Jeremy atravesó la puerta en el preciso momento para no llegar tarde. Yo podía decir que era una rutina bien ensayada que practicó para esta clase.

Expliqué la tarea de matemáticas. En minutos, Jeremy puso su cabeza sobre el escritorio para tomar una siesta mientras el resto de la clase hacía su trabajo. Esa fue mi señal para añadir acción a mis oraciones.

"Jeremy, tienes que tomar tu lápiz y hacer tu trabajo".

Respondiendo de la misma manera que el día anterior, me dijo: "Sra. Greenwood, le dije ayer que no necesito estas matemáticas. No la voy a usar en la vida. No lo voy a hacer".

Me incliné sobre su escritorio tratando de llamar su atención. Con una voz suave, le dije: "Jeremy, mírame, por favor. ¿Puedes mirarme? Me gustaría hablar contigo".

Curioso, volvió sus ojos hacia los míos. "Jeremy, ya me di cuenta de que has vivido en un área donde tu familia y tú han sido rechazados y tratados como menos por el color de tu piel. ¿Es eso cierto, querido?".

Sorprendido por mi declaración y mi pregunta, contestó con precaución: "Sí, señora".

"Bueno, Jeremy, yo reconozco que no es correcto el modo en que tu familia y tú han sido tratados. De hecho, mis antecesores fueron algunos de los fundadores de este pequeño pueblo. Yo me doy cuenta de que algunos de mis antecesores y familiares fueron posiblemente algunos de los que dijeron e hicieron cosas hirientes a ti, que pudieron haber participado de alguna manera en el prejuicio en este pueblo hacia tu familia y otros afroamericanos. Quiero decir que lo que ellos hicieron está mal. Como mi raza ha tratado la tuya está mal. Y te quiero pedir que nos perdones".

Sorprendido, respondió: "Esto suena como iglesia".

"Sí, Jeremy, es así. Yo también, como mujer blanca, quiero decir que cuando te miro, no veo el color de tu piel, sino veo un joven guapo y brillante que tiene el potencial de salir del ciclo donde ha estado su familia y hacer algo grande con tu vida. No dejes que el pasado y las malas acciones de la raza blanca controlen tu futuro. Por favor, perdónanos".

Luchando contra las lágrimas, quietamente dijo: "Sí, señora".

"Jeremy, ¿vives con tu mamá?".

"No, señora, vivo con mi abuela".

"¿Ora ella por ti?".

"Sí, señora, lo hace. Cada noche se arrodilla frente a su cama y ora por mí".

"Jeremy, yo sé que tu abuela quiere que hagas tu trabajo. Yo sé que ella quiere algo mejor para ti. Yo también. Oré por ti anoche. Yo creo en ti. Por tu abuela y por mí, ¿puedes tomar tu lápiz y hacer tu trabajo? ¿Puedes escoger que hoy sea un nuevo día en tu vida?".

Una lágrima rodó suavemente por su mejilla a medida que lentamente se levantó en su escritorio, buscó su lápiz y acercó la hoja de papel hacia él. Empezó a resolver su primer problema de matemáticas y contestó: "Sí, señora, puedo".

El salón de clases estaba tan quieto que se podía oír una pluma caer. Con gratitud puse mi mano en su hombro. "Gracias, Jeremy". Según regresé a mi escritorio, me estaba regocijando por dentro y estaba tan conmovida por el Espíritu del Señor, que apenas podía contener mis emociones.

Los siguientes cuatro días Jeremy llegó a clases temprano y con entusiasmo exclamó: "Sra. Greenwood, ¿vamos a aprender algo nuevo hoy? Voy a hacer mi trabajo".

El resto del año escolar Jeremy siempre trataba de llegar y encontrar el salón de clases donde yo estaba sustituyendo ese día. Un día pidió hablar conmigo. "Sra. Greenwood, tengo amigos que quieren que salga con ellos esta noche. Van a hacer algo que no es bueno".

"Jeremy, ¿estás buscando un adulto que te ayude a decirles que no puedes ir?".

"Sí, señora".

"Jeremy, ve y diles a tus amigos que la Sra. Greenwood dijo que no es una buena idea para ti salir esta noche y si tienen un problema, pueden venir a verme".

Sonreí mientras Jeremy salía del salón confiadamente exclamando: "Oigan, chicos, la Sra. Greenwood dijo que no es una buena idea para mí que salga esta noche y si tienen algún problema con eso, pueden hablar con ella".

Definición de afirmación

Afirmación se define como la aseveración de que algo existe o es verdad, una declaración o proposición que es declarada cierta. Palabras afirmadoras de aliento y amor montan el escenario para una identidad segura y confiada. La Palabra de Dios dice:

Confirma tu promesa a este siervo, como lo has hecho con los que te temen. Líbrame del oprobio que me aterra, porque tus juicios son buenos. ¡Yo amo tus preceptos! ¡Dame vida conforme a tu justicia! (Salmos 119: 38–40).

Todas las promesas que ha hecho Dios son «sí» en Cristo. Así que por medio de Cristo respondemos «amén» para la gloria de Dios. Dios es el que nos mantiene firmes en Cristo, tanto a nosotros como a ustedes. Él nos ungió, nos selló como propiedad suya y puso su Espíritu en nuestro corazón, como garantía de sus promesas" (2 Corintios 1: 20–22).

La palabra griega para *afirmar* es *bebaioo*. Significa causar que algo sea conocido como cierto, aumentar su fuerza interior, e implicar mayor firmeza de carácter. Nuestro Padre celestial nos afirma cada uno de nosotros con sus palabras, amor y presencia. Cuando Él nos afirma, nos llena con una confianza abandonada, fortaleza y resolución a seguirlo.

Discutimos del poder negativo que pueden tener las palabras, el acoso y el abuso. Por tanto, ¿cuál es el poder de la afirmación? La siguiente es una cita poderosa sacada de un artículo de Enfoque a la Familia escrito por el Dr. James Dobson relacionado con afirmación.

El psicólogo y autor Abraham Maslow dijo una vez: "Se necesitan nueve comentarios afirmativos para compensar cada crítica que le decimos a nuestros niños". Creo que es correcto. Todos los seres humanos normales responden negativamente a la crítica y al rechazo. A la inversa, algunos deseamos tanta afirmación, que hacemos casi cualquier cosa para conseguirla.

Los niños son especialmente vulnerables a aquellos que usan la afirmación para manipularlos. Como dijo alguien: "Quienquiera que dé a sus hijos elogios y atención tiene poder sobre ellos". Podría ser un traficante de drogas, un miembro de una pandilla o cualquiera que le pueda hacer daño. La gente con malas intenciones sabe cómo usar el elogio para conseguir lo que quiere con los niños solitarios. Esta es, de hecho, la técnica que rutinariamente usan los pedófilos para abusar sexualmente de sus víctimas.

Un pedófilo altamente diestro puede entrar a un salón lleno de niños e instantáneamente identificar a aquellos que son vulnerables a la afirmación. Pueden tener a esos chicos necesitados bajo su control en cinco minutos o menos.

Todos los seres humanos tienen profundas necesidades psicológicas de amor, pertenencia y afecto. Si usted no llena esas necesidades en sus hijos, le puedo asegurar que alguien más lo va a hacer.[1]

Edificar una imagen de Dios en nuestros jóvenes

Cada momento que estamos despiertos nos hablamos a nosotros mismos. No solamente yo me hablo a mí misma en mis pensamientos, sino que también me hablo en voz alta. Hago esto tan frecuentemente que a veces no soy consciente de que estoy realmente hablando en voz alta. Mi familia y amigos disfrutan escuchando mis conversaciones, y muchas veces me bromean por hacer eso. Ya sea en nuestros pensamientos o hablando en voz alta, la verdad es que todos lo hacemos. La pregunta es: ¿Qué es lo que estamos hablando y creyendo sobre nosotros? Alice Smith comparte esto en su libro *Beyond the Lie* [Más allá de la mentira]:

> Los psicólogos nos dicen que la persona promedio se hablan de cuarenta a cincuenta mil cosas a sí misma diariamente. *El setenta por ciento o más de ellas son negativas.* Sin embargo, a los atletas profesionales más excepcionales se les dice que reduzcan su monólogo a veinte mil o menos declaraciones, y menos del cincuenta por ciento son negativas. El pensamiento positivo enfocado y el monólogo son críticos si usted quiere pasar de la victimización a la victoria. ¿Por qué? Porque "la fe viene

por el oír" (Romanos 10:17). Su sistema de creencias se construye sobre lo que usted piensa y lo que se dice a usted mismo, y no sólo lo que dice en voz alta.

Por eso las palabras de su boca (lo que les dice a otros), las meditaciones de su corazón (lo que se dice a usted mismo) y las palabras de otros (a quienes usted oye) sean positivas o negativas, determinan grandemente lo que usted piensa, lo que hace y en quién se convierte finalmente. *Lo que usted se habla a sí mismo debería ser siempre aceptable para Dios.*[2]

Ras and Bev Robinson, en su libro *Convergence of Quantum Physics, Scripture and Prophecy* [Convergencia de la física cuántica, la Escritura y la profecía], comparten sobre un interesante experimento llevado a cabo por el científico Masaru Emoto.

"[Masaru Emoto] quería saber cómo la estructura molecular del agua era afectada por nuestras palabras y pensamientos. Sus hallazgos fueron asombrosos y los explico a continuación.

1. Él tomó agua pura y echó 0,5 cc en cada una de cincuenta placas petri. Los congeló a -25 grados C por tres horas.

2. Entonces los puso en una nevera a -5 grados C, con un microscopio ubicado con una cámara para tomar fotografías de cada una de las cincuenta gotas de agua.

3. Primero había fotografías tomadas del agua que no tenía información puesta en ellas.

4. Entonces tomaron el agua que tenía información en ella, e hicieron el mismo procedimiento descrito.

5. Las fotos se tomaron antes y después y las diferencias se compararon.

6. Cuando ellos hablaron al agua sentimientos proyectados de amor y gratitud, esta formó los cristales más bellos.

7. Había fotografías de agua del contaminado lago Fujuwara tomadas antes de que se dijera una bendición sobre ella. La primera agua muestra cristales malformados. Después de hablarse bendiciones, se formaron preciosos cristales.

8. Si los pensamientos y las palabras pueden hacer eso al agua, imagine lo que nos hacen a nosotros. Del setenta al noventa por ciento de nuestros cuerpos son agua.

9. Esto prueba que las oraciones y los pensamientos de la gente pueden afectar la realidad.

"Emoto incluso puso bendiciones impresas pegadas a las botellas de agua destilada y se las dejó de una día para otro. Se tomaron fotos de estas con los mismos procedimientos descritos arriba. Ocurrieron los mismos resultados que con las palabras habladas".[3]

Lo mismo es verdad para nuestros jóvenes. Lo que dicen, piensan y creen acerca de ellos forma sus fracasos y éxitos. Nuestros jóvenes pueden contaminarse ellos mismos o causar una vida hermosa con sus patrones de pensamiento y palabras habladas. ¿Cómo los enseñamos a aceptar, creer y afirmarse a sí mismos?

+ Enseñe a sus jóvenes a pensar positivamente sobre ellos mismos.

+ Enséñeles la verdad de las bendiciones de la Palabra de Dios.

+ Enséñeles su identidad en el Señor.

+ Traiga instrucción de que el pensamiento negativo puede dañar, pero los pensamientos positivos y las creencias traen vida.

+ Enseñe el poder de la oración.

- No les deje compararse con otros, sino entrénelos para que vean sus propias fortalezas y sean felices con quiénes son.

- Elogie el comportamiento apropiado.

- Aliente a su hijo a tener metas a corto plazo y metas a largo plazo. Inculque la creencia de que esas metas serán logradas.

- Demuestre afecto a su hijo. Dele muchos abrazos.

- Diga "te amo" y no escatime con estos intercambios.

- Diviértase y ríase con su hijo.

- Dé a sus hijos algunas palabras positivas que puedan repetir acerca de ellos mismos. Báselas en la Escritura.

- Si su hijo dice frecuentemente "No puedo", ayúdelo a cambiar, diciendo y creyendo "Yo puedo".

- Regularmente hable de pensamientos positivos y monólogo con su hijo.

- Ayude a su hijo a ver que siempre hay una nueva idea o solución a cualquier problema.

- En vez de dejar que su hijo se moleste cuando experimente un fracaso, guíelo hacia pensamientos, ideas e imágenes más positivos. No permita que se quede en lo que pasó. Muéstrele el aprendizaje que puede obtener de la experiencia y que pase a mejores cosas.

Identidades del Reino

Si nuestros jóvenes están hechos para la afirmación, entonces deben recibir este tratamiento en sus hogares, iglesias y de sus seres amados. Seamos quienes influyan en nuestra juventud con palabras y acciones. Podemos hacerlo inculcando lo que llamo identidades del Reino. Estas son verdades y creencias, decisiones, actitudes, acuerdos, expectativas y promesas que estén de acuerdo con Dios, con su Palabra y con nuestra identidad en Él. Romanos 10:17 dice: "Así que la fe viene como resultado de oír el mensaje, y el mensaje que se oye es la palabra de Cristo".

Fe significa la convicción de la verdad de cualquier cosa, una creencia. Por lo tanto, la fe o nuestras creencias se construyen por lo que oímos, vemos y experimentamos. Como discutimos previamente, las palabras traen vida o muerte. Para ver a nuestros hijos desarrollarse en su potencial completo, ellos deben oír palabras afirmativas para edificar su confianza y seguridad. ¿Cómo logramos esto? Pongamos esto en pasos prácticos.

~ Para sus hijos

Primero, separe una hora de tiempo para pasar con su hijo. Tenga un papel y un lápiz a mano. Comience en oración. Invite la presencia del Espíritu Santo. Empiece su tiempo compartiendo que este será un ejercicio divertido y una lección que edificará esperanza, fortaleza y acuerdo con Dios en sus pensamientos y vidas. Explique la definición de pensamientos negativos tal como hablamos en el capítulo 6 y también las identidades del Reino como se explicaron anteriormente. Use la lista de los "Pensamientos negativos sobre nosotros (para niños)" en la lista de recursos en mi sitio web. Diga a su hijo que ponga una marca próxima a los pensamientos que ellos piensan que se aplican a su pensamiento y creencias. Tenga en mente que esta no es una lista exhaustiva. Es para ayudar a identificar las posibles áreas de pensamiento negativo.

Después de identificar los patrones de pensamiento negativos, lleve a su hijo a un tiempo de arrepentimiento por creer esas mentiras. Entonces, como padre o madre, arrepiéntase de cualquier cosa que usted haya hecho que pudiera haberse añadido a esos patrones de pensamiento negativos.

Una vez esto se haya completado, saque una hoja de papel y titúlela "Mi identidad del Reino". Escriba lo opuesto a los pensamientos negativos en un pedazo de papel. Utilizar la Escritura es estupendo. Para guía en esto, vaya a los recursos en mi sitio web y seleccione "Scripture Promises of Kingdom Identity". Para los niños pequeños, querrá mantenerlos en un lenguaje con el que ellos se puedan relacionar. Por ejemplo, si un niño está luchando con el pensamiento negativo de "Estoy triste a menudo", el pensamiento de identidad del Reino sería: "Dios me da gozo en mi corazón. ¡Él quiere que yo sea feliz!".

Entonces tome un pedazo de papel de pensamientos negativos, escriba una X grande a través de toda la página, rómpala y tírela. Haga esta declaración en voz alta: "Estos patrones de pensamiento negativo ya no son parte de la identidad de (nombre del niño). ¡Hoy es un día de descubrir y creer la verdadera identidad del Reino!".

Continúe haciendo una lista de identidades del Reino y haga de estas un foco regular del nuevo sistema de creencias de su hijo. Por ejemplo, pueden decirlos en voz alta antes de irse a dormir o antes de irse a la escuela en la mañana. Puede hacer carteles nuevos y coloridos para colgar en las paredes de su hijo para que pueda ver, leer, y tener en su mente su nueva y verdadera identidad en Cristo.

~ Para adolescentes

Saque tiempo aparte para hablar con su hijo adolescente. Otra vez, tenga a mano lápiz y papel. Tiene que haber un entendimiento con su hijo adolescente de la necesidad de participar en este proceso. Usted no puede forzar algo si el adolescente no lo hace por propia voluntad; así que querrá invitarle a este proceso siendo real y transparente. Explique que este es un tiempo para descubrir y aprender áreas de pensamiento que necesitan cambiarse y renovarse.

Comuníquese con su hijo adolescente acerca de las mentiras del diablo y de la sección sobre pensamientos negativos en el capítulo 6 y las identidades del Reino. Sea transparente y comparta áreas que usted mismo esté superando. Hágale saber que usted también está en el proceso. Después de todo, si nuestras relaciones están correctas en Dios, todos estamos en un grado u otro, creciendo, superando y ganando libertad. Esto creará un ambiente seguro y también no le hará sentir que lo está tomando a él o ella como objetivo. (No haga de este un tiempo para conversar sobre pecados oscuros como pornografía, adulterio o vida de fantasía. Esto nunca es apropiado para compartirlo con su hijo adolescente. Si usted tiene estos pecados, ahora es el tiempo para llamar a un equipo de ministerio de liberación para obtener ayuda).

Pregúntele a su hijo adolescente si siente como que batalla con pensamientos negativos. Algunos adolescentes que son seguros y no están luchando pueden no necesitar este ejercicio. Pero aquellos que están luchando, si están siendo sinceros, su respuesta debe ser sí.

Después, vaya al área de recursos de mi sitio web y escoja la lista de los "Pensamientos negativos acerca de nosotros (para adolescentes)" o tenga ya preparada una copia. Dele a su hijo adolescente tiempo para leer la página, marcando con una X todos los patrones de pensamiento que se le aplican. Juntos repasen las respuestas. Tome el tiempo de dirigir en arrepentimiento. Tenga una hoja de papel y escriba arriba "Mi identidad del Reino". Ponga en una lista una nueva identidad del Reino para cada patrón y pensamiento negativo que su hijo adolescente esté combatiendo. Por ejemplo, donde una vez pensó "Yo no pertenezco, me siento como un renegado," escriba como nueva creencia en la página de identidad del Reino: "Yo pertenezco a Jesús. Siempre soy amado por Él", o "¡Jesús es mi amigo y me dará buenos amigos!". Entonces destruya ese pedazo de papel y haga esta declaración en alta voz: "Estos patrones de pensamiento negativos ya no son parte de la identidad de (diga el nombre del adolescente). Hoy es un día de descubrir y creer su verdadera identidad del Reino".

Haga de esto una parte diaria del nuevo sistema de creencias de su hijo adolescente hasta que esta identidad se convierta en una realidad, donde él o ella realmente conozca y crea su nueva identidad y empiece a vivir desde esta posición de pertenencia en el Reino. Algunos adolescentes pueden querer hacer carteles para poner en sus paredes. Mis dos hijas de dieciséis años disfrutan este tipo de cosas. Otros van a querer escribir un diario sobre la identidad del Reino, permitiendo a Dios hablarles más sobre su verdad y amor. Tenga un tiempo familiar donde todos compartan en voz alta sus identidades del Reino. Oren en acuerdo, dando la oportunidad a que estas nuevas creencias echen raíces en cada vida. Créame; según pase el tiempo, estas identidades traerán esperanza, gozo, fe y confianza en la bondad de Dios.

El poder de la bendición

Muchos ministros han afirmado que vivimos en medio de una generación sin padre, significando que la mayoría de los jóvenes que luchan no han tenido una experiencia positiva con sus padres y sólo algunas con sus madres. O si la experiencia no ha sido negativa, no ha habido el aspecto de bendición y afirmación. Tal vez las palabras afirmadoras han sido pocas o infrecuentes. Lo primero que nuestro Padre celestial hizo después de crear a Adán y Eva en el huerto fue liberar la bendición del Padre: "y los bendijo con estas palabras: Sean fructíferos y multiplíquense; llenen la tierra y sométanla" (Génesis 1:2).

La palabra hebrea para *bendecir* es *barak*. Significa elogiar; hablar palabras invocando el favor divino con la intención de circunstancias favorables; hablar palabras de excelencia o reunirse con otro con un intercambio verbal positivo.

Nuestro Padre celestial creó a la humanidad porque Él tiene un corazón de padre. Quería hijos e hijas, hijos a su imagen, con quienes relacionarse. Él deseaba una familia. Por lo tanto, entendió la importancia de bendecir. Empezando con Adán y Eva, vemos el patrón de bendecir a lo largo de la Escritura. El Señor bendijo a Noé, Abraham y Moisés. Los padres del Antiguo Testamento bendecían a sus hijos. Jesús bendijo a sus discípulos. Pablo bendijo a Timoteo. Otra de las prácticas clave que necesita ocurrir con nuestros jóvenes es la afirmación de la bendición de un padre y una madre, no sólo hablando las palabras, sino respaldándolas con acciones físicas y afecto.

Liberar la bendición del padre y de la madre

En la oración final, el enfoque será invocar la bendición del padre y la madre. La siguiente es una bendición para ser hablada en voz alta a sus hijos. Por supuesto, usted puede añadir más aún a la oración, como el Señor le dirija. El propósito es liberar y hablar las bendiciones del Padre a la próxima generación. Esta bendición también puede ser hablada sobre niños y jóvenes que necesitan una bendición que no recibirán de sus propios padre y madre.

> *¡Mi hijo, te amo! Eres excepcional. Eres un regalo y un tesoro de Dios. Doy gracias a Dios por permitirme ser tu padre (o madre). Te bendigo con la sanidad de todas las heridas de rechazo, descuido y abuso que hayas soportado. Te bendigo con desbordante paz, la paz que sólo el Príncipe de paz*

puede dar, una paz más allá de toda comprensión. Bendigo tu vida con plenitud de frutos: buenos frutos, muchos frutos y frutos que permanezca. Te bendigo con el espíritu de filiación. Eres un hijo (o hija) del Rey de reyes. Tienes una rica herencia en el Reino de Dios.

Te bendigo con éxito. Tú eres cabeza y no cola; estás arriba y no debajo. Te bendigo con salud y fortaleza de cuerpo, alma y espíritu. Te bendigo con sobreabundante éxito, capacitándote para ser una bendición para otros. Te bendigo con influencia espiritual porque tú eres la luz del mundo y la sal de la tierra. Eres como árbol plantado junto a ríos de agua. Prosperarás en todas las maneras.

Te bendigo con una profundidad de entendimiento spiritual y un caminar íntimo con tu Señor. Tú no tropezarás ni titubearás porque la Palabra de Dios será lámpara a tus pies y una luz en tu camino. Te bendigo con relaciones puras, edificantes, alentadoras y capacitadoras en la vida. Tienes favor con Dios y el hombre. Te bendigo con amor y vida abundante. Te bendigo con poder, amor y una mente sana. Te bendigo con sabiduría y dones espirituales de lo alto. Tu ministrarás la gracia consoladora y la unción de Dios a otros. ¡Eres bendecido, mi hijo! ¡Eres bendecido con todas las bendiciones espirituales en Cristo Jesús, amén!

Capítulo 10

Liberar a nuestros hijos del maligno

Los NIÑOS SON un tremendo regalo. Asegurar su libertad de influencia demoniaca y sanarlos de traumas y heridas desde una edad temprana los capacitará para el destino del Reino. Lo voy a decir otra vez ahora. No hay razón por la cual nuestros jóvenes tengan que esperar a recibir libertad hasta sus años adultos. Veámoslos caminar en su plenitud de libertad ahora.

Voy a decir que los jóvenes son más fáciles de ministrar. Tienen una fe de niño y no tienen años de opiniones religiosas para entorpecer la capacidad de recibir del Señor.

Padres que ministran a sus hijos

Los padres no pueden ministrar libertad a sus hijos a menos que ellos mismos hayan sido libertados. Una vez oré por una chica joven que llamaremos Kim. Estaba en una intensa batalla con su mente. Su pensamiento estaba controlado por el miedo. La llevábamos a un lugar de libertad y para la próxima sesión de ministración ella estaba peor de lo que la dejamos la semana anterior. Sufría de un severo caso de DOC (desorden obsesivo compulsivo).

Sus padres querían verla ser liberada y sentían que su problema era espiritual. No era de sorprenderse. Su madre también sufría de DOC, tanto que a nadie se le permitía poner un pie en la casa. Ella estaba imponiendo menos sobre Kim y orando por ella entre las sesiones de ministración.

Les aconsejé a los padres que esta niña necesitaba ver a un psiquiatra. Los padres se negaron a llevar a su hija a un doctor. Cuando la gravedad de la condición de la mamá fue revelada a través de una amiga de Kim a mí y a otros dos líderes del ministerio, hablamos con los padres y compartimos la necesidad de su propia liberación personal. Se ofendieron y se negaron a recibir más ayuda para ellos o su hija. Estábamos muy apenados. Era difícil ver a Kim y a su familia viviendo en el caos.

¿Entonces cómo ministramos libertad?

Cuando oramos por niños, es necesario orar en una forma que no les cause miedo. Este debiera ser un encuentro de libertad, no uno que cause más daño. Las siguientes son algunas pautas:

~ Empiece leyendo *The Little Skunk*.

Este es un gran libro para niños escrito por Sue Banks. Cuenta la historia de tres niños y los problemas espirituales con los que luchan como ira, miedo y gula. Una mofeta viene a la casa mientras la mamá está comprando. La mofeta deja su maravilloso olor mientras corre aterrada por toda la casa. Durante este incidente emocionalmente resaltado, el problema espiritual de cada niño se muestra totalmente. Ellos deciden orar y pedirle a Dios que les ayude a sacar a esa olorosa mofeta fuera de la casa. Dios contesta y la mofeta inmediatamente corre fuera de la casa perseguida por el gato. Esa noche su padre explica a cada niño cómo sus problemas espirituales son como la apestosa mofeta. Los hace no oler bien. Pero si oran, Jesús puede sanarlos y liberarlos igual que la mofeta fue sacada de la casa. Es una gran herramienta para preparar a los niños para la liberación.

~ Explique que Jesús oraba por los niños.

Comparta con su hijo que en la Biblia los padres llevaban a los niños a Jesús para que fueran liberados de las cosas que les molestaban. Por eso usted quiere orar por ellos y pedirle a Jesús que ayude. Tome tiempo para compartir lo que va a ocurrir. Recuerde: usted también puede orar por sus hijos en horas de la noche. Para los niños pequeños y los jóvenes este es el modo sugerido de ministrar. Todavía traerá liberación, pero ellos están descansando plácidamente mientras ocurre la ministración. El siguiente es un ejemplo poderoso de la efectividad de orar por los niños mientras duermen.

~ **Rompa la influencia generacional de miedo y rechazo.**

Yo compartí en el capítulo 1 mi historia de estar atada por el miedo y superarlo. Recuerde: el enemigo nunca jugará limpio. Aunque yo había sido liberada y le había dicho al espíritu de miedo que no vendría sobre mis hijos, este, igual que el rechazo, intentaron visitar a mi hija Katie a la edad de cinco años. La vimos pasar de ser una niñita confiada a estar temerosa. Ella tenía preocupaciones de que no era suficientemente buena o tan lista como sus hermanas. Yo podía ver tristeza e inseguridad tratando de establecer una tenaza en su vida.

Como nuestra rutina normal, Greg y yo orábamos por ella cuando la acostábamos en su cama de noche. Pero cuando se dormía, yo comencé a orar sobre ella en las horas de la noche por un periodo de una semana. No le dije a Katie que estaba haciendo eso. Después de unos días los cambios fueron obvios. Una noche, cuando terminé sus oraciones antes de dormir, ella me sonrió ampliamente y abrazó mi cuello bien fuerte. Me preguntó: "¿Mami, tú has estado orando por mi mientras yo dormía?". Sorprendida por la pregunta, contesté: "Sí, bebé, he estado orando por ti". "Bueno, mamá, en realidad me gusta cuando lo haces. Duermo bien y no tengo sueños malos ni veo cosas que me asustan. ¡Te amo, mami, gracias!". La abracé y besé su mejilla. "Yo también te amo, bebé, y también Jesús". Cuando salía de su cuarto, lágrimas bajaban por mi cara ante la bondad de Dios hacia nuestros hijos y la conciencia y la sensibilidad espirituales con las que las ha bendecido.

~ **Tenga cuidado con la palabra *demonios*.**

Use palabras como *influencias espirituales* o *cosas malas* cuando hable a sus niños pequeños. Si se enfoca demasiado en la palabra *demonios* y *oscuridad*, eso va a asustar más a su hijo.

~ **Diga al niño lo que va a hacer.**

Explique que usted puede imponer manos sobre ellos y que va a romper el poder de esas cosas malas y a hacer que se vayan. Una vez que haya compartido lo que va a pasar, su hijo debiera estar en paz con el proceso. Puede sentarse con su hijo en su regazo o en su silla favorita. Ahora recuerde que los niños pequeños no van a querer sentarse quietos durante largos periodos de tiempo. Les hemos ministrado a niños que se movían a nuestro alrededor y entre las sillas. Tenga en mente que para niños que no se van a sentar quietos para una sesión de ministración de dos horas, usted quiere ir al punto.

¿Cómo ora usted?

Escriba una lista de los problemas obvios que el niño ha estado enfrentando, por ejemplo, miedo, rechazo, espíritu de mentira, o espíritu de ira. Asegúrese de cubrir influencias generacionales con las que los padres hayan tratado. También incluya problemas generacionales en los abuelos y las líneas familiares a ambos lados de la familia. Todas las participaciones familiares en lo oculto, masonería, Estrella de Oriente, Wicca, prácticas de hechicería y religiones orientales necesitan tratarse. Fortalezas de brujería y rebelión, espíritus de anticristo, espíritus de error y espíritus de mentiras son algunos de los espíritus a reprender.

Ore con los ojos abiertos. Cuando se trata en la liberación, usted quiere orar desde una posición de autoridad. Ore en voz calmada y de manera conversacional. No grite ni levante la voz. Sonría y mantenga contacto visual con el niño.

En el nombre de Jesús, ate, rompa y suelte cada espíritu que tenga en la lista. Cuando esté atando, deja sin poder la influencia demoniaca. Cuando rompe el poder del espíritu, evita futura opresión a su hijo. Cuando lo suelta y le ordena irse, el espíritu libera al niño y se va. Recuerde que la liberación es más fácil con la mayoría de los niños. A veces mientras usted ora, el niño puede toser, suspirar, bostezar o eructar. Esa es una señal física de que se está produciendo victoria. Si eso no pasa, no se preocupe de que su hijo no está recibiendo libertad. A veces hay reacciones físicas y otras veces no. Las reacciones físicas no son la meta. ¡La libertad es la meta!

~ Proceso de llenar la casa vacía

En este punto, pida al Señor que limpie cada parte del niño donde el espíritu estaba apegado. Esto usualmente incluye la mente, la voluntad y las emociones. A veces también incluirá el cuerpo físico, especialmente cierto si los espíritus implicaban pecado sexual, enfermedad o brujería. Invite al Espíritu Santo a llenar su hijo con su amor.

Como se mostró en el capítulo 7, aquí es donde usted ora, libera y remplaza con el opuesto exacto del espíritu demoniaco, herida emocional o patrones de pensamiento negativo. Si había miedo, libere y hable valentía, valor, amor, poder y una mente sana. Libere un espíritu de adopción y de filiación. Pida al Señor que llene al niño hasta desbordar con gozo, paz, consuelo y fe. A continuación hay una oración ejemplo para llevar a su hijo a través de la liberación. En el apéndice en la parte de atrás de este libro hay una lista extensa de hombres fuertes y los demonios que van con ellos. Esta será una guía útil según usted ora.

> *En el nombre de Jesús, yo (o nosotros si ambos padres están orando) tomamos autoridad sobre todas las influencias espirituales malas. Incredulidad (o nombre de espíritu al que se está dirigiendo), te dejo sin poder en la vida de (nombre del niño). Yo ato tu poder ahora mismo. Yo rompo tu influencia, poder y mentiras fuera de la mente, la voluntad y las emociones de (nombre del niño). Rompo todas las maldiciones generacionales e influencias de un espíritu de incredulidad transmitidas por la línea familiar a (nombre del niño). Rompemos todas las ataduras de la familia hacia atrás hasta Adán y Eva. Te ordenamos soltar a (nombre del niño) de tu control. Te echamos fuera y decimos: ¡vete ahora! Hablamos limpieza de la mente, las emociones, imaginaciones, y patrones de pensamiento de (nombre del niño).*
>
> *Señor, te pedimos que vengas y traigas tu paz, el amor de Padre y aceptación a la vida de (nombre del niño). Espíritu Santo, llénalo hasta desbordar. Haz que su camino sea lleno de fe y seguro. Hablamos en acuerdo que todos los planes y propósitos que tú tienes para la vida de (nombre del niño) se manifestarán. Ahora sellamos el trabajo que hemos hecho aquí por la sangre del Cordero. ¡En el nombre de Jesús, amén!*

Si hay una necesidad y donde sea apropiado, pida al Señor sanidad física. No exija, sino pida en fe. Entonces ore por las necesidades especiales que el niño haya expresado. Por ejemplo, "Señor, te doy gracias porque Joey no tiene nada que temer. Tú estás con él aún en las horas de la noche. Nunca lo dejarás. Te pedimos que le envíes tus ángeles para que estén en su cuarto y que Joey sienta tu presencia y la presencia de ellos".

~ Ponga en acción la lista de la nueva identidad del Reino del capítulo 9.

Si usted no ha formado una lista de identidad del Reino con su hijo, este es un buen momento para hacerlo. Si ya lo ha hecho, sáquela y dirija a su hijo a leerla en voz alta. Busque un momento donde encaje en su horario como familia, y hable estas verdades en voz alta para asegurarlas como parte de la identidad del Reino de su hijo. Como padre, mientras su hijo duerme puede usted entrar en su cuarto de noche y hablarle estas identidades del Reino.

Ministrar a los adolescentes

Básicamente el procedimiento es el mismo, excepto que su hijo adolescente tendrá la capacidad de entender las cosas a un nivel más profundo. Habrá más apertura y libertad para explicar las causas de una opresión demoniaca. Examinemos las áreas que serán diferentes cuando ministramos a nuestros adolescentes.

~ Influencias generacionales.

Su hijo adolescente será muy consciente de los problemas de pecado y las creencias negativas con los que usted, su cónyuge y los abuelos hayan luchado. Hay libertad para discutir largamente la verdad acerca de las maldiciones generacionales y que se pueden romper.

~ La responsabilidad de las decisiones personales de pecado.

Si el adolescente ha caído en rebelión, mentira, abuso de substancias, pecado sexual, cortarse, ocultismo, vampirismo y brujería, entonces él o ella necesitan entender la realidad de las puertas abiertas a lo demoniaco que esos pecados han permitido. Es importante explicar que es tiempo de saquear las raíces de la oscuridad.

Si usted sospecha o sabe que su hijo adolescente ha sido sexualmente activo, es sabio enseñarle sobre el devastador impacto que los lazos del alma pueden tener cuando hay sexo fuera de matrimonio.

Diga a su hijo adolescente la definición de lazos del alma del capítulo 3. Explíquele que cuando se forman lazos del alma, lo demoniaco de la otra persona tiene acceso a él y viceversa. Si ha habido más de una pareja sexual, entonces se han formado lazos del alma con cada individuo, y todos los problemas demoniacos y creencias negativas tendrán acceso. Su hijo adolescente necesitará arrepentirse de la rebelión y el pecado, y cada pareja sexual que haya tenido. Los lazos del alma necesitarán ser rotos y renunciar a ellos.

Ahora bien, sería muy asombroso que un adolescente sea así de transparente con sus padres. Sin embargo, esta enseñanza de los lazos del alma le revelará la verdad. Si no quiere confesar todo esto a su padre o madre, entonces llévelo a un buen ministro de liberación. Recuerde: el adolescente tiene que querer ser parte de este proceso.

~ Hable verdad en amor y audacia.

Es esencial que usted pueda hablar verdad a su hijo adolescente en amor y valentía. No se ponga polémico. Este no es momento de entrar en un desacuerdo. Si usted siente que no será capaz de ministrar a su hijo adolescente sin que haya debate o discusión, entonces envíelo a un ministerio de liberación. Usted querrá que el lugar de ministración traiga libertad, no más daño. Su hijo adolescente necesita saber que usted está allí para trabajar con él. Si su hijo adolescente no es capaz de pasar el tiempo de oración sin discutir, entonces usted no es la persona adecuada para ministrarle.

Ministración de liberación en equipo para la próxima generación

Ahora que hemos aprendido cómo ministrar liberación en el hogar, exploremos cómo las cosas se desenvuelven en una situación de ministración de liberación en equipo.

~ Niños desde el nacimiento a doce años de edad.

Es bueno que al menos uno de los padres pase por el proceso de liberación para que ayude al hijo a pasarlo y mantener su libertad. ¿Por qué? Un padre no puede ayudar a un hijo a superar un problema espiritual que él mismo no haya superado. Todas las puertas generacionales sobre la vida del padre deben cerrarse para que el niño pueda recibir completa liberación. Esto es cierto mientras el niño todavía vive en la casa. Cuando el hijo vive por su cuenta, no se requiere la liberación del padre para que el hijo reciba victoria. Esta regla se aplica sólo mientras los hijos están todavía bajo la supervisión diaria y la autoridad de sus padres.

Si el hijo es salvo pero vive en un hogar con padres no salvos o padres que no quieren tener nada que ver con iglesia o con crecer en su camino personal con Dios, ellos aún pueden pasar por liberación. No obstante, es importante que haya un sistema de apoyo y que madres o padres espirituales ayuden al niño a caminar en su libertad a pesar de la condición espiritual de los padres.

Cuando se ora por niños de doce años o menores, es bueno que los padres estén presentes a menos que obstruyan la libertad del niño. Generalmente hablando, esto da al niño un sentimiento de seguridad. Los ambientes de ministración absolutamente tienen que ser un ambiente seguro.

Es importante para un padre o madre que esté ahí que se arrepienta de cualquier pecado generacional y aprenda lo que su hijo ha recibido para que pueda ayudar al niño a caminar la liberación. Si hay más de un niño en la familia, cada niño debe pasar por la liberación separadamente, a menos que sean cercanos en edad y tengan problemas similares. Para niños más pequeños, tener un hermano en el cuarto antes que él puede ser de ayuda.

Herramientas para una ministración efectiva

Como establecí previamente, el libro *The Little Skunk* es una gran herramienta para usar con niños pequeños para enseñarles el concepto de liberación. Empiece la sesión leyendo a su hijo este libro.

Si es necesario, use el cuestionario para niños en el sitio web de nuestro ministerio. Usamos esto parte del tiempo, pero no para todo niño. A menudo, los problemas por los que se debe orar son obvios y no requieren este enfoque profundo. Pero a veces es necesario. Para aquellos que son nuevos ministrando, el cuestionario demuestra ser una guía efectiva y completa.

Dinámica de equipo

La ministración en equipo es importante. Es poco usual para mí orar sola por un niño o joven. Hago excepciones cuando tengo una estrecha relación con la familia que me pide que ministre. Pero como regla general, dos o tres miembros de mi equipo están presentes. Estos miembros del equipo necesitan estar entrenados en la importancia de cómo interactuar con niños. Las siguientes son buenas características:

- Muy buen discernimiento
- Jóvenes de corazón y capaces de relacionarse bien con niños
- Libres del ensimismamiento
- Libres de un espíritu religioso
- Capaces de confrontar

A veces tiene que haber discusiones con los padres acerca de disciplina, estilos de crianza, comunicación, programas que permiten ver a los niños, y juegos que les permiten jugar. Básicamente, los estamos ayudando a poner ciertas reglas en su lugar para que sean más productivos. El miembro del equipo también necesita tener:

- Gran sabiduría
- Habilidad para comunicar bien
- Libertad para reír, disfrutar y ser espontáneo
- Habilidad y autoridad para echar fuera un espíritu en una voz calmada con una sonrisa
- Sensibilidad para ser dirigido por el Espíritu Santo

Bajo ninguna circunstancia debería un ministro de liberación de niños levantar su voz a un niño. La experiencia nunca debe ser una experiencia espantosa, ya que el miedo puede controlar al niño y añadir más influencia demoniaca. La experiencia de ministración debiera ser divertida. Aquellos que oran en equipos por los jóvenes han sido discipulados y no debieran tener historial criminal.

Responsabilidades del líder del equipo de ministración del niño y el equipo

1. Proporcionar un ambiente amoroso donde el niño se sienta completamente seguro.

2. Explicar el proceso al padre y al niño.

3. Hacer preguntas para formar listas de perdón, lazos el alma, palabras de maldición y patrones de pensamiento negativos. O usar el cuestionario ya completado del niño como guía.

4. Leer *The Little Skunk* y explicar maneras de hacer que la mofeta se vaya.

5. Dirigir al niño a través del perdón.

6. Romper lazos del alma impíos, maldiciones y patrones de pensamiento negativo.

7. Romper el poder de influencias generacionales y, si necesario, dirigir al padre en arrepentimiento por esas maldiciones generacionales.

8. Dirigir al niño a arrepentirse de puertas que pueden estar abiertas por mentir, tener un compañero de juegos imaginario, ver ciertos programas de televisión, jugar ciertos juegos, y similares. Romper la influencia.

9. Ayudar al niño a entender los cambios necesarios en el comportamiento para evitar que regresen las mofetas.

10. Enseñar formas de cambiar conducta, cómo controlar la ira, dejar de mentir o dejar de ver ciertos programas de televisión.

11. Ser gracioso si eso ayuda.

12. Invitar al niño pequeño a sentarse en su regazo mientras usted le ministra es una manera productiva de ayudar al proceso.

13. Amorosamente instruir al padre acerca de los problemas que podrían reabrir las puertas espirituales no deseadas; por ejemplo, gritar al niño con ira o permitir formas demoniacas de entretenimiento de nuevo en el hogar.

14. Explicar cómo limpiar el hogar espiritualmente de todos los objetos que pueden abrir una puerta a lo demoniaco.

15. Instruir al padre y al niño sobre cómo caminar y mantener la libertad.

El proceso

El proceso del equipo de ministración será similar a cuando se ministra al niño en el hogar. Sin embargo, habrá un grupo que consiste en un líder de equipo y usualmente otros dos miembros del equipo. La misma oración usada al ministrar liberación en el hogar también puede usarse en una situación de equipo. El equipo siempre debería respaldar al líder del equipo. Nunca debería haber desacuerdo o cuestionamiento del líder de equipo o de otros miembros del equipo durante una sesión. La unidad es importante, y todos deben trabajar bien juntos, no en competición. Una palabra de sabiduría que sugiero fuertemente es estar siempre sensible a la dirección del Espíritu Santo. Él lo puede dirigir a orar algo diferente. Permítale guiarlo. Las siguientes son algunas palabras más de dirección y sabiduría.

Hay que utilizar una gran sabiduría cuando se habla de los problemas. No diga nada que haga al niño sentirse confundido, rechazado o asustado. Si necesita hablar de temas como la concepción del niño mediante violación, que el niño no era del sexo deseado de los padres, o que un hechizo se puso en el niño al nacer, haga estas preguntas en privado al padre. Entonces ore por eso en el lugar de liberación. Ore algo similar a esto:

Señor, te doy gracias porque (nombre del niño) es una maravillosa creación. Tú no cometes errores. Es tu deseo que (nombre del niño) sea libre de todo lo que le hace sentir apestoso como la pequeña mofeta. Nosotros atamos y rompemos todo rechazo y todas las acciones hirientes y mezquinas y un espíritu de víctima que hayan influido en su vida aún antes del momento de su concepción. Nosotros atamos y rompemos el poder de la ira, la violencia, la perversión, y todo trauma y abuso que haya alejado a (nombre del niño) del gozo y la libertad completos. Tu poder y tus tareas están cancelados y anulados. Te ordenamos que sueltes a (nombre del niño) y te vayas ahora en el nombre de Jesús.

¿Ve usted cómo se ora por todo de una manera que no cause alarma ni más trauma? Los equipos de ministración y los padres necesitan usar sabiduría con palabras cuando le ministran a la próxima generación. Para terminar, invite la desbordante presencia del Espíritu Santo y selle el trabajo por la sangre del Cordero.

~ Ministrar a los adolescentes.

Si se ha completado el cuestionario para adolescentes del sitio web de nuestro ministerio, ya se debiera haber leído antes de la sesión. Además, el cuestionario separado para padres de adolescentes también necesitará completarse y leerse antes del tiempo de ministración.

Es mejor para los padres no estar presentes en el cuarto cuando se ministre a los adolescentes porque los adolescentes se abrirán y compartirán más libremente. Sin embargo, yo sí hablo con los padres por teléfono y antes de las sesiones. Su información es muy valiosa para el modo en que la ministración ocurrirá. Esto mostrará dónde el padre y el adolescente están en acuerdo, y dónde hay conflictos. No revelamos a los padres todo lo que el adolescente nos comparte en la sesión. Los adolescentes necesitan tener el entendimiento de que pueden compartir con seguridad sin que sus secretos sean expuestos.

Después de llevar al adolescente a través de la liberación, si hay problemas entre ellos y sus padres, visitamos juntos tanto a los padres como al adolescente acerca del problema. Intentamos ayudarles a entender el punto de vista de cada quien y llegar a una resolución piadosa. Uno de los principales enfoques debiera ser ayudar a fortalecer la relación familiar. Tratamos de ayudar a edificar una comunicación saludable entre padres y adolescentes, y estrategias para una relación abierta. Compartimos ideas sobre cómo ellos pueden crecer y ganarse respeto uno del otro.

Los adolescentes saben cuándo la gente está siendo real o falsa. La primera sesión de ministración que realice necesita ir suavemente. Este es un tiempo estratégico para ganar su respeto y confianza. Si no, es más que probable que se nieguen a volver para más recibir ministración. No estoy aconsejando que permita que el adolescente lo controle a usted o el tiempo de ministrar; absolutamente no. Si el adolescente es irrespetuoso, se burla del equipo y no muestra ningún deseo de estar allí, concluya la sesión. Los adolescentes que son forzados por sus padres a ir a una ministración de liberación y no tienen deseos de estar involucrados no obtendrán libertad. La decisión de involucrarse y estar comprometido con el proceso es necesaria.

Hay ciertas características para aquellos que trabajan mejor con adolescentes:

1. Debe ser paciente

2. Tener una personalidad calmada y afable

3. No tiene que estar siempre en lo correcto todo el tiempo

4. Debe ser fácil de hablar con él o ella

5. No da largas y aburridos sermones. Esto cerraría a un adolescente.

6. Debe tener un buen entendimiento sobre cómo relacionarse con adolescentes y capacidad para hacerlo.

7. Debe ser auténtico.

8. Dispuesto a reírse de sí mismo si dice algo peculiar o desfasado.

9. Debe ser una persona tolerante y no crítica.

10. Debe estar capacitado para ministrar al nivel del adolescente.

11. Debe ser transparente cuando sea necesario sobre su testimonio personal en superar fortalezas. Cuando el Señor me dirige, yo testifico de cómo superé la depresión, cómo batallé la bulimia por muy breve tiempo y cómo fui liberada del miedo y la rebelión. Cuando los adolescentes entienden que usted ha caminado donde muchos de ellos han caminado, están preparados para recibir de usted. Hay poder en el testimonio. Con los adolescentes, esa transparencia puede edificar fe y relación.

12. No debe tener miedo a confrontar directamente el comportamiento.

Caminar en libertad

Una vez la libertad ha llegado, es necesario enseñarles cómo caminar en ella y mantenerla.

Ore por limpieza del cuarto del niño y el hogar

El cuarto del niño será liberado y limpiado de todo espíritu oscuro que fue expuesto y manejado durante la sesión. Deshágase de todo juego, juguete, foto, regalo, póster, tirilla cómica, libro, música, video u otra cosa que abrió la puerta a la opresión demoniaca. Invite la presencia del Señor dentro del cuarto. Es tiempo de limpiar la casa, toda la casa. Pida al Espíritu Santo que le guíe en lo que necesita desechar para preparar el camino para un ambiente spiritual libre y saludable.

Trate los hábitos

La influencia demoniaca afecta a la conducta y los hábitos. Puede tomar tiempo para que los malos hábitos establecidos se detengan totalmente. Enseñe a los padres a hablar aliento y las nuevas identidades del Reino, ya que son influencias positivas que influyen en el proceso de recuperación. Dependiendo del comportamiento, refuerce a los padres que se pueden necesitar consecuencias consistentes para romper hábitos. Aconséjeles hablar las identidades del Reino durante las horas nocturnas mientras el niño duerme.

Consejos a los padres después de la sesión de liberación

~ Mantenga abiertas las vías de comunicación

Todos los niños, especialmente adolescentes, necesitan hablar. Si los padres están demasiado ocupados, entones otras personas de su grupo admiradas y en quienes confían se convertirán en sus confidentes. Durante estos años de maduración es donde se forman muchas opiniones acerca de la vida, los valores, las creencias religiosas y las creencias políticas. Los padres sabios conversan y proveen información para ayudar al niño a tomar buenas decisiones. He orado por muchos niños que cayeron en pecado y rebelión debido al vacío de no tener consejo sabio en el hogar. Hermanos y amigos se convirtieron en la voz que ellos seguían, y muchas veces los resultados han sido negativos.

Después de la liberación, su hijo podría querer hablarle y necesitará un oído comprensivo. Los adolescentes necesitan madres y padres que estén disponibles y dispuestos a escuchar. Eso los ayuda a aclarar pensamientos, liberar presiones emocionales y los hace abiertos a recibir consejo en el momento correcto. Los padres que disciernen reconocerán las señales y estarán preparados para oír, discutir y aconsejar como sea necesario.

~ Aparte tiempo para la adoración y oración familiar

No hay mejor manera de unir a la familia que dando a Dios el primer lugar. El momento necesita ser determinado con cuidadosa consideración. Escoja un día de la semana y una hora específica que funcione dentro de la rutina familiar, y adoren, oren y lean juntos la Palabra de Dios.

> Grábate en el corazón estas palabras que hoy te mando. Incúlcaselas continuamente a tus hijos. Háblales de ellas cuando estés en tu casa y cuando vayas por el camino, cuando te acuestes y cuando te levantes. Átalas a tus manos como un signo; llévalas en tu frente como una marca; escríbelas en los postes de tu casa y en los portones de tus ciudades (Deuteronomio 6:6–9).

Esta vez no necesita ser un lugar de tipo religioso, sino un rato familiar, divertido. A veces hay un padre que no ve la necesidad o no quiere hacerlo, pero no deje que eso detenga al resto de la familia. Haga tiempo para disfrutar la presencia de Dios juntos como una unidad.

~ Participe en oración de guerra espiritual

Mientras escribía este capítulo, recibí una llamada telefónica de una amiga. Ella y su esposo son padres de acogida. Tenemos prueba de que la madre biológica del bebé que colocaron en su hogar está involucrada en la brujería. Ella abiertamente admitió que lanza hechizos. Su precioso bebé de nueve meses tuvo una visita requerida de su madre biológica veinticuatro horas antes de nuestra conversación telefónica.

Según hablábamos, el bebé estaba quejándose en el fondo. Discerniendo su llanto angustiado, pregunté: "¿Está bien el bebé?". Mi amiga, comprensiblemente preocupada, compartió que él había estado perturbado y llorando desde la visita. Sin vacilar, oramos en el teléfono: "Rompemos todas las maldiciones de brujería, el miedo y la ansiedad que esta madre biológica echó sobre este precioso bebé. Decimos que toda maldición, fastidio, maleficio y acto de adivinación hablado sobre este niño por su madre biológica es cancelado, nulo y vacío por la autoridad de Jesús. Todo miedo y ansiedad resultantes: rompemos su poder y decimos: 'Fuera ahora'. Señor, te pedimos que tu paz, amor, gozo y consuelo lo bañen desde su coronilla hasta las plantas de sus pies".

Instantáneamente, ese precioso bebé cambió de llanto a una risa llena de gozo. No podemos ser tímidos para involucrarnos en la guerra espiritual por nuestros jóvenes. Es tiempo de abrir nuestras bocas y, en fe, guerrear cuando somos dirigidos por Dios.

Padre, nos regocijamos en la recién encontrada libertad en la que nuestros hijos y nosotros estamos caminando. Estamos muy agradecidos de que tú desees que cada uno de nosotros sea más que vencedor en Cristo. Nunca ha habido la más leve duda en nuestras mentes de que tú, que empezaste esta gran obra en nosotros, vas a terminarla y la vas a llevar a un floreciente final en el mismo día que aparezca Cristo (Filipenses 1:6). Bendeciré al Señor, que me aconseja; aun de noche me reprende mi conciencia. Siempre tengo presente al Señor; con él a mi derecha, nada me hará caer. Por eso mi corazón se alegra, y se regocijan mis entrañas; todo mi ser se llena de confianza (Salmo 16: 7–9). Convertiste mi lamento en danza; me quitaste la ropa de luto y me vestiste de fiesta, para que te cante y te glorifique, y no me quede callado. ¡Señor mi Dios, siempre te daré gracias! (Salmo 30: 11–12).

Capítulo 11

De la boca de los pequeños sale autoridad espiritual

KENDALL TENÍA CUATRO años de edad. Yo estaba cocinando y le sugerí que limpiara su cuarto. Siendo una niña obediente, felizmente asintió. Enseguida volvió a la cocina y se paró con su manos en sus caderas, moviendo su pie como si estuviera enojada.

"Mamá, ¿quieres saber qué acaba de pasar?".

"Seguro, cariño, qué?".

"Mamá, me dijiste que limpiara mi cuarto. Bueno, ahí estaba una de esas cosas malas. Tú sabes, Mamá, esas cosas malas en mi cuarto".

"Querida, ¿quieres decir un demonio?". Déjenme aclarar antes de continuar que nosotros no hablábamos de demonios y oscuridad delante de nuestros hijos pequeños porque no queríamos asustarlos. Pero nuestra hija mayor siempre ha sido sensible al reino espiritual y, como discutí en el capítulo 2, empezó a ver el reino espiritual a una edad muy temprana.

"Sí, Mamá, esa cosa mala. ¿Tú sabes lo que me dijo?".

No gustándome el pensamiento de que hubiera un demonio en el cuarto de mi bebé, enseguida repliqué: "Sí, cariño, quiero saber qué te dijo".

Moviendo su pie más rápido y más fuerte, ella dijo: "Bueno, ¡me dijo que no limpiara mi cuarto!".

Teniendo toda mi atención, le pregunté qué hizo ella.

Sonriendo con placer, me contestó: "Le pisoteé la cabeza, ¡y le dije que no en el nombre de Jesús! ¿Y quieres saber algo más, Mamá?". ¡Desapareció! ¿Y quieres saber algo más, Mamá?".

Totalmente intrigada, respondí: "Sí, bebé, quiero saber ese algo más".

Con total confianza en su sabiduría y entendimiento, empezó a enseñarme: "Mamá, todos tenemos ángeles. Tú tienes un ángel, Papá tiene un ángel y los bebés tienen ángeles. Y Mamá, los ángeles nos ayudan. Tienen esa cosa brillante y puntiaguda, Mamá. Tú sabes, la cosa que aguantan y que es brillante".

"¿Tú quieres decir una espada?".

"Sí, Mamá, eso. ¿Tú sabes qué, Mamá? ¡Ellos toman esa espada y hacen esto!". Observé mientras mi hija de cuatro años actuaba como un ángel usando una espada como en una batalla espiritual. "Y Mamá, cuando los ángeles hacen eso, ¡los demonios desaparecen! Mamá, ¿quieres saber algo más?".

Preguntándome qué más podría salir de la boca de ese bebé, respondí: "Sí que quiero".

"Mamá, a esos demonios no les gustas ni tú ni papa. ¡No, para nada!

¿Sabes lo que hacen cuando tú oras en el nombre de Jesús?".

"No, bebé. ¿Qué hacen?".

"Bueno, Mamá, hacen esto". Actuando su historia, mi hija empezó a sacudir su cuerpo agresivamente como si estuviera nerviosa y en voz alta exclamó: "¡¡AAAAAGGGGHHHHHH!! Y entonces desaparecen. Mamá, a esos demonios no les gustas ni tú ni papá. No, para nada".

Mi hija felizmente salió de la cocina para volver a limpiar su cuarto. Asombrada, llamé a mi esposo y le expliqué que acababa de recibir una lección básica de guerra espiritual de mi hija de cuatro años.

No hay Espíritu Santo pequeño

No toma mucho tiempo cuando se trabaja con niños darse cuenta de que no hay Espíritu Santo pequeño. El Señor sí usa a nuestros jóvenes de maneras increíbles y sobrenaturales. Veamos tres ejemplos escriturales.

El rey Josías

Lo que ocurrió en la vida de Josías fue asombroso para todos excepto para Dios. Está escrito en 2 Reyes 22:2 que el rey Josías hizo lo correcto ante los ojos de Dios. Él buscó la presencia de Dios. Lo primero que hizo cuando cumplió dieciocho años fue ir al templo y ordenar reparaciones del edificio deteriorado. Por años, los líderes y el pueblo adoraron dioses paganos, dejando a un lado al Señor y el templo. Mucha gente creía que nunca volverían a la adoración a Jehová, y muchos más habían dejado a Dios totalmente. La respuesta más cómoda para Josías habría sido mantener el status quo, pero él reconoció que había algo especial en ese viejo edificio.

Mientras los carpinteros estaban ocupados restaurando el templo, el sumo sacerdote Hilcías descubrió algo excepcional. Le quitó el polvo a un libro grande que solía estudiarse y venerarse. Detallaba las leyes dadas a Israel por Dios. Hilcías le dio el libro al escriba que servía al rey Josías. Él tomó el libro y lo leyó ante el rey.

Josías nunca antes había escuchado la Palabra de Dios. Él ciertamente no había escuchado esas historias ni de su padre ni de su abuelo. Esas historias habían sido prácticamente olvidadas. Pero en vez de pasar por alto las leyes de Dios como anticuadas y no vigentes en el mundo presente, Josías fue profundamente influenciado . Desgarró sus ropas como señal de profundo lamento porque él y su reino habían perdido la Palabra de Dios.

Su sociedad completa había estado viviendo sin Dios, principalmente por los pecados de su padre y de su abuelo. ¿Iba Josías a hacer lo mismo que su familia había hecho, perpetuando ese pecado? ¿Se iba a mantenerse y a reinar con puño de hierro y a servir a ídolos?

Yo pienso que lo más tentador en la vida de Josías era esconderse bajo las expectativas de quienes estaban cerca de él y ser el monarca egocéntrico y cruel que era su legado. Josías tomó una decisión consciente de que su vida contaría más. Él seguiría a Dios, a pesar de quién era su padre. Josías ordenó que las palabras del libro del Señor fueran obedecidas. Los dioses paganos no serían aplacados mientras él fuera rey. No sólo Josías leyó el libro, sino que también hizo que fuera leído a todos los habitantes de Israel para que reconocieran la decisión que tenían ante ellos, que ellos no eran esclavos de las obras que sus padres y madres hicieron antes que ellos.

Josías se paró en el pilar del templo y estableció un pacto para seguir a Dios. Ordenó sacar y quemar todo el material pagano que lo había profanado por tanto tiempo. Si los ídolos eran destruidos, Josías sabía que esos ídolos concretos nunca regresarían. Entonces despidió a todos los sacerdotes idólatras que su padre había empleado. Algunos fueron muertos en los altares donde ellos mismos habían sacrificado niños. Josías desmanteló en el territorio cada altar e ídolo pagano que ofendía a Dios. Detuvo la práctica del sacrificio de niños al dios Moloc. Destruyó todo lo malvado. Nada corrupto se quedaría en Judá.

> Ni antes ni después de Josías hubo otro rey que, como él, se volviera al Señor de todo corazón, con toda el alma y con todas sus fuerzas, siguiendo en todo la ley de Moisés (2 Reyes 23:25).

Judá fue bendecido durante el reinado de Josías. Él cambió la marea del mal que sus padres habían constituido y vivió una vida de integridad y honor. ¿Por qué esta vieja historia suena tan familiar?

Un sinnúmero de jóvenes y creyentes provienen de líneas de padres mucho menos perfectas. Con frecuencia cuestionan su valía debido a que sus padres o madres fueron alcohólicos, abusivos, adictos al trabajo, ateos, o ni siquiera estuvieron a su lado. Muchos tienen padres y familiares que los menosprecian, creyendo la mentira de que se convertirán en inútiles como sus padres o madres. Muchos aceptan el dolor de la maldición de sus padres. No tenemos que vivir así. Yo creo que Dios cuenta detalles sobre la historia del rey Josías para que nosotros sepamos que no estamos atrapados en los patrones familiares y tenemos el libre albedrío para ser una nueva creación.

Es más, nuestros jóvenes pueden hacerlo con pasión y valentía. Al igual que Josías, eliminando a los sacerdotes paganos y los ídolos adorados por sus padres, pueden eliminar los altares paganos construidos por las generaciones pasadas tales como pecado, circunstancias traumáticas o rebelión. ¡Pueden optar por estar limpios de ellos! Podemos ayudarles. Está la decisión, por un acto absoluto de la voluntad, ser puesto en libertad. Así como vimos en la vida de Josías, podemos ver liberada la autoridad en nuestros jóvenes, dándoles la capacidad de ser grandes amantes de Dios, influenciar en el Reino, ser quienes hacen historia, y ser líderes y modelos a seguir.

~ El rey David

Antes de convertirse en rey, David logró un gran triunfo sobre los enemigos filisteos durante la época del rey Saúl. A la edad de diecisiete años fue llamado por el rey Saúl al campo de batalla a tocar música para él. Mientras tanto, el gigante filisteo Goliat se burlaba de los israelitas y los desafiaba a enviar a su soldado más para enfrentarse cuerpo a cuerpo y demostrar de qué lado estaba el más fuerte. Goliat, que medía alrededor de tres metros de altura, no tenía dudas de que ganaría.

Cuando David se enteró de que Goliat maldecía al Dios de Israel, preguntó: "¿Qué dicen que le darán a quien mate a ese filisteo y salve así el honor de Israel? ¿Quién se cree este filisteo pagano, que se atreve a desafiar al ejército del Dios viviente?" (1 Samuel 17:26).

A pesar de que nunca había sido soldado, David se horrorizó al escuchar insultos de Goliat. Y la inactividad de los israelitas lo motivó a hacer algo. Se acercó a Saúl y le dijo cómo había matado a un león y un oso que habían puesto en peligro las ovejas de su familia (v. 36).

Saúl le ofreció a David su armadura, pero era demasiado grande y pesada, por lo que salieron a la guerra con su honda, algunos guijarros, y su bastón. Cuando Goliat vio cuán pequeño y joven era David, se burlaba de él, diciendo: "¿Soy acaso un perro para que vengas a atacarme con palos?...¡Ven acá, que les voy a echar tu carne a las aves del cielo y a las fieras del campo! (vv. 43–44).

La respuesta de David: "Tú vienes contra mí con espada, lanza y jabalina, pero yo vengo a ti en el nombre del Señor Todopoderoso, el Dios de los ejércitos de Israel, a los que has desafiado. Hoy mismo el Señor te entregará en mis manos; y yo te mataré y te cortaré la cabeza. Hoy mismo echaré los cadáveres del ejército filisteo a las aves del cielo y a las fieras del campo, y todo el mundo sabrá que hay un Dios en Israel" (vv. 45–46).

David se adelantó, tomó una piedra de su bolsa, y se la tiró a Goliat. Golpeó la frente del gigante, y se cayó. David entonces tomó la espada de Goliat y le cortó la cabeza. Los sorprendidos filisteos entonces huyeron mientras los israelitas los perseguían. Amigos, un chico de diecisiete años de edad tuvo la audacia de batallar y matar a un gigante contra quien ningún otro israelita luchó. Hay autoridad en nuestros jóvenes.

~ Jesús

Siendo obedientes a la ley, María y José volvieron a Nazaret, que sería el hogar de Jesús hasta que comenzara su ministerio. ¿Qué hizo Él durante los años ocultos de Nazaret? Lucas dice que se desarrollaba físicamente, mentalmente, socialmente y espiritualmente.

Jesús no realizó ningún milagro cuando era niño. Trabajó con José en el taller de carpintería (Mateo 13:55 y Marcos 6:3) y al parecer dirigió el negocio después de que José muriera. José y María tuvieron otros hijos durante esos años. Jesús fue parte de una familia.

Lucas nos da sólo una historia de los años de juventud de Jesús. José y María eran judíos devotos que observaban la Pascua en Jerusalén. Tres veces al año los hombres judíos eran obligados a ir a Jerusalén para adorar, pero no todos ellos podían permitirse el viaje. Si escogían una fiesta, por lo general era la Pascua, y trataban de llevar a su familia porque era la fiesta más importante del calendario judío.

La gente viajaba a las fiestas en caravanas. Familiares y pueblos enteros a menudo viajaban juntos y echaban un ojo a los niños de todos. A la edad de doce años, Jesús fácilmente pudo haber pasado de un grupo a otro sin que le echaran en falta. José creyó que Jesús iba con María y otros niños, mientras María suponía que Él estaba con José y los hombres.

Habían recorrido un día de camino desde Jerusalén cuando descubrieron que Jesús no estaba. Necesitaron un día para volver a la ciudad y otro día para encontrarlo. Durante esos tres días, José y María estaban muy angustiados (Lucas 2:48). Al ser madre yo misma, me puedo imaginar la intensidad de su preocupación. Tres días es un tiempo terriblemente largo para perder a un hijo.

Si Jesús había pasado todo el tiempo en el templo, no lo sabemos. Sabemos que José y María lo encontraron en medio de los maestros, haciéndoles preguntas y escuchando sus respuestas. Los maestros estaban sorprendidos de sus preguntas y de sus respuestas.

¿Puede usted imaginar el alivio de María y José cuando vieron a Jesús de lejos? La cariñosa reprimenda de María reprimenda produjo una respetuosa y a la vez asombrada respuesta de Jesús: "¿Por qué me buscaban? ¿No sabían que tengo que estar en la casa de mi Padre?" (Lucas 2:49), Jesús estaba afirmando su filiación divina y la misión de hacer la voluntad del Padre. Jesús usó a menudo la palabra *tiene*: "El Hijo del hombre tiene que sufrir muchas cosas…" (Lucas 9:22); "…así también tiene que ser levantado el Hijo del hombre" (Juan 3:14). Incluso a la edad de doce años, Jesús era movido por un impulso divino para hacer la voluntad del Padre. Al igual que Jesús fue madurando físicamente, su llamado, su autoridad y su unción iban en aumento como preparativo de su ministerio terrenal.

Puesto que Jesús crecía en sabiduría, nos preguntamos hasta dónde entendía del plan divino de Dios en ese momento. Ciertamente Él creció en su comprensión de esos misterios a medida que tenía comunión con su Padre y era enseñado por el Espíritu. Una cosa era segura. ¡José y María no entendían completamente! Y no tengo ninguna duda de que este tipo de sucesos volvió a ocurrir a medida que Jesús maduraba. Yo creo que nosotros también podemos colaborar con Dios para preparar a nuestros jóvenes en los caminos del Señor a medida que crecen.

Jesús es un maravilloso modelo a seguir para todos los jóvenes. Él creció en un forma equilibrada, sin descuidar ninguna parte de la vida. Al mismo tiempo, su prioridad era hacer la voluntad de su Padre. Sabía escuchar y hacer las preguntas correctas. Aprendió a trabajar y fue obediente a sus padres.

El niño Jesús creció en una familia numerosa, en una ciudad despreciada, educado por los padres. La religión judía se encontraba en su punto más bajo de todos los tiempos, el gobierno romano tenía el control, y la sociedad estaba en un estado de temor. Sin embargo, cuando Jesús salió de Nazaret, dieciocho años más tarde, el Padre fue capaz de decir de él: "Tú eres mi Hijo amado; estoy muy complacido contigo" (Lucas 3:22). ¡Aprendamos a criar a nuestros jóvenes hasta la plenitud de todo lo que Dios les está llamando a ser!

Justice pelea por la libertad en la casa de la abuela

La siguiente historia es un poderoso ejemplo de otro niño de cuatro años de edad con el don del discernimiento en operación, escrita por mi amiga Kim Johnson.

"Una tarde, mis nietos estaban de visita. De repente, Justice, con su discernimiento de un niño de cuatro años de edad, dice: '¡Nana, hay un monstruo allí!'.

De inmediato le pregunté: '¿Qué aspecto tiene?'.

'¡Tiene una cabeza grande y negra!'.

'En serio. ¿Cuál es su nombre?'. 'Su nombre es T-R-I.'

Me quedé sorprendida de que ese niño que no sabe escribir su nombre, sin embargo respondiera deletreando el nombre del monstruo. Le pregunté de nuevo. Él dijo:

'Sí, Nana. Es T-R-I'.

'Bien, Justice. ¿Quieres que Nana, ore y le pida a Jesús que envíe ángeles para atarlo y llevárselo?'. 'Sí', contestó él con un brillo en sus ojos.

Cuando comencé a orar, Justice observó con entusiasmo, sonrió y asintió con la cabeza en acuerdo cuando terminé la oración. '¿Se ha ido, Justice?'.

'Sí', respondió.

Unos minutos más tarde entró en la habitación contigua, fue al armario y me dijo: 'Nana, hay un monstruo aquí'.

'¿Cuál es su nombre?'.

'L-A-N'.

'Justice, esta vez quiero que ores tú, y Nana se pondrá de acuerdo contigo. ¿De acuerdo?'.

Él asintió con la cabeza, y con autoridad se subió a un taburete, señaló al monstruo con un dedo, y con firmeza declaró: 'Jesús dice: ¡Fuera!'. Completamente satisfecho, se bajó y con confianza me dijo que L-A-N se había ido.

Ese mismo fin de semana, la hija de mi marido estuvo llamando porque deseaba obtener la estatua de ojo de tigre que mi marido guardaba para ella. Había pasado tanto tiempo que nos habíamos olvidado de ello. Él no estaba seguro de dónde estaba, y pasó algún tiempo para encontrarla después de su intento persistente de recuperarla.

Cuando la sacó, era un gran objeto tribal negro, ¡cuya cabeza era de cuatro pulgadas de altura! Era exactamente lo que Justice describió cuando vio a TRI y LAN. Era como si ese objeto demoníaco ya no se pudiera quedar desde que Justice y yo oramos.

No podemos atrapar a nuestros jóvenes con espíritus religiosos

¿Y si mi amiga hubiera pasado por alto a Justice y le hubiera dicho: "Lo que estás viendo es sólo tu imaginación"? He compartido en la introducción que las estadísticas dicen que sólo el cuatro por ciento de esta generación más joven son cristianos evangélicos. ¿Podría ser que no sólo hay una encarnizada batalla contra ellos en el mundo y mediante el enemigo, sino que también los ahogamos en nuestras formas religiosas de meter a Dios en un molde?

Esta generación más joven puede divisar la auténtica libertad rápidamente. Ellos pueden discernir el espíritu religioso en operación a una milla de distancia. Ellos no se dejarán engañar. Es hora de hacer las cosas sean reales y libres. ¿Los aceptamos en la iglesia, o los juzgamos?

¿Qué es un espíritu religioso? Se trata de una fuerza demoníaca que influye en las personas para que actúen de modo piadoso, farisaico, o súper espiritual. Evita la verdadera autoridad espiritual, niega el poder y los dones de Dios, y vive por las reglas y el legalismo en lugar de hacerlo mediante una relación con el Señor. Hace las cosas de la forma en que se han hecho siempre. Desorienta la percepción que la persona tiene de lo que Jesús es, y se interpone en el camino de los esfuerzos de Dios para edificar su gloriosa Iglesia. Se resiste al cambio y causa pensamiento crítico.

La realidad es que nuestros jóvenes se aburren y no ven vida en la Iglesia o en el cristianismo. Me doy cuenta de que hay padres e iglesias maravillosos que causan un gran impacto en la generación siguiente, pero diré con bastante confianza que muchos no están ofreciendo el ministerio de liberación para sus jóvenes y sus familias. Capacitar a nuestros jóvenes no proviene de increíbles espectáculos de luz, tecnología y de los medios de comunicación. Aunque soy creyente en permitir todas esas cosas, si no hay poder, autoridad del Reino, amor, unción, verdadera relación, interés, y un corazón de padre y madre que enseña que lo respalde, ¿para qué sirve todo eso? Si no se experimenta el Espíritu, sino sólo reglas, religión muerta y legalismo, nuestra juventud mirará al mundo y otros medios sobrenaturales para llenar este vacío. En base a la información que ya hemos comentado, la mayoría del tiempo buscará en los lugares equivocados, y el enemigo se aprovechará agresivamente de la falta de ejemplo de la Iglesia o los padres.

Cuando éramos pastores asociados en Houston, una cosa que era fundamental para nuestros jóvenes era que se les permitía experimentar a Dios. Ellos oraban y hacían caminatas de oración por los barrios con nosotros. Permitíamos que ellos llevaran a cabo servicios de la iglesia donde dirigían la alabanza y enseñaran a los adultos. Ellos participaban en los tiempos de ministerio en el altar para aquellos que necesitaban oración.

A los niños y jóvenes les gusta salir a las calles e impactar un barrio, testificar a los perdidos, y ver de primera mano a personas ser sanas. Ellos tienen la autoridad y la unción que fluyen a través de ellos. ¿Tienen que crecer y madurar? La respuesta es sí. Pero la mayoría de las veces, hemos tenido a nuestros niños atrapados en los programas en lugar de enseñarles y permitirles que experiencia y fluyan en la unción del Espíritu Santo. ¿Valoramos su aporte? ¿Escuchamos los sueños proféticos que Dios les da y les enseñamos a través de eso?

¿Cómo les enseñamos la autoridad?

Ahora es el momento de llevar libertad e instruir a nuestros jóvenes en su identidad y autoridad del Reino.

- Cuando los niños digan que están viendo en el reino del espíritu, créales, enséñeles e instrúyales a través de ello.

- Adoren y oren juntos.

- Enséñeles la Palabra de Dios.

- Permita que estén en el altar mientras se ministra para ver a personas ser salvas, liberadas y sanadas.

- Cuando reciban revelación profética de Dios, permítales hablar de ello y ayúdeles a procesarlo.

- No desprecie lo que están viendo o escuchando debido a su corta edad.

- Enséñeles cómo imponer las manos sobre la gente y ministrar.

- Anímelos a ser audaces en su fe.

- Deles la oportunidad de usar sus dones.

- Deje que oren en voz alta en las reuniones de oración de la iglesia.

- Tenga en cuenta que no hay un Espíritu Santo pequeño, así que no trate a sus hijos como si eso fuese cierto.

- No juzgue a los jóvenes.

- Cree relaciones verdaderas y honestas con ellos.

- No los trate como una ocurrencia tardía.

- No glorifique a la oscuridad, centrándose en hablar sobre ella todo el tiempo.

- Ore y pídale a Dios que libere la unción, dones y autoridad en sus hijos.

Estábamos en un momento de transición. Durante ese periodo, el aspecto al que el Señor nos llamaba era a enfocarnos en la oración para nuestra familia. Kendall tuvo tres sueños que mostraban que el siguiente lugar donde iríamos a vivir tenía montañas cubiertas de nieve. A mi marido le ofrecieron un puesto como pastor asociado en un pueblo con el nombre de Pampa, Texas. Amigos, este lugar es plano. Se puede ver una distancia de kilómetros. No hay árboles, ni siquiera un indicio de una colina, solamente plantas rodadoras tejanas que ruedan movidas por la brisa. Y lo digo literalmente.

Después de haber sido votado por unanimidad por el equipo de liderazgo de la iglesia, íbamos a decir que sí. Nunca olvidaré la voz de nueve años de edad desde el asiento trasero de nuestra minivan.

"Pero papá, Jesús me dijo que habría nieve y montañas en el siguiente lugar en que vivamos. ¿Dónde están la nieve y las montañas, papá? Yo no los veo".

Greg y yo supimos guardar eso en nuestro corazón, orar y escuchar. Una semana más tarde llamamos y declinamos esa posición de pastorado, con la creencia de que el siguiente lugar donde viviríamos tendría nieve y montañas. Unos meses después recibimos una oferta de trabajo para ir a Colorado Springs, Colorado, y trabajar con Peter y Doris Wagner en Wagner Leadership Institute y Global Harvest Ministries. ¡Créame, hay una gran cantidad de montañas y más que suficiente nieve! De la boca de los niños, el Señor habla.

Señor, gracias por la bendición de nuestros hijos. Sabemos que tú les has dado dones grandes y únicos. Enséñanos a conocer y discernir sus dones y darles la libertad de fluir en tu unción. Damos la bienvenida a tu dirección. Proclamamos liberación de la unción y la autoridad en sus vidas. Decimos que hay libertad del Señor en nuestra casa y en nuestra juventud. Espíritu Santo, dales sueños, visiones, revelaciones proféticas, cargas de oración, un corazón por los perdidos, autoridad, y una comprensión de la verdad de lo que son en ti. Dales una pasión para buscarte y apoyarse sobre tus verdades y la Palabra. Danos sabiduría sobre cómo estimular, liberar y bendecir tus planes y tus propósitos en sus vidas. Ayúdanos a no ser religiosos, sino ser libres en ti. Danos la capacidad de impartir esta libertad y autoridad a la próxima generación. Gracias, Señor. Amén.

Capítulo 12

Volver el corazón de los padres hacia los hijos y el de los hijos hacia los padres

LEE ES UN hombre ungido de Dios, criado en su país de Corea, para ser un padre espiritual para la próxima generación. Él es uno de los guerreros de oración más apasionados que he conocido. Cuando Lee compartió su testimonio, fue difícil contener las lágrimas.

Lee es literalmente un milagro andante. Se crió en un hogar por un abusivo padre: mucho abuso físico, mental y emocional. Debido a esa situación de vida imposible, Lee se volvió muy deprimido y comenzó a cortarse. Su depresión pronto se convirtió en desesperación. Los cortes pronto dieron lugar a pensamientos suicidas. Estaba desesperado por escapar del abuso y le quiso poner fin a su joven y atormentada vida. Intentó suicidarse siete veces; varias veces, ahorcándose. Cada vez que lo intentó, la soga se rompió. Varias veces lo intentó con la sobredosis. Sin embargo, las drogas no pusieron fin a su vida. No había explicación médica de por qué las drogas no lo mataron, pero milagrosamente, no lo hicieron.

A la edad de dieciocho años, fue salvo radicalmente. El Señor hizo una trabajo de sanación profunda en el corazón de Lee. Transformado por el amor de nuestro Padre celestial, Lee decidió perdonar a su padre terrenal y orar por su salvación. Donde había daño y traición, Lee sinceramente sintió completo perdón y un amor sin trabas por su padre abusivo. Con el tiempo, el padre de Lee se arrepintió y se convirtió al cristianismo. Ahora asiste a la iglesia donde el joven Lee es pastor. El padre de Lee es taxista. El Señor ha hecho una obra tan profunda en él que muchas veces siente la presencia de Dios y llora mientras conduce. Aunque antes era un hombre rudo, ahora es libre y experimenta el corazón del Padre. Escuche las palabras bellas que comparte el ex-padre abusivo con su hijo: "Lee, yo podré ser tu padre biológico, pero ahora tú eres mi padre espiritual". Amigos, no hay herida demasiado profunda que nuestro Dios no pueda sanar.

Cómo preparar a las personas para Dios

> Porque él será un gran hombre delante del Señor. Jamás tomará vino ni licor, y será lleno del Espíritu Santo aun desde su nacimiento. Hará que muchos israelitas se vuelvan al Señor su Dios. Él irá primero, delante del Señor, con el espíritu y el poder de Elías, para reconciliar a los padres con los hijos y guiar a los desobedientes a la sabiduría de los justos. De este modo preparará un pueblo bien dispuesto para recibir al Señor (Lucas 1:15–17).

Cuando Juan el Bautista nació, su padre profetizó que él estaba destinado a *hacer volver los corazones de los padres hacia los hijos* (Lucas 1:17). Él fue el precursor; preparó el camino para que Dios se moviera. Todos nosotros anhelamos un avivamiento. Lo deseamos a nivel personal, familiar y colectivo.

Esta nueva generación está viviendo en el momento más estratégico en la historia de la Iglesia. Estamos viviendo en un día y una hora en que el amor de las madres y los padres hacia sus hijos y el amor de las madres y los padres espirituales hacia sus hijos espirituales son cruciales. Uno de los principales enfoques en el movimiento venidero de Dios será el giro literal y el regreso de los padres y madres a los niños y de los niños a las madres y los padres. La historia recién compartida muestra cómo una familia entera puede reconciliarse entre sí y con Dios. Sin embargo, sé que la realidad es que muchos de ustedes que leen este libro tienen hijos pródigos que han abandonado la casa, el amor y una relación personal con Dios.

¡Regresen, hijos pródigos!

Esta historia en Lucas 15:11–32 se llama la parábola del hijo pródigo. La palabra *pródigo* significa "malgastador". Pero yo creo que un título más apropiado es la parábola del Padre amoroso, ya que hace hincapié en la gracia del padre más que en el pecado del hijo. Fue el recuerdo de la bondad de su padre lo que llevó al hijo al arrepentimiento y al perdón. Quiero reiterar una vez más: es hora de que el corazón del Padre toque a una generación sin padres; es un tiempo de restauración de los corazones de las madres y los padres hacia sus hijos y de los hijos hacia las madres y los padres. Echemos un vistazo a las tres experiencias del hijo.

~ Rebelión

Según la ley judía, el hijo mayor recibía el doble que los otros hijos. Un padre podía distribuir su riqueza durante su vida si lo deseaba. Era absolutamente legal que el hijo menor pidiera su parte de la herencia, e incluso venderla, pero ciertamente no era un acto de amor. Era como si estuviera diciendo a su padre: "¡Me gustaría que estuvieras muerto!". A menudo, nuestras peores dificultades empiezan cuando somos capaces de hacer lo que nos plazca.

Estamos siempre en dirección a problemas si valoramos las cosas más que las personas, el placer más que la responsabilidad, y las escenas distantes más que las bendiciones que tenemos en casa. Jesús advirtió una vez a dos hermanos que se peleaban: "Absténganse de toda avaricia" (véase Lucas 12:15). El avaro nunca estará satisfecho, no importa cuánto se gane. Un corazón insatisfecho conduce a una vida frustrada. El hijo pródigo aprendió por el camino difícil que no se puede disfrutar de cosas que el dinero puede comprar si se descarta aquello que el dinero no puede comprar.

El país lejano al cual él fue no es necesariamente un lugar remoto al cual se viaja, ya que existe en nuestros corazones. El hijo menor soñaba con disfrutar de su libertad lejos de casa, lejos de su padre y de su hermano mayor. Quería las cosas a su manera, por lo que se rebeló contra su propio padre y le rompió el corazón.

Pero la vida en el país lejano no era lo que él esperaba. Sus recursos se agotaron, sus amigos lo abandonaron, llegó una gran hambruna, y el hijo se vio obligado a hacer por un extraño lo que no haría por su padre. ¡Tuvo que ir a trabajar! El pecado promete libertad, pero causa esclavitud. Promete éxito, pero produce fracaso. Promete vida, pero como bien dice la Palabra de Dios: "la paga del pecado es muerte" (Romanos 6:23). El muchacho aceptó las mentiras de la rebelión y pensó que iba a descubrirse a sí mismo, ¡pero se perdió! Cuando retiramos a Dios de nuestra vida, el disfrute se convierte en cautiverio.

~ Arrepentimiento

Arrepentirse significa cambiar de opinión. Eso fue precisamente lo que el joven hizo mientras cuidaba los cerdos. Con el tiempo volvió en sí, lo que indica que hasta el momento no había sido realmente él mismo. Warren Wiersbe tiene la poderosa revelación de que hay una locura en el pecado que parece paralizar la imagen de Dios dentro de nosotros y liberar el animal que tenemos dentro.[1]

El joven cambió de opinión acerca de sí mismo y su posición, y reconoció que él era un pecador. Profesó que su padre era generoso y que el servicio en el hogar era mucho mejor que la libertad en el lejano país. Es la bondad de Dios, no sólo la maldad del hombre, que nos lleva al arrepentimiento. Si el muchacho hubiera considerado sólo su hambre y su nostalgia, entonces habría perdido la esperanza. Pero sus terribles circunstancias le ayudaron a ver a su padre en una nueva forma, lo cual produjo esperanza. Si su padre era tan honroso con sus criados, tal vez perdonara a un hijo.

Si se hubiese detenido ahí, el muchacho sólo habría sentido dolor, pero el arrepentimiento sincero afecta tanto la voluntad como la mente y las emociones. Él dijo: "yo me levantaré... Voy a ir... Voy a decir...". Las resoluciones podrán ser dignas, pero a menos que las pongamos en práctica, no pueden efectuar ningún bien permanente. Si el arrepentimiento es realmente la obra de Dios, el pecador obedecerá a Dios y pondrá su fe salvadora en Jesús.

~ Restauración y regocijo

El padre no sólo corrió a recibir a su hijo, pero también celebró el regreso del muchacho mediante la preparación de un gran banquete. El padre nunca permitió que el hijo menor terminase su confesión. Él le interrumpió, le perdonó y ordenó empezar la celebración.

El padre de esta historia es un ejemplo de la actitud de nuestro Padre celestial hacia los corazones arrepentidos. Él es profundo en su misericordia y gracia y sobresaliente en su amor. Gracias al sacrificio de Jesús en la cruz, somos salvos por la gracia de Dios, un amor paga un precio.

En el Oriente, los hombres mayores no corren; sin embargo, el padre corrió a recibir a su hijo. Una razón obvia era su infinito amor por él. Sin embargo, algo más está involucrado. Este muchacho había causado deshonra a su familia y su pueblo.

Según Deuteronomio 21:18-21 él debería haber sido apedreado hasta la muerte. Si los vecinos hubieran comenzado a tirar piedras, ¡habrían golpeado también al padre que le abrazaba! ¡Qué cuadro de lo que Jesús hizo por nosotros en la cruz!

Todo lo que el hijo menor había deseado encontrar en el lejano lugar, lo descubrió en casa: ropa, joyas, amigos, fiesta alegre, amor y confianza en el futuro. ¿Qué había cambiado? En lugar de decir: "¡Padre, dame!", dijo: "¡Padre, haz de mí!". ¡Él estaba dispuesto a servir! El padre no esperaba ganar su perdón, porque las buenas obras no pueden salvarnos de nuestros pecados. En el país lejano, el hijo pródigo aprendió la importancia de la miseria. Pero de vuelta a casa, descubrió la sustancia de la misericordia.

El anillo era un signo de la filiación, y la "túnica mejor", fue la validación de la aceptación de su familia. Los sirvientes no llevaban anillos, zapatos, o ropa cara. El banquete fue el medio que el padre utilizó para expresar su alegría y compartirla con los demás. Si el hijo hubiera sido tratado de acuerdo con la ley, habría habido un funeral, no una fiesta.

Sé que hay muchos leyendo este libro, cuyos jóvenes se han alejado en rebelión, han perdido el rumbo, y se encuentran atrapados en esa tierra lejana. Pero sea alentado y fortalecido el día de hoy. La palabra prometedora del Señor es que estamos en un tiempo en el que Dios se está moviendo hacia la restauración de la relación entre padres e hijos, madres e hijas, y padres e hijos. Es un momento de regocijo en su bondad.

El regreso de un hijo pródigo moderno

Le pedí a una mujer joven especial a quien amo mucho que compartiera su testimonio. Para algunos, la libertad viene a través de una sesión de liberación. Para otros, viene a través de la adoración, la oración y la lectura de la Palabra. Pero para mi dulce amiga, la libertad provino de una oración que hizo cuando su corazón estaba rendido y desesperado en una fría y oscura prisión. Amigos, que esto sea un estímulo al saber que Dios libra de las peores circunstancias, de ese país lejano y distante, y trae completo arrepentimiento, libertad, restauración, y regocijo.

Mi padre era ministro. Había sido artista cristiano, autor, evangelista itinerante y pastor. Su vida se centraba en cómo podría beneficiar a otros.

Cuando yo tenía tres años de edad, recuerdo haber visto al equipo de construcción verter la base de cemento para nuestro primer edificio de la iglesia. Papá pasaba por allí para llevar bebidas para los obreros y examinar la obra cada ciertos días; muchas veces me llevaba con él.

Para mí, nuestra iglesia era hermosa. Cada vez que las puertas estaban abiertas, estábamos allí. Me encantaba ir a la iglesia. Todo el mundo me conocía y me amaba. Me encantaba mostrar mi ropa bonita. Con mi cabello rubio rizado y grandes ojos marrones, yo sabía que era el centro de atención de todos. Estábamos muy unidos, independientemente de nuestra edad, raza o género. Éramos una familia feliz en Cristo.

Mamá era una popular maestra de escuela dominical, dirigía el coro de niños y producía musicales. Siempre incluía juegos de diversión, proyectos de arte, y traía ricos bocadillos. Disfrutábamos de su divertido enfoque. No importaba si un niño sabía cantar o no, porque ella se aseguraba de que desempeñara un papel especial.

En la escuela primaria, parecía que la vida era perfecta. Yo asistí a una escuela privada y tenía muchos amigos. Los niños que vivían en nuestra calle y yo jugábamos al aire libre hasta el atardecer. No teníamos ningún interés en juegos de video o ver la televisión. No tenía una sola preocupación en el mundo.

Un día, mamá y papá nos sentaron a mi hermano mayor y a mí para mantener una conversación familiar. Explicaron que Dios estaba cambiando la tarea de nuestra familia, y teníamos que mudarnos. Fue desgarrador, pero sabíamos que era necesario. Nos alejamos de los amigos con quienes yo crecí. Fue un duro ajuste, y no pasó mucho tiempo antes de que mi hermano se fuese a la universidad y mi padre repentinamente renunciase a su posición en la plantilla de la iglesia. Era como si nuestra familia fuese arrojada a la prueba más dura de fe.

Siendo una niña de diez años, pasar por muchos cambios en la vida e intentar encontrarme a mí misma era difícil. Pero sobre todo me sentía sola. Yo quería desesperadamente encajar, pero parecía como si mi mundo se cayera en pedazos. En mi deseo de encajar, busqué y encontré nuevos amigos. Pronto comencé a juntarme con el grupo de moda y más mayor que yo, y sentí que lo había logrado. Estaba en la cima del mundo sin preocupaciones. En poco tiempo estaba atrapada en la cultura de la droga, en la que pasaría los próximos once años drogándome y huyendo de Dios.

Al principio, sentí una fuerte convicción. En mi corazón yo sabía que lo que estaba haciendo estaba mal. Me estaba desvalorizando y pecaba contra Dios. Engañaba a mis padres. Me engañé a mí misma. Cuanta más convicción sentía de parte de Dios, más drogas consumía para adormecer mis sentidos.

Experimenté momentos de profunda tristeza, como cuando asistí al funeral de mi primer amigo que recibió un disparo y murió antes de cumplir los veinte años. He perdido amigos por accidentes de auto, sobredosis de drogas y los ataques relacionados con pandillas. Me enfrenté a experiencias en la vida de adolescente que nunca debí haber afrontado. En mis momentos más desesperados, quería acercarme a Jesús, pero me sentí tan avergonzada que parecía imposible.

Entraba y salía de los centros de tratamiento y me trasladaron de una escuela a otra. Mis padres hicieron todo lo posible para ayudarme. Muchas personas estaban orando por mí. A veces yo era consciente de la verdad acerca de mi estilo de vida que era una espiral descendente; yo luchaba por la libertad, pero las drogas siempre ganaban.

En nuestra iglesia bautista nos aprendimos a guardarnos para el matrimonio. Yo también acepté ese compromiso con el Señor y llevaba un anillo de promesa. Mis amigos no salvos no entendían por qué una adicta a las drogas estaba tan decidida a guardar su la virginidad hasta el matrimonio. Yo era objeto de bromas entre los chicos, y mis "amigos" se reían de mí a mis espaldas.

En poco tiempo, abandoné mi compromiso. Según mi pensamiento, yo ya era un fracaso, así que ¿por qué mi promesa a Dios significaba algo, de todos modos? A los diecisiete años me encontré embarazada. Lamentablemente, mi mayor preocupación después de leer la prueba de embarazo fue cómo iba a mantenerme sobria el tiempo suficiente para llevar mi embarazo hasta su término. Estoy verdaderamente agradecida a Dios por darme un niño sano.

Dos años después del nacimiento de mi hijo, probé las metanfetaminas por primera vez. Yo probaba cualquier droga que me ofrecían, pero la metanfetamina era diferente. Durante un tiempo, no tuve ningún deseo de probarlo. Vi que la gente que consumía metanfetamina no podía dormir. Algunos se volvieron locos. Pocos meses después de consumir esa droga, mi vida se puso totalmente boca abajo.

Dejé el trabajo que me gustaba y comencé a vender drogas a tiempo completo. Mi hijo, un hermoso niño de dos años, me necesitaba, pero lo dejaba quedarse con sus abuelos, así que no tenía que lidiar con él. Yo sabía que iba a ser atendido con cariño, y de esa forma yo podía concentrarme en volver a drogarme y no sentirme culpable fue cuando veía su dulce rostro. La metanfetamina era diferente a cualquier otra droga. No era una droga social. Yo lo consumía a solas, no para encajar. Consumía mi vida. Me pasaba días sin dormir y sin alimentos. Todos mis pensamientos se fijaban en mi siguiente consumo.

Mis amigos llamaron a mi madre y le dijeron que si algo no cambiaba, yo moriría. Aquello no fue una conmoción. Yo había enterrado un montón de amigos, pero por alguna razón no me importaba si las drogas me quitaban la vida. Una mañana, justo antes de Navidad, mi mamá llamó. Ella me pidió que escribiera mi última voluntad y testamento, e hiciera planes para el futuro de mi hijo. Dijo que se sentía segura de que me enterrarían pronto si algo no cambiaba; que si estaba sobria como una persona normal, no podría importarle menos. Eso *debiera* dar qué pensar a cualquier persona normal, pero a mí no me importaba lo más mínimo. Me reí y le dije que no había nada que pudiera hacer para que me detuviera, pero en el fondo estaba llorando. Yo sabía que necesitaba desesperadamente a Dios y un milagro.

La vida tal como yo la conocía, había terminado. No tenía metas para el futuro. Mis ojos estaban hundidos, mi cara estaba degradada y rota. Mi piel rezumaba basura cristalina que también se filtraba a través los poros de mis brazos. Tenía las mejillas hundidas profundamente hasta los huesos que enmarcaban la cara. Yo estaba en el borde de la muerte. ¿Dónde estaba la niña bonita que hacía brillar la habitación? ¿Dónde estaba la ganadora del concurso de belleza? ¿Dónde estaba la ganadora académica que dio el discurso de bienvenida en la escuela secundaria? En lugar de eso, yo era una cáscara de una persona, atada y cegada por la adicción.

En ese momento, mis padres empezaron a sentir que el Señor los dirigió a orar de manera diferente. Dejaron de recordar al Señor todos mis problemas, y se centraron en agradecerle mi protección, la salvación y la libertad. A medida que comenzaron a ser agradecidos por los pequeños cambios, incluso en medio de todos los problemas, eso trajo algo de paz a sus corazones y les permitió confiarle mi vida al Señor. Abrió sus ojos para ver los pequeños cambios en mí. A su vez, eso me permitió conocer que cada pequeño paso valió la pena, y que mi libertad era algo que podía llegar. No parecía tan imposible. Sus oraciones persistentes comenzaron a centrarse en ayudar, al igual que su amor incondicional. Ni una sola vez dejaron de mostrarme el amor de Dios. Eso sirvió como mi recordatorio de que Dios todavía estaba ahí y que Él me aceptaría de nuevo a pesar de todo. Sin embargo, yo todavía no había tocado fondo, ese lugar de desesperación donde yo sabía que tenía que tener ese poderoso y milagroso rescate de Dios.

Un día decidí empacar mis cosas e ir a San Antonio, Texas. Pensé que la policía me estaba vigilando, y si yo iba a la izquierda, todo se arreglaría. El día en que debía irme, estaba tan cansada que me acosté a dormir una siesta rápida. Algún tiempo después me despertaron abruptamente dos policías a los pies de mi cama con armas de fuego apuntando directamente a mí, exigiendo que me levantara y saliera a la sala de estar. Me acosté boca abajo en el piso de mi departamento mientras tres de mis amigos adictos a las drogas me vieron esposada y metida en un auto de policía. Daba miedo, como algo que se ve en una película.

Pasé varias semanas en la cárcel del condado. Cuando mamá y papá llevaban a mi niño a visitarme, le decían que su mamá estaba enferma, y así era. Le explicaron que yo no podía volver a casa hasta que estuviera bien. Hablábamos a través de un agujero en la ventana de vidrio y poníamos nuestras manos en el cristal que nos separaba. Mientras yo miraba a su cara inocente, hubiera querido haber tomado mejores decisiones. Hubiera dado cualquier cosa por tocarlo y abrazarlo.

Durante las primeras semanas lo único que podía hacer era dormir. Tenía agotamiento y mala nutrición, y mi cuerpo se estaba desintoxicando.

Poco a poco comencé a abrirme y hablar con las otras mujeres encarceladas. Tomé prestada una Biblia de la chica que dormía a mi lado y empecé a leer el libro de Job. Leí de sus pérdidas, su juicio atormentando. Mi corazón se dolía por Job. Job era inocente. Así que ¿cómo podría yo pedir piedad? Yo quería ser fuerte como él. Oré y le pedí a Dios que estuviera conmigo y me protegiera en ese lugar horrible. Encontré maneras de ser agradecida por los cambios que Él estaba haciendo en mi vida. Yo estaba agradecida por el techo sobre mi cabeza, por el sacrificio de Cristo, el perdón del Padre, y por mi segunda oportunidad. Ya sabe, es gracioso; no importa dónde se encuentre, quién sea o qué haya hecho, Jesús vendrá a usted cuando usted le invoque.

Una mujer en el ministerio llamó a la casa de mis padres y dijo que necesitaba hablar con ellos acerca de su hija. Mi papá no estaba seguro de si quería escuchar lo que ella tenía que decir. Le pidió a mi madre que se uniera a él en su sala de estar y puso la llamada en el altavoz del teléfono. La señora dijo que su hija había sido encarcelada conmigo y que ella había sido testigo de la presencia de Dios en momentos en que orábamos y estudiábamos la Palabra juntas. Después de oír mis padres el testimonio de la muchacha, supieron que el Señor estaba obrando en mí y a través de mi vida. Eso fue un alivio para una carga que habían llevado por años.

Durante las próximas semanas fui a juicio varias veces, orando para que el juez me permitiera ir a un centro de tratamiento donde pudiera estar con mi bebé. Mi familia y nuestro abogado maravilloso lo habían intentado, pero mi liberación y la petición para el tratamiento no parecían posible. La noche antes de mi última visita al tribunal, llamé a mi padre y le pregunté cómo orar. Él dijo: "De esta manera: Señor, sorpréndenos". Me sorprendió por su falta de palabras. Explicó que el Señor ya tenía un plan y no necesitaba instrucciones de nosotros. La mañana siguiente, un nuevo juez se asignó milagrosamente en lugar de mi juez ordinario. Al instante me dio un tratamiento en un centro para madres con hijos. ¡Alabado sea el Señor! ¡Él había escuchado y respondido a mis oraciones! Poco después, me recogió por una camioneta blanca y me transfirió al centro de tratamiento. Pude sostener a mi hijo por primera vez en mucho tiempo.

Puede que haya estado encerrada tras las rejas, pero en el medio de eso encontré una relación viva y vital con Jesucristo que cambió mi vida. Leía las Escrituras en cada oportunidad que tenía. He desarrollado relaciones con otras mujeres y he orado por ellas. Sentí la presencia de Dios en una celda llena de criminales. En mi cabeza, cantaba canciones de adoración mientras hacía mis tareas. Mi corazón estaba abrumado y desbordado con alegría y gratitud. Yo no estaba libre físicamente, pero eso estaba bien. ¡Mi espíritu era LIBRE! Yo era libre de la miseria, el dolor, la ira, la depresión, la servidumbre y, finalmente, libre de la adicción y del miedo a mi futuro.

Una vez que confié en Dios, he descubierto un nuevo yo, no es una persona perfecta, sino una nueva persona. Jesús se convirtió en mi nuevo mejor amigo. Curiosamente, al principio no pude llorar. Yo era dura de corazón y no quería participar en los programas. Pero después de analizar a fondo y tratar conmigo misma, me di cuenta de que yo era capaz de mucho más de lo que jamás había conocido.

Nuestros asesores nos animaban a mirarnos en el espejo cada mañana y hablar bendiciones sobre nosotras mismas. Fue muy duro. No me conocía a mí misma y tenía poco control sobre mi vida. Cada vez que sentía el dolor o la decepción, reprimía mis emociones. Dios me ayudó a examinar mi corazón y tratar los años de dolor emocional y el lamento.

Finalmente me di cuenta de que tendría que perdonarme a mí misma y dejar de lado todo lo que había sucedido, porque Jesús pagó por mis pecados y Dios me había perdonado. Mirando hacia atrás ahora, sé que Dios me permitió ser arrestada y llevada a la cárcel para protegerme de los demás y de mí misma.

¿Se siente atrapado? ¿Todo parece sin esperanza? Le animo a perdonarse a sí mismo y aceptar el perdón de Dios. Enfóquese en lo que tiene, no en lo que ha perdido. Agradezca su perdón, lea las Escrituras, llore si es necesario. Escriba en su diario. Con el tiempo, leerá y encontrará agradecimiento por los progresos que ha hecho.

Todos tenemos diferentes historias y experiencias en la vida que nos han llevado a los lugares donde estamos hoy en día. Ahora estoy libre de las luchas de mi pasado. Esas luchas no tienen poder para determinar mi futuro. He estado felizmente casada durante cuatro años. Tenemos una familia amorosa y pacífica, una casa con dos perros. He visto a mi "pequeño hombre" aprender a leer, escribir y jugar al fútbol. Son las cosas sencillas de la vida las que más aprecio.

A lo largo de los años he tenido varias oportunidades para dar de nuevo a través de consejería, actos de bondad, orar por seres queridos, y mucho más. Dios me ha bendecido más allá de lo que yo podría haber esperado. Recuerde: Él será su mejor amigo si se lo permite. Deje que Jesús le muestre, como Él hizo conmigo, lo especial que es usted en verdad para Él.

Los hijos son el mejor regalo de Dios

Los hijos son una herencia del Señor, los frutos del vientre son una recompensa. Como flechas en las manos del guerrero son los hijos de la juventud. Dichosos los que llenan su aljaba con esta clase de flechas. No serán avergonzados por sus enemigos cuando litiguen con ellos en los tribunales (Salmo 127:3–5).

> *Jesús, en nuestra oración final queremos orar de acuerdo con esta poderosa escritura y la promesa de tu Palabra. Los hijos realmente son tu mejor regalo. Te damos gracias por este viaje donde nos has colocado. Danos tu amor sin fin para nuestros hijos y esta nueva generación. Fortalécenos y úngenos para que seamos los padres, madres y líderes que nos has llamado a ser. Te pedimos tu guía sobrenatural en este proceso. Vamos a ministrar salvación, liberación, amor*

y libertad para nuestros jóvenes. Vamos a reflejar tu amor libremente y sin compromiso. Llévanos a ser un fuerte y brillante reflejo del corazón de tu Padre. Que haya sanidad y restauración entre nosotros y nuestros jóvenes. Donde hay grietas de confianza, dolor y dolor emocional, que haya sanidad, liberación y restauración. Oramos de acuerdo para el regreso de los pródigos. Clamamos en acuerdo: ¡Señor, tráelos a casa! ¡Toca sus corazones!". Te damos gracias por todo el trabajo que haces que ni siquiera vemos con nuestros ojos físicos; las cosas que estás haciendo en sus corazones para atraerlos hacia ti. Te damos gracias por ese trabajo. Y para todos nuestros niños y en todas las áreas de nuestras vidas, haznos los padres y madres amantes que tú has diseñado que seamos para nuestros hijos físicos y espirituales. Haznos tenaces, apasionados, y que no retrocedamos sino avancemos en tu Reino. Que la obra que tú has comenzado en nuestras vidas llegue su término completo. Que tu amor abundante, tus bendiciones y tu corazón nos toquen a nosotros, a nuestros jóvenes, nuestros hogares, nuestros grupos de jóvenes y nuestras iglesias en mayor medida. Y que tu libertad reine en todas nuestras vidas. Te amamos, Señor. En el nombre de Jesús oramos, amén.

Apéndice

Lista de aparentes agrupaciones demoniacas[1]

ESPÍRITU SORDO Y MUDO

Accidentes

Ceguera—Mateo 12:22

Quemaduras por accidentes—
Marcos 9:22

Confusión—Santiago 3:16

Convulsiones

Llorar descontroladamente*—Mateo
15:23; Marcos 9:26

Sordera—Salmos 38:13–14

Muerte—Proverbios 6:16–19

Destrucción—Levítico 26:21–22

Ahogamiento por accidente—Marcos
9:22

Mudez (en griego "locura")—Marcos
9:25

Infección del oído, enfermedades
crónicas—Marcos 9:25–26

Sin emociones

Epilepsia—Mateo 17:15–18

Enfermedades oculares—Levítico
26:16

Miedo al fuego y al agua— Isaías 4:4

Echar espuma por la boca—Lucas
9:39; Marcos 9:18–20

Crujir de dientes—Marcos 9:18

Infecciones (crónicas)

Locura

Letargo

Comportamiento lunático—Marcos
9:20

Locura—Deuteronomio 28:34, Juan
10:20

Estupor inmóvil

Languidecer—Isaías 38:12, Marcos
9:18

Pobreza—Proverbios 6:9–11

Esquizofrenia

Convulsiones—Marcos 9:18, 20, 26

Autocompasión

Detectar la "cercanía de la muerte"

Somnolencia—Proverbios 20:13;
Mateo 25:5

Estupores

Tartamudeo

Suicidio—Marcos 9:22

Lagrimeo—Marcos 9:18, 26, 29

Rigidez, Job 16:9, Marcos 9:18

Incredulidad—Hechos 3:12

Falta de perdón—Lucas 6:37

Revolcarse—2 Pedro 2:22

Nota: *Para llanto incontrolable, ver también "espíritu de pesadez".

ATAR	DESATAR
• Espíritu sordo y mudo—Marcos 9:25; Mateo 17:15	• Sanidad—Malaquías 4:2, Hechos 10:38 • Audiencia—Romanos 10:17 • Audacia—Efesios 3:12

ESPÍRITU FAMILIAR
Brujería; espíritu de adivinación

Astrología—Isaías 47:13

Escritura automática

Canalización

Encantador—Deuteronomio 18:11

Buena suerte

Clarividencia—1 Samuel 28:7–8

Conjuros (convocar a los demonios para que aparezcan)—Isaías 44:25

Consultor de muertos—Deuteronomio 18:11; 1 Crónicas 10:13

Sectas (religiones falsas y sistemas de creencias): Belial, Panteras Negras, el budismo, el catolicismo (cualquier cosa no bíblica), Ciencia Cristiana, el confucianismo, la masonería, el hinduismo, el islam, los Testigos de Jehová (El Atalaya), KKK, control de la mente, el mormonismo, el rosacrucismo, el satanismo, la cienciología, el sintoísmo, el taoísmo, la teosofía, el unitarismo, la unidad, el universalismo, la brujería

Desobediencia—Romanos 1:30; Hebreos 04:06

Adivinación—Jeremías. 29:8; Oseas 4:12

Error doctrinal—Levítico 19:31

Obsesión doctrinal—1 Timoteo 1:3–7

Sueños falsos*—Jeremías 23:32; 27:9–10

Drogas

Fácil de persuadir

Mago—Deuteronomio 18:12

Falsas profecías**

Maldiciones generacionales de la familia. Génesis 4:11

Fantasía

Miedo a: Dios (no saludable), el infierno, perder la salvación

Fetiches (piezas para la buena suerte)

Adivinación—Miqueas 5:12; Isaías 2:6; Levítico 20:6

Iniquidad generacional—Isaías 1:4; Mateo 27:25, Juan 9:1–3

Alucinaciones—Apocalipsis 21:8; 22:15

Prostitución—Levítico 20:06

Horóscopo—Mateo 16:2–4; Isaías 47:13; Levítico 19:26, Jeremías 10:02

Hipnosis

Idolatría—Oseas 4:12

Conjuro

Incesto—2 Samuel 13:14

Íncubo o Súcubo (espíritus demoniacos invisibles)—Génesis 6:2–4

Infracción de la ley—1 Juan 3:4, 2 Tesalonicenses 1:7–8

Legalismo—Gálatas 1:1–7, 1 Timoteo 4:1–3

Letargo—Proverbios 20:04

Levitación

Mentira—1 Timoteo 1:10

Magia negra / blanca Éxodo. 7:11, 22; 8:7; Levítico 19:26

Manipulación—Tito 1:9–10

Médium—1 Samuel 28:7

Control de la mente—Jeremías 23:16, 25, 32

Lectura de la mente

La música que desafía, se burla, o rechaza a Dios

Murmullo

Necromancia (consultar a los muertos)—Deuteronomio 18:11

Filosofías de la Nueva Era y participar en ellas

Obsesiones

Ocultismo—2 Crónicas 33:6

Tabla Ouija

Quiromancia

Mente pasiva

Péndulo de adivinación

Pobreza—Proverbios 6:6–11

Rebelión—1 Samuel 15:22

Religiosidad—Job 15:4–6

Ritualismo

Satanismo

Sesión de espiritismo

Seducción—Proverbios 9:13–18

Propia voluntad—Proverbios 1:25–30

Adivino—Miqueas 5:12; Isaías 2:6;
Jeremías 27:9–10

Hechicería—Miqueas 5:12–15

Espíritu guía (s)

Espiritismo—1 Samuel 28; Levítico
20:6

Terquedad—Levítico 26:15

Espiritualidad superficial —2 Timoteo
2:17–18

Sospecha

Cartas del tarot

Trance

Bruja, brujería—Levítico 19:26, 20:6;
Deuteronomio 18:10

Considere también: magia, el I Ching, el hip-hop, las joyas ocultistas, las artes marciales, telepatía, las películas de terror, lectura de vidas pasadas, Pokémon, la sanación psíquica, Reike, la música rock, el adulterio espiritual (infidelidad espiritual), la superstición, las hojas de té, la meditación trascendental, la víctima, el vudú, el yoga.

Notas: *Para soñador, ver también "espíritu de mentira" y "espíritu de pesadez".
**Para falsas profecías, ver también "espíritu de mentira".

ATAR	DESATAR
• Espíritu familiar, el espíritu de adivinación—Hechos 16:16–18; Deuteronomio 18:11; Levítico 20:6, 27; 1 Crónicas 10:13	• Verdad—Salmo 15:1–2; Proverbios 3:3; Juan 8:32, 2 Corintios 13:8 • Revelación—Gálatas 1:12; Efesios 1:7

ALTIVEZ DE ESPÍRITU (ESPÍRITU DE SOBERBIA)

Agitado—Tito 3:3

Enojado—Proverbios 29:22

Discutidor

Arrogante—Jeremías 48:29; Isaías 2:11, 17; 2 Samuel 22:28

Amargado—Santiago 3:14

Jactancioso—Efesios 2:8–9; 2 Timoteo 3:02

Jactancia—2 Pedro 2:18

Competitividad excesiva

Condescendiente

Contencioso—Proverbios 13:10

Controlador

Codicioso—2 Pedro 2:18

Crítico—Mateo 7:1

Engaño—Hebreo 3:12–13

Dictatorial

Dominador

La educación: orgulloso o preocupado por eso—Tito 3:9–11

Egocéntrico—Job 41:34

Egotista

Elitista

Derecho a algo

Falsa humildad

Frustración

Chisme—2 Corintios 12:20

Avaricia—Romanos 1:29–30, 1 Timoteo 6:10

Odio—Proverbios 26:26

Altanería—2 Pedro 2:10

Actitud de ser más santo que los demás

Ociosidad

Impaciencia

Importancia

Insolencia—2 Timoteo 3:3

Intelectualismo—1 Timoteo 1:4, 6–7

Intolerancia

Irritabilidad—Filipenses 2:14

Sentencioso—Mateo 7:1

Mentiroso—Proverbios 19:22, 1 Timoteo 1:9–10

Altivez

Burlador—Salmo 35:16

Obstinación—Proverbios 29:1; Daniel 5:20

Despótico

Perfeccionista

Actor

Pretencioso

Orgullo—Proverbios 6:16–17; 16:18; Isaías 28:1

Furia—Proverbios 6:34; Gálatas 5: 19

Racionalismo

Rebelión—1 Samuel 15:23; Proverbios 29:1

Rechazo de Dios (ateísmo)—1 Juan 2:22

Espíritu religioso

Resentimiento—Éxodo 8:15

Nota: *Para la ira, vea también "celos".

ATAR	DESATAR
• Altivez/espíritu orgulloso—Proverbios 6:16–18; 16:18; 21:24; Isaías 16:6; Eclesiastés 7:8	• Humildad—1 Pedro 5:5; Salmo 10:17; Proverbios 22:4; 29:23 • Misericordia—Santiago 2:13, 1 Pedro 2:10; Judas 2

ESPÍRITU DE MENTIRA

Acusaciones—Apocalipsis 12:10; Salmo 31:18

Adulterio—2 Pedro 2:14; Proverbios 6:32

Apostasía—2 Pedro 2:1–3

Argumentos—2 Timoteo 2:23–24

Arrogancia—Isaías 2:11

Trampa

Llanto—Mateo 15:23

Maldiciones—Números 5:24

Engaño—Salmo 101:7; 2 Tesalonicenses 2:9–13

Fuertes delirios—Isaías 66:4

Deseos depravados

Adivinación—Jeremías 29:8

Falsas doctrinas—1 Timoteo 4:1; Hebreos 13:9

Soñador

Impulsividad excesiva

Drogas

Emoción

Exageración

Falso: cargas, compasión, doctrinas, juramentos (Salmo 144:8; Ezequiel 21:23), los profetas (Isaías 9:15) la profecía* (Jeremías 23:16–17; 27:9–10), la responsabilidad, la espiritualidad, la enseñanza, el testimonio (Proverbios 19:5; Mateo 15:19, Marcos 10:19)

Miedo a la autoridad

Problemas financieros (en especial con el diezmo)

Adulación—Proverbios 26:28, 29:5

Chisme—2 Timoteo 2:16; Proverbios 20:19

Herejía—1 Corintios 11:19; Gálatas 5:20

Homosexualidad**—Romanos 1:26

Hipocresía—Isaías 32:6; 1 Timoteo 4:2

Insinuaciones

Espíritu de Jezabel—Apocalipsis 2:20; 1 Reyes 18:4-13; 19:1-2

Mentiras—2 Crónicas 18:22; Proverbios 6:16-19

Lujuria—Salmo 81:12; Romanos 1:27

Esclavitud mental—Romanos 8:15; Hebreos 2:15

Control de la mente

Pasión excesiva—Deuteronomio 32:5

Perfeccionismo

Rendimiento

Pobreza—Malaquías 3:8–12; Salmo 34:9–10

Orgullo—Proverbios 6:16–17; 16:18; Isaías 28:3

Blasfemia

Racionalización

Religiosidad—Job 8:3–7

Robo—Éxodo 20:15; Proverbios 1:10–14

Búsqueda de aprobación (inseguridad)

Autoimagen (sentirse inútil, feo, sin esperanza)

Maldiciones autoinfligidas— Deuteronomio 28:15, 1 Reyes 18:28

Sexual: adulterio (1 Corintios 6:9–11), fantasías (Proverbios 23:26–28), fornicación, conducta homosexual** (Romanos 1:26–27), lesbianismo (Romanos 1:26–27), masturbación (Génesis 38:9), pornografía, sodomía***, comportamiento transexual (1 Corintios 6:9), travestismo (Romanos 1:26–27)

Calumnias—Proverbios 10:18; Romanos 12:17

Supersticiones—Hechos 17:22

Hablar en exceso—1 Timoteo 6:20

Impureza—Efesios 5:3–4

Imaginaciones vanas—Deuteronomio 29:19; Romanos 1:21, 2 Corintios 10:5

Vanidad—Job 15:31

Venganza—Romanos 12:19

Víctima

Maldad—Romanos 1:29

Notas: *Para la falsa profecía, véase también "espíritu familiar". **Para la conducta homosexual, ver también "espíritu de perversión/fornicación". ***Para la sodomía, ver también "espíritu de perversión/fornicación".

ATAR	DESATAR
• Espíritu de mentira—2 Crónicas 18:22; 1 Reyes 22:22–23, 2 Tesalonicenses 2:7–12	• Honestidad—1 Timoteo 2:2; Proverbios 16:11; Filipenses 4:8 • Bondad—Salmos 23:6, 2 Tesalonicenses 1:11; Efesios 5:9

ESPÍRITUS SEDUCTORES

Atraídos por falsos profetas, señales y prodigios—Jeremías 14:14; Mateo 24:24

Engaño—Proverbios 24:28

Fácilmente influenciables—2 Timoteo 3:6

Emulación—Gálatas 5:19–21

Explotación—Proverbios 9:13–18

Fascinación con el mal camino, objetos malignos y personas malas

Temor al hombre

Codicia—Proverbios 1:19

Ingenuidad

Mentiras hipócritas—Mateo 6:2, 1 Pedro 2:1

Música que desafía, se burla, o rechaza a Dios

Conciencia cauterizada—1 Timoteo 4:2

Seducidos, atraídos—2 Timoteo 3:6; Efesios 4:4–16

Buscar atención

Acciones y vestimenta sensuales— Proverbios 9:3–5

Trance

Extraviado de la verdad de Dios—2 Timoteo 4:3–4

ATAR	DESATAR
• Espíritu de seducción—1 Timoteo 4:1; Marcos 13:22, 2 Timoteo 3:13	• Espíritu de verdad—Juan 14:17, 15:26; 1 Juan 4:6 • Espíritu de santidad—Romanos 1:4; Efesios 4:24, 1 Pedro 1:16

SOMBRA DE MUERTE

Abandonar a sus amigos o familiares Samuel 12:22

Dolor de corazón

Corazón y mente cegada—Hechos 28:27

Engaño—Isaías 8:19

Depresión—Isaías 61:3

Desesperación—Isaías 61:1

Desaliento

Sueños de ser atacado por: animales, demonios, la muerte

Sueños de: ser perseguido por muertos, ser maltratado, ser golpeado por un vehículo, casarse con personas muertas, recibir un disparo, caer en un pozo y no poder salir, caminar en un cementerio

Duelo excesivo o dolor—Isaías 61:3

Miedo—2 Timoteo 1:7

Desesperación

Aislamiento

Letargo

Tormento mental

Asesinato—1 Timoteo 1:9

Obsesión con: sangre, muerte (Proverbios 2:17–18), violencia

Opresión—Job 35:9, Proverbios 3:31

Seducción—Proverbios 2:16–18

Ver figura sombría, oscura

Autoaflicción—1 Reyes 18:28

Fuertes dolores en el cuerpo— Proverbios 14:30

Algo sigue susurrando que él/ella va a morir

Enfermedad o males que no responden a las oraciones o el tratamiento médico—Proverbios 14:30

Dolor—Isaías 35:10

Pérdida repentina del apetito

Suicidio

Pensamientos de suicidio—Salmo 103:4

ATAR	DESATAR
• Sombra de muerte—Isaías 28:15, Salmo 23:4, 44:19; 107:10–14	• Vida—Romanos 8:2, 11; Juan 10:9–10 • Luz—Daniel 5:14, Salmo 112:4; 1 Juan 2:8, 1 Pedro 2:9, Efesios 1:18

ESPÍRITU DE ANTICRISTO

Acciones en contra de los milagros de Dios

Acciones en contra de la Palabra de Dios—Tito 2:5

En contra de Cristo y sus enseñanzas—2 Tesalonicenses 2:4, 1 Juan 4:3

Contra los cristianos—Hechos 17:13

En contra de Dios—Isaías 52:5

Ataques a santos—Hechos 9:1

Atacar el testimonio de Cristo

Intentos de racionalizar a Cristo

Intentos de tomar el lugar de Cristo

Blasfemar contra el Espíritu Santo—Marcos 3:29, Lucas 12:10, 1 Timoteo 1:20

Cerrazón

Confusión—Santiago 3:16, 1 Corintios 14:33

Crítico—Proverbios 16:28

Sectas*

Engañador—1 Juan 2:18–26; Romanos 7:11, 2 Tesalonicenses 2:4, 10; 2 Juan 7

Actitud defensiva

Niega la expiación—1 Juan 4:3; 2 Juan 7–8

Niega la sangre de Cristo

Niega la divinidad de Cristo—Mateo 26:63–64

Niega la obra del Espíritu Santo

Muestra abierta incredulidad

Perturba el compañerismo y la congregación de los santos

Error doctrinal / distorsión de doctrina—Isaías 19:14; Romanos 1:22–23, 2 Timoteo 3:7–8, Hechos 13:10; 2 Pedro 2:14

Descarta los milagros de Dios

Acosa/persigue a los santos

Humanismo

Ignora y se opone a la sangre de Cristo

Sentencioso

Impiedad—2 Tesalonicenses 2:7

Legalismo—1 Timoteo 4:3

Mezquindad—Proverbios 1:19

Actitud de burla

Ocultismo—Hechos 16:16–21

Se opone a: la Biblia, la sangre de Cristo, la deidad de Cristo (1 Juan 4:3), la doctrina de Cristo (2 Timoteo 3:8), la comunión de Cristo, la humanidad de Cristo, los milagros, los hombres de Dios (Apocalipsis 13:7; Daniel 7:21), el ministerio, la victoria de Cristo

Persigue a los santos

Racionaliza la Palabra—Proverbios 3:7–8

Autoexaltación—2 Corintios 10:12–13; 1 Timoteo 3:6

Provoca altercados entre los creyentes—1 Corintios 3:3

Suprime el ministerio—Mateo 23:13

Violentos—Proverbios 16:29

Mundanalidad—1 Juan 4:5

Nota: *Para las sectas, ver también "espíritu familiar".

ATAR	DESATAR
• Espíritu de anticristo—1 Juan 4:3; 2 Tesalonicenses 2:4	• Cristo—Hechos 15:11, 16:31; 1 Pedro 4:16; Romanos 1:16 • Gracia—Romanos 1:5; 6:14; Gálatas 6:18; Efesios 4:7

ESPÍRITU DE ESCLAVITUD

Acusación—Apocalipsis 12:10;
  Colosenses 3:5

Adicciones: alcohol, cafeína,
cigarrillos/nicotina, drogas (legales o
ilegales), comida, medicamentos (por
encima y más allá del uso recetado),
sexo (Ezequiel 16:28-29)

Angustia de espíritu—Romanos 2:9

Anorexia

Ansiedad—Filipenses 4:6–7

Amargura—Efesios 4:31

Atadura

Bulimia

Quebrantado de corazón—Salmos
  51:17

Espíritu herido—Ezequiel 23:3

Comportamiento compulsivo—
  Proverbios 5:22; Juan 8:34

Sujeción y control forzoso

Condenación—2 Corintios 3:9

Codiciar la riqueza con el fin de
  acumular—Lucas 12:16-21

Espíritu crítico—1 Pedro 2:1

Deseo de muerte—Isaías 8:19

Dominio

Dudar de la salvación—2 Corintios
  13:5

Ambicioso y excesivo

Vergüenza

Carga falsa

Falsa compasión

Falsa culpa

Falsa humildad—Gálatas 6:3

Responsabilidad falsa

Crítica

Miedo a la muerte—Hebreos 2:14–15

Temores—Romanos 8:15

Sentirse "perdido"

Frustración

Gula—1 Corintios 6:12–13; 2 Timoteo
  3:3–4; Filipenses 3:19

Impotencia

Desesperanza—Proverbios 13:12

Hiperactividad

Incapacidad para liberarse—Isaías 58:6

Ociosidad—Proverbios 19:15

Sentenciosa—Isaías 28:6; Romanos
  14:13

Perdición— Hebreos 2:3

Dolencias y formas de enfermedad:
ADD/ADHD, síndrome de fatiga
crónica, MPD, paranoia, el dolor
fantasma (no debido a la pérdida
de una extremidad), esquizofrenia,
síndrome de Tourette

Adicto a medicamentos

Control de la mente

Nerviosismo

No hay certeza de la salvación

Opresión—Hechos 10:32

Perfeccionismo

Posesividad

Pobreza—Salmo 34:9–10

Rechazo—Jueces 11:2–3

Resentimiento*

Inquietud—Isaías 28:12

Satanismo—Hechos 26:18

Autocondenación—Job 9:20-21

Autoengaño—Gálatas 6:3

Autocondenación

Recompensarse en exceso (comer en
  exceso, etc.)

Vergüenza—Apocalipsis 3:18

Esclavitud—Romanos 6:15-16

Ceguera espiritual—2 Corintios 4:3-4

Rigidez—Hechos 7:51

Peleas—Gálatas 5:19-20

Suicidio—Mateo 27:5

Superioridad

Gasto incontrolado

Lazos del alma impíos—Mateo 5:27-
  28; Hechos 5:1-4

Injusticia—1 Pedro 2:12

Espíritu vagabundo—Salmo 109:10;
  Hechos 19:13; 1 Timoteo 5:13

Brujería—Nahúm 3:4; Gálatas 5:20

Indignidad—Salmo 4:2

Nota: *Para el resentimiento, ver también "espíritu de celos".

ATAR	DESATAR
• Espíritu de esclavitud—Romanos 8:15; Gálatas 4:3, 5:1	• Libertad—Romanos 8:21, Gálatas 5:13 • Espíritu de adopción—Romanos 8:15, 28

ESPÍRITU DE ERROR

Siempre tiene la razón—Salmos 36:1
Enojado—Proverbios 29:22
Argumentativo—1 Timoteo 1:10
Excesivamente competitivo
Contencioso—1 Timoteo 5:13
Sectas/ocultismo—Hechos 16
Actitud defensiva
Doctrinas de demonios—1 Timoteo 4:1
"Fácil creencia"

Error—2 Timoteo 2:17–18, 1 Juan 4:6
Falsas doctrinas—2 Timoteo 4:3
Odio—1 Pedro 2:1
Falta de discernimiento—Efesios 5:6
Mentiras—1 Timoteo 4:2
Creencias de la Nueva Era
Orgullo / soberbia—Salmos 36:2–3
Insumiso—2 Timoteo 3:2
No enseñable—1 Timoteo 6:20–21; 2 Timoteo 3:7

ATAR	DESATAR
• Espíritu de error—1 Juan 4:6	• Espíritu de verdad—Juan 14:17, 15:26; 16:13 • Espíritu de promesa—Efesios 1:13, Gálatas 3:14

ESPÍRITU DE TEMOR

Abandono—Proverbios 19:7
Abuso—Jueces 19:25
Acusaciones— Salmos 31:18
Agitación
Ansiedad—1 Pedro 5:7
Aprensión
No puede invocar a Dios
Cuidado excesivo
Excesivamente cauto
Concesiones
Condenación
Confusión—Jeremías 3:25; Santiago 3:16
Llanto continuo—Mateo 15:23

Soñar despierto
Depresión—Salmos 42:5; Lamentaciones 3:19–20
Desconfianza
Duda—Mateo 8:26; Apocalipsis 21:8
Dudar de la salvación
Temor—Salmos 119:39
Vergüenza—Esdras 9:6
Escapismo—2 Corintios 10:4–5
Demasiado nervioso
Falta de fe—Proverbios 14:4
Fantasía*—Génesis 6:5

Miedo a: la denuncia, la autoridad, estar en espacios cerrados, la condena, confrontación (Mateo 10:28), la corrección, el peligro (Proverbios 16:4), la oscuridad (Isaías 59:9–10), la muerte (Salmos 55: 4; Hebreos 2:14–15), la desaprobación, el fracaso (Génesis 42:28), los gérmenes, dar/recibir amor, Dios (en una forma no saludable), las alturas, juicio, a perder la salvación, al hombre (Proverbios 29:25), al toque

Frustración

Desequilibrio hormonal

Dolores de cabeza**

Ataques al corazón—Levítico 26:36, Salmos 55:4; Lucas 21:26; Juan 14:1

Hipertensión

Hipocondría

Histeria

Insuficiencia

Indecisión

Indiferencia

Ineptitud

Complejo de inferioridad

Locura—Mateo 17:15

Inseguridad

Insomnio

Intimidación

Aislamiento

Celos—Números 5:14; Cantares de los Cantares 8:6

Sentencioso

Falta de confianza

Soledad—Job 28:4

Baja autoestima

Control de la mente

Mal humor

Pesadillas— Salmo. 91:5–6

Negatividad

Sin comunión con el Padre

Huérfano—Jeremías 47:3

Pánico

Parálisis

Paranoia

Pasividad

Fobias—Isaías 13:7–8; 2 Timoteo 1:7

Comedia

Pucheros

Pretensión

Dilación—Proverbios 6:6

Reclusión

Resentimiento ***

Inquietud

Itinerante

Esquizofrenia—Deuteronomio 28:28

Autoconciencia excesiva

Autorechazo

Autorecompensa

Sensibilidad excesiva

Enfermedad—2 Reyes 20:1

Escepticismo—2 Pedro 3:3

Somnolencia—1 Tesalonicenses 5:6–7

Falta de sueño—Proverbios 4:16

Sofisticación

Dolor—Salmo 13:2; 116:3

Ceguera espiritual—Isaías 56:10; Oseas 9:7

Estrés

Tartamudeo—Isaías 32:4

Sospecha

Crujir de dientes—Salmo 112:10

Tensión

Terror—Job 31:23

Teatralidad

Timidez—2 Timoteo 1:7

Tormento—Salmo 55:5, 1 Juan 4:18

Temblor—Job 4:14; Salmo 55:5

Falta de confianza

Incredulidad—Mateo 13:58; Hebreo 4:11

Irrealidad

Indignidad

Vejación—Eclesiastés 1:14

Preocupaciones—Mateo 6:25–28

Notas: *Para la fantasía, ver también "espíritu de fornicación". **Para los dolores de cabeza, ver también "espíritu de enfermedad". ***Para el resentimiento, ver también "espíritu de celos".

ATAR	DESATAR
• Espíritu de temor—2 Timoteo 1:7; Salmo 55:5	• Paz—1 Tesalonicenses 5:23; Gálatas 5:22; Efesios 4:3 • Alegría—Salmo 5:11; 51:12; Gálatas 5:22–23

ESPÍRITU DE PESADEZ

Abandono

Bastardo (enajenar)—Deuteronomio 23:2; Zacarías 9:6

Quebrantados de corazón—Salmo 69:20, Proverbios 12:18, 15:3, 13; 18:14; Lucas 4:18

Cargado

Condenación—2 Corintios 3:9

Tristeza continua—Proverbios 15:13; Nehemías 2:2

Crítico

Cruel—Proverbios 6:34

Llanto—Mateo 15:23

Muerte—Job 3:5; Isaías 8:19

Derrotismo—Proverbios 7:26–27

Desesperación—Job 7:15, 2 Corintios 1:8–9

Desaliento—Isaías 61:3

Abatimiento—2 Corintios 1:8–9

Desaliento

Asco

Trastorno

Terror—Deuteronomio 1:29

Impulsividad excesiva

Escape

Carga falsa

Falsa culpa

Fatiga

Oscuridad

Glotonería

Dolor—Job 6:2; Salmo 31:9

Culpa

Dolor de cabeza

Angustia

Desesperanza—2 Corintios 1:8–9

Daño

Hiperactividad

Indiferencia

Heridas internas

Insomnio—Nehemías 2:2

Introspección

Pereza—Proverbios 19:15

Letargo

Languidez

Soledad

Morbosidad

Luto excesivo—Lucas 4:18; Isaías 6:13

Dolor—Jeremías 6:24, 15:18, Lucas 9:39

Pasividad—Proverbios 10:4

Pobreza—Proverbios 13:18

Presión

Rechazo

Inquietud—Juan 14:1

Autocompasión—Salmo 69:20

Vergüenza—Salmo 44:15; Efesios 5:12

Somnolencia

Dolor—Proverbios 15:13; Isaías 65:14

Suicidio—Salmo 18:5

Cansancio—Isaías 40:30, 57:10

Tormento—Salmo 22:16, 1 Juan 4:18

Problemas de espíritu—Lucas 4:18; Proverbios 18:14, 26:22

Indignidad

Vagabundo—Génesis 4:12, 14; Hechos 19:13, Judas 13

Cansancio—Salmo 109:22

Espíritu herido—Proverbios 15:4, 1 Corintios 8:12

ATAR	DESATAR
• Espíritu de pesadez—Lucas 13:11; Proverbios 18:14	• Consolador—Hebreos 13:15 • Alabanza—Salmo 22:22; 42:11 • Alegría—Isaías 61:5; Nehemías 12:43; Job 41:22

ESPÍRITU DE ENFERMEDAD

ADD—Mateo 8:16–17

ADHD—Marcos 7:32

Alergias

Artritis: Deuteronomio 28:35, Proverbios 14:30; Juan 5:4

Asma—Juan 5:4; Proverbios 16:24

Cuerpo o columna vertebral desviados—Lucas 13:11

Amargura—Deuteronomio 28:20, 1 Samuel 5:6; Job 7:11

Sangrado—Mateo 9:20

Ceguera—Génesis 48:10; Levítico 26:16; Deuteronomio 28:28, Lucas 7:21

Bronquitis

Cáncer—Lucas 13:11; Juan 5:4

Enfermedades crónicas—Job 33:19–25; Salmo 102:5

Resfriados

Sordera

Muerte— Salmo 102:11

Enfermedades—Levítico 26:16

Trastornos

Epilepsia—1 Samuel 21:15

Desmayos—Lamentaciones 1:13

Debilidad—Proverbios 16:24

Fiebre—Mateo 8:15

Infecciones de hongos—Lucas 5:12

Maldiciones generacionales—Éxodo 20:5; Levítico 26:39; Números 14:18, Deuteronomio 5:9

Alucinaciones—Deuteronomio 28:22

Odio—Deuteronomio 28:22

Fiebre del heno

Dolores de cabeza o migrañas

Ataque al corazón—Levítico 26:36, Salmo 102:4

Impotencia—Hechos 3:2; 4:9

Infecciones—Deuteronomio 28:22

Inflamación—2 Crónicas 21:15

Locura—Deuteronomio 28:28–29

Cojera—Hechos 3:2; 4:9

Lunático—Zacarías 12:4

Locura—Proverbios 17:22

Manía—Proverbios 26:21

Enfermedad mental—Mateo 17:15, Marcos 5:5

Opresión*—Hechos 10:38

Parálisis—Salmo 102:5; Proverbios 15:20; Mateo 4:24

Paranoia—Deuteronomio 28:67

Trastornos físicos o traumas persistentes—Lucas 13:11

Plaga (maldición)—Lucas 7:21

Pobreza—Deuteronomio 28:20–33, 38

Esquizofrenia—Deuteronomio 28:28–29

Convulsiones

Senilidad

Problemas de la piel—Deuteronomio 28:27

Esclavitud

Espíritu de muerte—Deuteronomio 28:53

Tormento—Mateo 4:24, Lucas 16:28

Síndrome de Tourette

Úlceras—Deuteronomio 28:27, Lucas 16:20

Falta de perdón

Enfermedades venéreas—Salmo 38

Debilidad, crónica—Lucas 13:11; Juan 5:5

Espíritu herido—Levítico 26:16, Proverbios 18:14

Nota: *Para opresión, ver también "espíritu angustiado".

ATAR	DESATAR
• Espíritu de enfermedad—Lucas 13:11; Proverbios 18:14	• Sanidad—Mateo 6:22; 9:22 • Salud—3 Juan 2; Jeremías 33:6

ESPÍRITU DE CELOS

Acusaciones—1 Timoteo 5:19

Ira—Génesis 4:5–6; Proverbios 6:34; 14:29; 22:24–25; 29:22–23

Discutidor

Murmuraciones—Proverbios 19:5

Menospreciar

Peleas—1 Timoteo 6:4

Amargura—Proverbios 18:19

Blasfemia

Arder—Salmo 79:5

Causar divisiones

Truhanerías (palabras deshonrosas, conducta inadecuada)—Efesios 5:4

Excesivamente competitivo—Génesis 4:4–5

Contencioso—Proverbios 13:10

Codicia—1 Timoteo 6:10

Crítico

Crueldad—Proverbios 27:4; Cantar de los Cantares 8:6

Incapacidad para llorar

Maldecir—Proverbios 18:21

Tratar de causar debates

Engaño—1 Timoteo 6:5

Destrucción—Job 26:6

Descontento—1 Timoteo 5:13

Disputas—Job 23:7

Insatisfacción

Desconfianza

Causar divisiones—Gálatas 5:19

Soñador

Enemistad—Romanos 8:7

Envidia—Génesis 21:9

Sectarismo

Criticón

Luchas—Salmos 56:1

Chismes

Avaricia—Proverbios 15:27

Dureza de corazón—Santiago 1:14; 1 Timoteo 4:1

Odio—Génesis 3; 7:3–4, 8, 1 Tesalonicenses 4:8

Daño

Indiferencia

Inferioridad

Inseguridad

Juzgar

Mentir—1 Timoteo 4:1; Proverbios 12:22

Malicia—Proverbios 4:16–17

Materialismo—Salmo 30:6

Burla—Jeremías 15:17–18

Asesinato—Génesis 4:8

Pelear—Colosenses 3:13

Furia—Proverbios 6:34

Rebelión—Deuteronomio 21:18

Inquietud

Represalias

Venganza—Proverbios 6:34, 14:16–17

Sadismo

Egocentrismo—Lucas 18:11

Odio a sí mismo

Egoísmo—2 Pedro 2:10

Calumnias—Proverbios 10:18

Maldad—Proverbios 6:34, 14:16–17

Robo

Conflictos—Proverbios 10:12

Suicidio—Hechos 1:18

Sospecha

Furia—Proverbios 6:34

Falta de perdón

Indignidad

Violencia—Proverbios 16:29

Maldad—Proverbios 3:31

ATAR	DESATAR
• Espíritu de celos—Números 5:14, 30; Ezequiel 8:3	• Amor—1 Pedro 1:22; Gálatas 5:22; Proverbios 10:12

ESPÍRITU DE PERVERSIÓN/PROSTITUCIÓN

Aborto

Adulterio—Esdras 16:15, 28; Proverbios 5:1–14

Fantasía adúltera —Proverbios 12:26

Arrogancia—Romanos 1:29–31

Ateísmo—Proverbios 14:2; Romanos 1:30

Bastardo (alianza impía)— Deuteronomio 23:2; Zacarías 9:6

Bisexualidad

Abuso infantil

Confusión (el espíritu de Egipto)— Isaías 19:3

Contencioso—Romanos 1:29; Filipenses 2:14–16, 1 Timoteo 6:4–5; Tito 3:10–11

Irritabilidad

Crueldad— Salmo 74:20

Engaño—Proverbios 28:18, Romanos 1:30–31

Insatisfacción crónica

Adivino—Oseas 4:12

Mareo—Isaías 19:14

Error doctrinal (torcer la Palabra)

Duda—Deuteronomio 28:66

Borracheras—Proverbios 23:21

Insatisfacción emocional

Debilidad emocional

Actividad excesiva

Exhibicionismo

Malas acciones—Proverbios 17:20, 23

Falsas enseñanzas—Marcos 13:22, 2 Timoteo 3:13, Deuteronomio 13:6–8

Fantasías (lujuriosas)

Mente sucia—Proverbios 2:12; 23:33

Necedad—Proverbios 1:22, 19:1, Oseas 4:13–19

Fornicación—Oseas 4:13-19; Romanos 1:29; Hebreos 13:14

Frigidez

Avaricia—Proverbios 22:22

Culpabilidad

Prostitución—Proverbios 23:27–28

Odio—Salmo 139:22; Proverbios 26:26

Acaparamiento

Homosexualidad—Génesis 19:4–7; Romanos 1:27

Idolatría—Oseas 4:12; Ezequiel 16

Hijos ilegítimos—Génesis 19:36–38

Incesto—Génesis 19:31–33

Íncubo y Súcubo—Génesis 6:2–4

Lesbianismo—Romanos 1:26

Amor al poder—Job 2:6; Salmo 10:15; Lamentaciones 5:8

Lujuria de: autoridad, el cuerpo (sexual), comida, dinero (Proverbios 15:27, 1 Timoteo 6:7–14), actos de perversidad sexual, poder, sexo, posición social, el mundo, lo mundano

Todo tipo de lascivia—Proverbios 23:31–35

Incrustaciones, cortes o tatuajes— Levítico 19:28

Masturbación

Pedofilia—Levítico 19:29

Pornografía

Pobreza—Levítico 26:18–20

Prostitución (de espíritu, alma, o cuerpo)—Proverbios 5:1–14; 22:14

Violación—2 Samuel 13:1–14

Sadomasoquismo

Seducción—1 Timoteo 4:1, 2 Timoteo 3:13; Proverbios 1:10

Autoexposición

Autogratificación—Proverbios 5:3–6
Amante del yo—Proverbios 4:24
Sensualidad—Judas 19
Desviación sexual—Génesis 19:8
Insatisfacción sexual—Ezequiel 16:28
Perversión sexual—Romanos 1:17–32; 2 Timoteo 3:2
Pecado sexual, todos—Judas 7–8
Vergüenza—Salmo 44:15
Testarudez
Sodomía—Génesis 19:5; Judas 7
Travestido

Incredulidad—Mateo 13:58
Incontrolables deseos sexuales—1 Corintios 6:13–16; Filipenses 3:19
Infidelidad—Proverbios 5:2–14; Ezequiel 16:15, 28
Debilidad—Génesis 38:15–18
Prostitución—Oseas 3:12–14
Mundanalidad—Santiago 4:4
Preocupación crónica—Proverbios 19:3; Job 30:27
Espíritu herido—Proverbios 15:4

ATAR	DESATAR
• Espíritu de perversión—Isaías 19:14; Romanos 1:17–32 • Espíritu de fornicación—Levítico 19:29; Ezequiel 16:28–29; Isaías 19:14; Oseas 4:12; 5:4, Jeremías 3:9	• Castidad—1 Pedro 3:2, 2 Corintios 11:2 • Discernimiento, Job 6:30; Ezequiel 44:23; Hebreos 5:14 • Piedad—1 Timoteo 4:8; 2 Pedro 3:11 • Pureza—1 Timoteo 4:12

ESPÍRITU DE ESTUPOR/INCREDULIDAD

ADD
ADHD
Blasfemia—2 Timoteo 3:2
Ceguera—Romanos 2:19–20
No puede oír la Palabra de Dios
No puede permanecer despierto en la iglesia—Romanos 13:11–12
Confusión—Job 10:15
Distraerse con facilidad—Salmo 88:15
Mareo—Santiago 3:16
Miedo—1 Juan 4:18
Pereza—Proverbios 19:15
Letargo

Lentitud mental
Perversiones
Enfermedad:* anemia, artritis (Proverbios 12:4; 14:30), asma, problemas circulatorios, trastorno de fatiga crónica, trastornos oculares (Apocalipsis 3:18), problemas de audición (duro de oído, Mateo 13:13–14), palpitaciones
Somnolencia—Job 33:15
Falta de sueño—Proverbios 4:16
Terror—Job 31:23
Tormento—1 Juan 4:18
Incredulidad—Hebreos 3:12

Notas: *Para enfermedad, ver también "espíritu de enfermedad".

ATAR	DESATAR
• Espíritu de incredulidad, estupor o sueño—Romanos 11:8; Isaías 6:9; Mateo 13:14	• Ser llenos del Espíritu Santo—Hechos 119:18 2:4; Efesios 5:18 • Ojos abiertos—Juan 9:30; Salmo 119:18

Notas

Introducción

1. Laurie Goodstein, "Evangelicals Fear the Loss of Teenagers", *New York Times*, 6 de octubre de 2006, http://www.nytimes.com/2006/10/06/us/06evangelical.html?pagewanted=print (consultado el 19 de mayo de 2011).

Capítulo 1—¿Realmente quieren los demonios hacer daño a nuestros hijos?

1. Teen Mania, "Teen Trends", http://www.teenmania.com/index.cfm/PageID/1686/index.html (consultado el 19 de mayo de 2011).

Capítulo 3—¿De quién es este demonio?

1. Albert Pike, *Morals and Dogma of the Ancient and Accepted Scottish Rite of Freemasonry* (Charleston: L. H. Jenkins, Inc., 1871), p. 435.

2. Steve Goodier, "Love the Children", BestInspiration.com, http://www.bestinspiration.com/stories/Love_the_Children.htm (consultado el 20 de mayo de 2011).

Capítulo 4—Lo atractivo de las influencias mundanas

1. Teen Mania, "Teen Trends".

2. Ibíd.

3. American Academy of Pediatrics, "AAP Advocates for Safer Media and Music Lyrics", nota de prensa, 19 de octubre de 2009, http://www.aap.org/advocacy/releases/nce09musiclyrics.htm (consultado el 20 de mayo de 2011).

4. Keren Eyal et al., "Sexual Socialization Messages on Television Programs Most Popular Among Teens (Report)", *Journal of Broadcasting and Electronic Media* (1 de junio de 2007), http://www.highbeam.com/doc/1G1-167695497.html (consultado el 20 de mayo de 2011).

5. Elizabeth Mary Gabzdyl, "Contraceptive Care of Adolescents: Overview, Tips, Strategies, and Implications for Student Nurses", *Journal of School Nursing* 26, no. 4 (Agosto 2010): http://jsn.sagepub.com/content/26/4/267.abstract (consultado el 20 de mayo de 2011).

6. Planned Parenthood of Southeastern Virginia, "May Is National Teen Pregnancy Prevention Month", http://www.ppsev.org/media/documents/Teenpregnancypreventionarticle.pdf (consultado el 20 de mayo de 2011).

7. BBC.co.uk, "Bookclub: J. K. Rowling Interview", BBC Radio 4, 1 de agosto de 1999, http://www.bbc.co.uk/iplayer/episode/p00fpv7t/

Bookclub_J_K_Rowling/ (consultado el 20 de mayo de 2011), transcripción vista en http://www.angelfire.com/mi3/cookarama/ bbcintaug99.html (consultado el 20 de mayo de 2011).

8. Angelfire.com, "Yahooligans Chat With J. K. Rowling, Part 2", 20 de octubre de 2000, http://www.angelfire.com/mi3/cookarama/ yahoolintoct00pt2.html (consultado el 20 de mayo de 2011).

9. Interview with J. K. Rowling, Edinburgh Book Festival, Sunday, 15 de agosto de 2004, http://harrypotter.bloomsbury.com/author/interviews/ individual1 (consultado el 20 de mayo de 2011).

10. Austin Cline, "Does Harry Potter Promote Wicca or Witchcraft? Is Harry Potter a Pagan Book?", About.com, http://atheism.about.com/od/ harrypotter/i/witchcraft_2.htm (consultado el 20 de mayo de 2011).

11. BBCNews, "Harry Potter Finale Sales Hit 11M", 23 de julio de 2007, http://news.bbc.co.uk/2/hi/entertainment/6912529.stm (consultado el 20 de mayo de 2011).

12. Ibíd.

13. Box Office Mojo, "Worldwide Grosses", http://www.boxofficemojo.com/ alltime/world/ (consultado el 20 de mayo de 2011).

14. BBCNews, "JK Rowling 'Richer Than Queen'", 27 de abril de 2003, http://news.bbc.co.uk/2/hi/uk_news/2979033.stm (consultado el 20 de mayo de 2011). BusinessWeek.com, "Harry Potter Brand Wizard", 18 de julio de 2005, http://www.businessweek.com/innovate/content/jul2005/ di20050721_060250.htm (consultado el 20 de mayo de 2011).

15. La página web oficial de Stephenie Meyer, "The Story Behind *Twilight*", http://www.stepheniemeyer.com/twilight.html (consultado el 23 de mayo de 2011).

16. La página web oficial de Stephenie Meyer, "Twilight Series: What's with the apple?", http://www.stepheniemeyer.com/twilight_faq.html#apple (consultado el 23 de mayo de 2011).

17. Como se cita en bfwebster, "Finally: Some Evangelical Criticism of 'Twilight'", *Adventures in Mormonism* (blog), 23 de enero de 2009, http:// www.nothingwavering.org/post/8293/2009-01-23/finally-some-evangelical -criticism-of-twilight.html (consultado el 23 de mayo de 2011).

18. Ibíd.

19. Wikipedia.org, s.v. "*Twilight* (novela)", http://en.wikipedia.org/wiki/ Twilight_(novel) (consultado el 23 de mayo de 2011).

20. "Marketwatch—Twilight Statistics", 20 de noviembre de 2008, http:// twilightersanonymous.com/market-watch-twilight-statistics.html (consultado el 23 de mayo de 2011).

21. Melissa Maerz, "Hot Actor: Q&A With 'Twilight' Star Robert Pattinson", *Rolling Stone*, 11 de diciembre de 2008, http://www.rollingstone.com/movies/news/hot-actor-q-a-with-twilight-star-robert-pattinson-20081211 (consultado el 23 de mayo de 2011).

22. Como se cita en bfwebster, "Finally: Some Evangelical Criticism of 'Twilight'".

23. Cindy Jacobs, *Deliver Us From Evil* (Ventura, CA: Regal Books, 2001), p. 70.

24. Barna.org, "Barna Lists the 12 Most Significant Religious Findings", 20 de diciembre de 2006, http://www.barna.org/barna-update/article/12-faithspirituality/141-barna-lists-the-12-most-significant-religious-findings (consultado el 23 de mayo de 2011).

25. Barna.org, "New Research Explores Teenage Views and Behavior Regarding the Supernatural", 23 de enero de 2006, http://www.barna.org/barna-update/article/5-barna-update/164-new-research-explores-teenage-views-and-behavior-regarding-the-supernatural (consultado el 23 de mayo de 2011).

26. Comose cita en video de Chris Wilson, http://www.vidmax.com/video/2604/Imagine_hanging_from_hooks_dug_into_your_back___45__that__39_s_what_these_guys_do_all_day/ (consultado el 10 de octubre de 2010).

27. Ibíd.

28. Ibíd.

29. Craig A. Anderson y Karen E. Dill, "Video Games and Aggressive Thoughts, Feelings, and Behaviors in the Laboratory and in Life", *Journal of Personality and Social Psychology* 78, no. 4 (Abril 2000): 772–790.

30. American Academy of Pediatrics, "AAP Advocates for Safer Media and Music Lyrics".

31. Victor C. Strasburger, "Children, Adolescents, and the Media", *Current Problems in Pediatric and Adolescent Health Care* 34, no. 2 (Febrero 2004): 54–113, http://www.sfu.ca/~wchane/sa304articles/Strasburger.pdf (consultado el 23 de mayo de 2011).

32. Ibíd.

33. George A. Mathers y Larry A. Nichols, *Dictionary of Cults, Sects, Religions and the Occult* (Grand Rapids, MI: Zondervan, 1993), p. 182.

34. Kirsten Orsini-Meinhard, "Yoga Industry Gains Strength", http://www.bikramyoga.com/News/TheColoradoan071005.php (consultado el 3 de noviembre de 2010).

35. Barna.org, "New Research Explores Teenage Views and Behavior Regarding the Supernatural".

36. Ibíd.

Capítulo 5—La verdad sobre la presión de los iguales

1. David B. Guralink, *Webster's New World Dictionary* (Cleveland, OH: Simon and Schuster, 1982), s.v. "pressure".

2. Dictionary.com, s.v. "peer pressure," Dictionary.com Unabridged, Random House, Inc., http://dictionary.reference.com/browse/peerpressure (consultado el 23 de mayo de 2011).

3. Teen Mania, "Teen Trends".

4. National School Safety and Security Services, "Gangs and School Safety", http://www.schoolsecurity.org/trends/gangs.html (consultado el 23 de mayo de 2011).

5. "Adolescents and Peer Pressure: Interviews", http://sitemaker.umich. edu/356.darnell/interviews (consultado el 5 de mayo de 2011). Nota del editor: No hemos tenido éxito para contactar con el dueño de este sitio web para solicitar permiso de uso. Si usted tiene alguna información sobre el contacto con el dueño de este sitio, por favor contáctenos para incluir esa información. Gracias.

6. Centers for Disease Control and Prevention, *Youth Risk Behavior Surveillance—United States, 2009*, Surveillance Summaries, 4 de junio de 2010, *MMWR* 59, no. SS-5, http://www.cdc.gov/mmwr/pdf/ss/ss5905. pdf (consultado el 23 de mayo de 2011).

Capítulo 6—La tragedia del abuso

1. ChildHelp.org, "National Child Abuse Statistics", http://www.childhelp .org/pages/statistics#abuse-conseq (consultado el 23 de mayo de 2011).

2. Administration for Children and Families, "About Human Trafficking", US Department of Health and Human Services, http://www.acf.hhs.gov/ trafficking/about/index.html (consultado el 23 de mayo de 2011).

3. Andrew Cockburn, "21st-Century Slaves", NationalGeographic.com, http://ngm.nationalgeographic.com/ngm/0309/feature1/index .html#biblio (consultado el 23 de mayo de 2011).

4. US Department of State, "Introduction," *Trafficking in Persons Report*, 3 de junio de 2005, http://www.state.gov/g/tip/rls/tiprpt/2005/46606.htm (consultado el 23 de mayo de 2011).

5. US Department of State, *Trafficking in Persons Report*, Junio 2008, 7, http://www.state.gov/documents/organization/105501.pdf (consultado el 23 de mayo de 2011).

6. Naciones Unidas, "Press Conference on Human Trafficking by Executive Director of United Nations Office on Drugs and Crime", 13 de mayo de

2009, http://www.un.org/News/briefings/docs/2009/090513_UNODC
.doc.htm (consultado el 23 de mayo de 2011).

7. Kristin Collins and Aimee Grace, "Human Trafficking and Healthcare:
Modern-Day Slavery and Its Effects on the Health of Teens and Children
in the US", 12 de agosto de 2009, http://peds.stanford.edu/Tools/
documents/human_traficking.pdf (consultado el 23 de mayo de 2011).

8. Brad Stone, "Sex Ads Seen Adding Revenue to Craigslist". *New York
Times*, 12 de abril de 2010, http://www.nytimes.com/2010/04/26/
technology/26craigslist.html (consultado el 25 de septiembre de 2010).

9. US Department of State, "Trafficking Victims Protection
Reauthorization Act of 2005", 10 de enero de 2006, http://www.state.
gov/g/tip/laws/61106.htm (consultado el 23 de mayo de 2011).

10. Kevin Bales y Ron Soodalter, *The Slave Next Door: Human Trafficking
and Slavery in America Today* (Los Angeles: University of California Press,
Ltd., 2009), p. 7.

11. Library of Congress, "111th Congress, 1st Session: S. 2925", 22 de
diciembre de 2009, http://thomas.loc.gov/home/gpoxmlc111/s2925_
is.xml (consultado el 23 de mayo de 2011).

12. US Department of Justice, "Domestic Sex Trafficking of Minors", http://
www.justice.gov/criminal/ceos/prostitution.html (consultado el 23 de
mayo de 2011).

13. Traffick911.com, "Innocence Taken", http://www.traffick911.com/page/
what-is-human-trafficking (consultado el 23 de mayo de 2011).

14. Kelli Stevens et al., *Domestic Minor Sex Trafficking: Ft. Worth, Texas*
(Springfield, VA: PIP Printing, 2008), p. 7.

15. Ibíd.

16. WOWT.com, "Porn Bust Stuns Neighbors", 18 de diciembre de 2004,
http://www.wowt.com/news/headlines/1300876.html (consultado el
23 de mayo de 2011). Jim Longworth, "Child Porn Download Case Is
Obscene", YesWeekly.com, 16 de diciembre de 2009, http://www
.yesweekly.com/triad/article-8103-child-porn-download-case-is-obscene
.html (consultado el 23 de mayo de 2011).

17. Rob Winters, *The Elisha Commission* (Phoenix, AZ: Gatekeepers
International Prophetic Network, Inc., n.d.), p. 16.

18. Ibíd.

19. Enough.org, "Archive of Statistics on Internet Dangers: Internet
Pornography", http://www.enough.org/inside.php?tag=stat%20archives
(consultado el 23 de mayo de 2011).

20. Enough.org, "Child Pornography", http://www.enough.org/inside
.php?tag=stat%20archives#3 (consultado el 23 de mayo de 2011).

21. Winters, *The Elisha Commission*, p. 16.

22. BeautyFromAshes.org, "Porn Statistics", http://www.beautyfromashes .org/contentpages.aspx?parentnavigationid=10396&viewcontentpageguid= 4cda8536-69d2-45cb-bbd4-6955e9432e0c (consultado el 23 de mayo de 2011).

23. Winters, *The Elisha Commission*, p. 16.

24. Ibíd.

25. Ibíd.

26. CouncilIdaho.net, "The Defenders", http://councilidaho.net/features.aspx ?region=31467&ContentID=47662 (consultado el 23 de mayo de 2011).

27. Tal como lo cita el sargento Chris Bray, Phoenix, AZ, Departamento de la Policía.

28. Alice Smith, *Beyond the Lie* (Bloomington, MN: Bethany House Publishers, 2006), pp. 39–40.

Capítulo 7—El poder del trauma

1. Thomas Verny con John Kelly, *The Secret Life of the Unborn Child* (New York: Dell Publishing, 1981), pp. 12–13.

2. Jane Lindstrom, "Tommy's Essay", *Condensed Chicken Soup for the Soul* (Deerfield Beach, FL: HCI, 1996), como se cita en http://www .inspirationalstories.com/2/224.html (consultado el 5 de mayo de 2011). Se ha solicitado permiso a la editora para volver a publicarlo.

Capítulo 8—¿Nunca me lastimarán las palabras?

1. BullyingStatistics.org, "School Bullying", http://www.bullyingstatistics .org/content/school-bullying.html (consultado el 24 de mayo de 2011).

2. Ibíd.

3. Anthony Frazier, "Bullying, the Art of Killing the Human Spirit", IndianaGazette.com, 30 de noviembre de 2010, http://www. indianagazette.com/article_5079b7e7-2bbb-5bbe-84dd-4a3cbe950532 .html (consultado el 24 de mayo de 2011).

4. "Bullying Statistics", http://www.pascack.k12.nj.us/70271919141818/ lib/70271919141818/Bullying_Statistics.htm (consultado el 24 de mayo de 2011).

5. Ibíd.

6. Ibíd.

7. Megan Gordan, "Arizona School Officials Address Bullying", *Arizona Republic*, 25 de abril de 2010, http://www.azcentral.com/news/ articles/2010/04/25/20100425-school-bullying-arizona.html (consultado el 24 de mayo de 2011).

8. "Bullying Statistics".

9. Ibíd.

10. Ibíd.

11. Ibíd.

12. Ibíd.

13. Ibíd.

14. Values.com, "A Guy Who Gets Consistently Bullied", http://www.values
.com/your-inspirational-stories?page=18 (consultado el 24 de mayo de
2011).

15. Teen Mania, "Teen Trends".

16. Larry K. Brown, Christopher D. Houck, Wendy S. Hadley, y Celia M.
Lescano, "Self-Cutting and Sexual Risk Among Adolescents in Intensive
Psychiatric Treatment", *Psychiatric Services* 56 (Febrero 2005): 216–218,
http://psychservices.psychiatryonline.org/cgi/content/full/56/2/216
(consultado el 24 de mayo de 2011).

17. Ibíd.

18. Ibíd.

19. Como se cita en seamist, "Teen Cutting: Understanding Why", *HubPages*
(blog), http://hubpages.com/hub/understanding-teenager -behavior
-adolescent-self-injury-teens-cutting (consultado el 24 de mayo de 2011).

20. Ibíd.

21. DiscoveryHealth.com writers, "Teens in Crisis: Cutting on the Rise",
http://health.howstuffworks.com/pregnancy-and-parenting/teenage
-health/cutting-on-the-rise.htm (consultado el 24 de mayo de 2011).

22. Jennifer Radcliffe, "Self-Destructive 'Cutters' Living Their Lives on the
Edge", *Los Angeles Daily News*, 29 de marzo de 2004, visto en http://www
.jenniferboyer.com/sinews9-1.htm (consultado el 24 de mayo de 2011).

23. ScottCounseling.com, "Self-Injury Behavior", (blog), 6 de febrero de 2009,
http://www.scottcounseling.com/wordpress/cutting-self-injury-facts
-statistics/2009/02/06/ (consultado el 24 de mayo de 2011).

24. Jane E. Brody, "The Growing Wave of Teenage Self-Injury", *New York
Times*, 6 de mayo de 2008, http://www.nytimes.com/2008/05/06/
health/06brod.html (consultado el 24 de mayo de 2011).

25. Seamist, "Teen Cutting: Understanding Why".

26. Teen Mania, "Teen Trends".

27. Uncyclopedia.com, s.v. "Emo Kid", http://uncyclopedia.wikia.com/wiki/
Emo_kid (consultado el 24 de mayo de 2011).

28. Alice Smith, *Delivering the Captives* (Bloomington, MN: Bethany House
Publishers, 2006), pp. 112–113.

Capítulo 9—El poder de la afirmación

1. James Dobson, "Routine Whining Can Be Eliminated by Ignoring It", ChristianIndex.org, 24 de septiembre de 2009, http://www.christianindex .org/5854.article (consultado el 24 de mayo de 2011).

2. Smith, *Beyond the Lie*, pp. 111–112.

3. Ras y Bev Robinson, *Convergence of Quantum Physics, Scripture and Prophecy* (Peoria, IL: Intermedia Publishing Group, Inc., 2009), pp. 29–30.

Capítulo 12—Volver el corazón de los padres hacia los hijos y el de los hijos hacia los padres

1. Warren Wiersbe, *The Bible Exposition Commentary*, Libronix Digital Library System, LBS Series X, Disc B (1.1a).

Apéndice—Lista de aparentes agrupaciones demoniacas

1. Smith, *Delivering the Captives*, pp. 96–118. Usado con permiso de la editora.

Con Mucho Amor
d Alvaro M.
Nov. 2/2020

Recordemos el pasado de los
niños y lo que ahora son.